구속사의 관점에서 본

모세오경 장별 연구

2

구속사의 관점에서 본
모세오경 장별 연구(2)
레위기 · 민수기 · 신명기

초판 1쇄 발행 2013년 12월 16일
초판 3쇄 발행 2019년 03월 01일

지은이 유도순
펴낸이 유효성
펴낸곳 도서출판 머릿돌

등록번호 제17-240호
등록일자 1997년 5월 20일
주소 경기도 성남시 분당구 구미로 100
Mobile. 010-94728327
http://cafe.daum.net/gusoksa
E-mail yoodosun@hanmail.net / yoohs516@hanmail.net

총판 기독교출판유통
경기도 고양시 일산동구 장대길 74-6
(031) 906-9191

ISBN : 978-89-87600-71-0 (03230)

구속사의 관점에서 본

모세오경 장별 연구

2

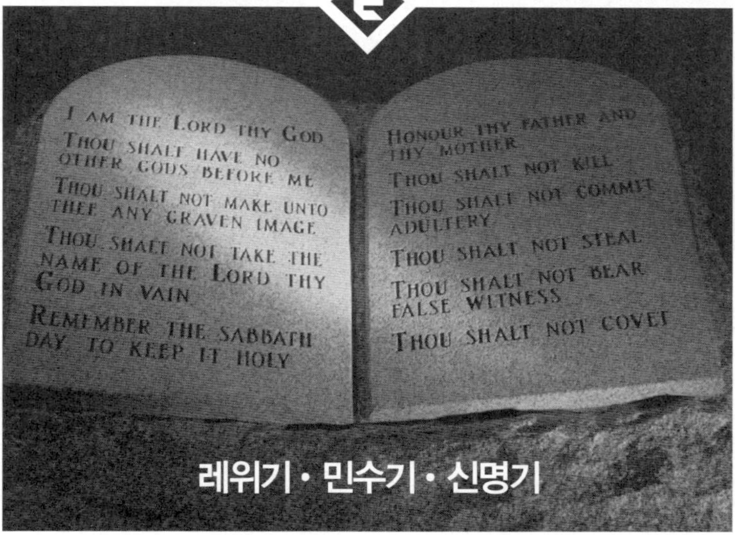

레위기 · 민수기 · 신명기

유도순 지음

머릿돌

일러 두기

T, R(Top, Root) 법칙이라는 것이 있는데, 이는 나무의 윗 부분과 뿌리의 생김이 같다는 이론이다. 구약성경 모세 5경이 뿌리(Root)라면 신약성경의 4개 복음서는 윗 부분(Top)인 나무라 할 수가 있다. 그러므로 모세 5경을 모르고는 복음을 깨달을 수가 없다. 먼저 모세 5경을 깨닫고 신약성경을 대한다면 성경 전체의 맥을 잡게 된다.

이런 맥락에서 본서는 성경을 구속사의 관점에서 새롭게 관찰하였다. 구속사의 관점은 성경을 점(點)으로 보지 않고 선(線)으로 본다. 창세기 3장에서 "세상에 죄가 들어오자, 내가—하리니"(창 3:15) 하고 시작하신 하나님의 구원사역은 마지막 책인 계시록에 이르러, "이루었도다 나는 알파와 오메가요 시작과 끝이라"(계 21:6) 하고 완성하시는 한 편의 복음 계시인 것이다.

그러니까 창세기를 출발한 구원열차가 종착역인 계시록을 향해서 달리고 있는 것에 비할 수가 있다. 이 책은 이러한 구속사의 맥을 붙잡게 해 줄 것이다.

부활하신 주님은 의심하는 제자들에게, "내가 너희와 함께 있을 때에 너희에게 말한 바 곧 모세의 율법(5경)과 선지자의 글과 시편에 나를 가리켜 기록된 모든 것이 이루어져야 하리라 한 말이 이것이라 하시고 이에 그들의 마음을 열어 성경을 깨닫게" (눅 24:44-45) 해주셨다. 그러자 저들의 눈이 밝아지고, 마음이 뜨거워졌다.

이 책은 큐티, 제자훈련 교재와, 특히 새벽, 수요, 금요기도회에 활용할 수 있도록 편찬이 되었다. 참으로 많은 유익이 있을 것을 확신한다.

* 맨 앞에 전체를 한 눈에 바라볼 수 있도록 각 권의 "파노라마"를 실었다. 그런 연후에 장별 연구에 들어가면 전체 문맥 속에서 각 장을 파악하게 되므로 많은 도움이 될 것이다.

* 한 번에 한 장씩을 상고하도록 다루었다. 너무 적은 분량은 구속사의 맥을 붙잡는데 어려움이 있고, 너무 많은 분량은 소화하기에 벅차기 때문이다.

* 각 장에서도 중심적인 말씀만을 붙잡도록 거기에 초점을 맞추었다. 모든 내용을 강해하듯 다루다가는 숲 속에서 길을 잃고 헤매기가 쉽기 때

문이다.

* 먼저 성경 본문 한 장을 전부 읽기 바란다. 함께 읽든지 교독해도 좋을 것이다. 그리고 장의 단원(單元) 나누기를 참고하고, "내용 관찰"을 읽으면 그 장을 통해서 말씀하시고자 하는 구원계시를 깨닫게 될 것이다.

* 각 장의 "적용"은 자신을 돌아보게 할 것이고, 결단하는 기도를 하는데 도움을 줄 것이다.

* 각 장마다 "나누어봅시다" 하는 문제를 세 개씩 제시하였다. 그룹 지도나 큐티할 때 유용할 것이고, 가능하다면 예습해 오게 해서 서로 나누어도 좋을 것이다.

* 저는 이 책을 예수 그리스도와 복음을 증언하기 위해서 썼습니다. 이것은 제가 주님을 처음 만났을 때의 약속입니다.

우리교회 원로 목사 유 도 순

목차

 레위기 *Leviticus*

Five Books of Moses

민수기 Numbers

신명기 *Deuteronomy*

03
레위기

레위기 파노라마

주제 : 유월절 어린양의 확대

레위기는 출애굽기에서 완성이 된 성막(聖幕)의 용도가 무엇인가에 대한 해설(解說)서입니다. 출애굽기는 마지막 장에서, "구름이 회막에 덮이고 여호와의 영광이 성막에 충만하매"(출 40:34) 하고 마치고 있는데, 레위기는 "여호와께서 회막(會幕)에서 모세를 부르시고 그에게 말씀하여 이르시되"(1:1) 하고 시작이 됩니다.

레위기에 등장하는 5대 제사, 대 속죄일, 3대 절기 등에 대한 계시는 출애굽기에서 보여주신 "너희를 구속하여 너희로 내 백성을 삼고"(출 6:6-7) 한, "유월절 어린양의 피"를 확대(擴大)해서 보여주시는 것입니다.

다시 상기해야 할 요점은 하나님은 시내산에서 십계명의 "돌비"만을 주신 것이 아니라, "내가 그들 중에 거할 성소를 그들이 나를 위하여 짓되 무릇 내가 네게 보이는 모양대로 장막을 짓고 기구들도 그 모양을 따라

지을지니라"(출 25:8-9) 하고 성막 식양(式樣)도 주셨다는 점입니다.

그러므로 "십계명과, 성막식양"을 함께 주신 하나님의 의도와 이에 함의된 구속사적 의미를 깨닫는다는 것은 사활(死活)적으로 중요합니다.

㉮ 다시 말하면 율법이 할 수 있는 일과, 할 수 없는 일이 무엇이며,

㉯ 성막이 할 수 있는 기능이 무엇인가 하는 점에 확고해야만 레위기를 바로 이해할 수가 있는 것입니다.

㉠ 율법의 기능은 크게 두 가지인데 첫째는, 죄를 깨닫게 하고, 정죄하여 죄의 확산을 방지하는 일입니다. 법이 없으면 죄를 죄로 여기지 않게(롬 5:13) 되기 때문입니다.

㉡ 둘째는, 죄를 깨닫게 한 율법은 우리의 죄를 해결해주실 그리스도에게로 인도하는 역할을 합니다. 그러니까 율법은 "문제"(問題)만을 드러낼 뿐 해답은 그리스도에게 있다는 것입니다.

② 그러면 성막의 기능은 무엇인가?

㉠ 첫째는, 그들 중에 거할 성소(출 25:8), 즉 하나님께 예배하며 교제하는 만남의 장소요,

㉡ 둘째는, 범한 죄를 대속제물을 통해서 해결함을 받는 곳입니다. 즉 문제에 대한 해답(解答)으로 주어진 것입니다.

그러므로 율법의 기능은, "이같이 율법이 우리를 그리스도께로 인도하는 초등교사"(갈 3:24), 즉 성막(聖幕)의 번제단으로 인도하는 것이라는 뜻입니다. 한마디로 율법이 정죄하고 죽이는 기능을 한다면, 성막은 대속(代贖)을 하여 살리는 기능을 한다는 말씀입니다. 그래서 십계명만을

주시고 성막을 주시지 않았다면 구약의 성도들은 구원을 얻을 길이 없었을 것이라고 말씀했던 것입니다.

ⓒ 이런 하나님의 의도가 민수기 15장에 나타나 있는데, "곧 여호와께서 모세를 통하여 너희에게 명령한 모든 것을 여호와께서 명령한 날 이후부터 너희 대대에 지키지 못하여 회중이 부지중에 범죄하였거든, (성막에 가서) 속죄제를 드릴 것이라 그리하면 사함을 얻으리니"(민 15:23-25) 하십니다. 이런 기능이 있는 성막은 그리스도께서 육신을 입고 이 땅에 오셔서 우리의 죄를 대속하여 주실 것에 대한 모형인 것입니다.

③ 레위기는 크게 두 부분으로 나누어집니다.

㉠ 전반부(1-17장)는 하나님 존전에서 추방을 당한 아담의 후예들이 어떻게 하나님 앞으로 나아갈 수가 있는가를 계시해주고,

㉡ 후반부(18-27장)는 하나님과의 교제를 지속해나가는 방도, 즉 동행하는 삶을 말씀해주고 있습니다.

④ 먼저 하나님 앞에 나아가는 방도인데, 하나님의 임재를 상징하는 지성소에 이르는 길을 휘장으로 막으라 명하셨습니다. 그 이유를 이사야 선지자는, "오직 너희 죄악이 너희와 너희 하나님 사이를 갈라 놓았고 너희 죄가 그의 얼굴을 가리어서 너희에게서 듣지 않으시게 함이니라"(사 59:2) 하고 설명해주고 있습니다.

㉠ 이처럼 하나님과의 관계가 단절(斷絕)된 죄인이 하나님께 나아갈 수 있는 방도는, 대속제물과,

㉡ 이를 드려줄 대제사장을 필요로 하게 되었다는 것입니다. 그러나 구약시대에

그처럼 많은 제물이 드려졌지만 가로막혀 있던 휘장은 열리지가 않았습니다. 그러면 막혀있는 휘장이 언제 누구의 무엇에 의하여 열려졌는가?

ⓒ 주님께서, "인자가 온 것은 섬김을 받으려 함이 아니라 도리어 섬기려 하고 자기 목숨을 많은 사람의 대속물로 주려 함이니라"(마 20:28) 하고, "대속물로 주려함"이라 말씀하심은 지금 상고하고 있는 레위기를 염두에 두고 하신 말씀입니다. 그러므로 레위기를 알아야만 우리의 죄를 구속하시기 위해서 십자가를 담당하신 복음을 알 수가 있습니다.

ⓡ 또한 레위기를 알아야만 "하나님이 받으시는" 바른 예배를 드릴 수가 있고, 레위기를 알아야만 "내가 거룩하니 너희도 거룩한 자가 되라" 하신 성별의 삶"을 살아갈 수가 있습니다. 드림은 우리에게 있지만 받으심은 하나님에게 있다는 점을 명심해야만 합니다.

ⓜ 신약성경 중 히브리서는 레위기의 해설서라고 할 수가 있는데 의식법을, "모형과 그림자"(히 8:5), 또는 "비유"라고 말씀하면서 "개혁(改革)할 때까지 맡겨 둔 것이니라"(히 9:9-10) 합니다. 그러므로 이러한 "모형, 그림자, 비유" 등을 해석할 때에 나타난 실체(實體), 즉 밝히 드러난 복음의 빛을 받아서 해석해야 한다는 점입니다. 그렇게 할 때에 의문(儀文)에 가려져 있던 복음이 빛을 발하게 되는 것입니다.

⑤ 레위기는 "번제, 소제, 화목제, 속죄제, 속건제" 등 5대 제사(1-7장)로 시작이 됩니다. 이는 모두가 그리스도에게서 성취될 구속사역의 일면을 예표하고 있는 것입니다.

㉠ 번제는, "나의 원대로 마옵시고 아버지의 원대로 하옵소서"(마 26:39) 한 전적

인 헌신을 상징합니다.

㉡ 소제는, "모든 일에 우리와 한결 같이 시험을 받은 자로되 죄는 없으시니라"(히 4:15) 한, 주님의 죄 없으신 삶을 상징합니다.

㉢ 화목제는, "우리 죄를 위하여 화목제로 그 아들을 보내셨음이니라"(요일 4:10)를 상징하고,

㉣ 속죄제는, "자기 목숨을 많은 사람의 대속물로 주려 함이니라"(마 20:28)를 상징하고,

㉤ 속건제는, "그 영혼을 속건제물로 드리기에 이르면 그가 그 씨를 보게 되며"(사 53:10)를 의미합니다.

㉥ 형제가 속죄제를 드린다고 생각해 보십시오. ㉮ 흠이 없는 정결한 짐승을 끌고 와서, ㉯ 안수하므로 자신의 죄를 양에게 전가(轉嫁)시키어, ㉰ 잡아, ㉱ 제사장에 의해서 피는 뿌려지고, 고기는 불태워 드려집니다. 이렇게 행할 때에 형제는 틀림없이 눈물을 철철 흘리면서 이 일을 할 것입니다. 하나님은 이를 통해서 그리스도께서 이루어주실 구속교리를 바라보게 하셨던 것입니다.

⑥ 레위기의 핵심 장은 16장입니다. 16장은 1년에 한번 드려지는 대속제일에 관한 규례입니다. 대제사장이라 하여도 이날만 지성소에 들어가는 것이 허용이 됩니다. 그것도 그에게 자격이 있어서가 아니라 단번에 드려주실 대제사장이신 그리스도를 예표하는 인물이기 때문입니다.

㉠ 대제사장은 속죄 제물로 수염소 둘을 준비합니다. 그 중의 하나로는 온 백성을 위한 속죄제로 드려집니다. "백성을 위한 속죄제 염소를 잡아 그 피를 가지고

휘장 안에 들어가서 그 수송아지 피로 행함 같이 그 피로 행하여 속죄소 위와 속죄소 앞에 뿌릴지니"(16:15) 하십니다. 어찌하여 대속의 피를 속죄소 "위와, 앞에" 뿌리라 하시는지 형제는 말해줄 수가 있습니까?

ⓛ 여기에 복음의 핵심이 있습니다. 하나님께서 위에서 우리들을 보실 때에 속죄소 "위에" 뿌려진 "대속의 피"를 통해서 보신다는 것입니다. 또한 앞에 뿌리라 하심은 지성소에서 밖에 있는 우리를 보실 때에 "앞에" 뿌려진 피를 통해서 보신다는 것을 나타내기 위해서입니다.

애굽의 장자를 심판하실 때에도 집안에 있는 자들을 대문에 뿌려진 "대속의 피를 통해서" 보심으로 그 집을 건너고 넘어갈 수가 있으셨던 것입니다. 하나님은 이 모형을 통해서 그리스도의 구속으로 말미암아, "피 아래, 은혜 아래, 십자가 아래" 있어야만 구원에 이를 수 있다는 복음을 계시해주셨던 것입니다. 이점을 신약성경에서는, "죄가 너희를 주장하지 못하리니 이는 너희가 법 아래에 있지 아니하고 은혜 아래에 있음이라"(롬 6:14) 하십니다.

ⓒ 다른 한 마리 염소는, "아론은 그의 두 손으로 살아 있는 염소의 머리에 안수하여 이스라엘 자손의 모든 불의와 그 범한 모든 죄를 아뢰고 그 죄를 염소의 머리에 두어 미리 정한 사람에게 맡겨 광야로 보낼지니 염소가 그들의 모든 불의를 지고 접근하기 어려운 땅에 이르거든 그는 그 염소를 광야에 놓을지니라"(16:21-22) 하십니다.

이점을 시편 기자는, "동이 서에서 먼 것같이 우리 죄과를 우리에게서 멀리 옮기셨으며"(시 103:12) 하고 찬양하고, 세례 요한은 "보라 세상 죄를 지고 가는 하나님의 어린양이로다"(요 1:29) 하고 증언합니다. 하나님은 우리의 죄를 대속해주실 복음을 이중(二重), 삼중(三重)으로 계시해주셨던 것입니다.

⑦ 23장에는 3대 절기인 "유월절, 오순절, 초막절"이 계시되어 있는데, 이 3대 절기는 각 성에서 지키는 것이 아니라 모든 남자는 하나님이 택하신 곳 예루살렘으로 와서 드리라 하십니다. 이는 하나님께서 이루시려는 구원계획을 절기를 통해서 보여주시려는 것인데, 이를 잊지 않게 하시려는 조치입니다.

㉠ 유월절은 그리스도께서 유월절의 양이 되어주심으로 성취가 되었습니다.

㉡ 오순절은 성령강림으로 성취가 되었는데, 오순절 전에 초실절(初實節)이라는 것이 있습니다. "너희는 내가 너희에게 주는 땅에 들어가서 너희의 곡물을 거둘 때에 너희의 곡물의 첫 이삭 한 단을 제사장에게로 가져갈 것이요"(23:10) 하십니다. "첫 이삭"은 "죽은 자 가운데서 다시 살아 잠자는 자들의 첫 열매가 되셨도다"(고전 15:20) 한 그리스도의 부활을 예표합니다. 그 첫 이삭 한 단을 "안식일 이튿날에 흔들 것이며" 하는데 우리 주님은, "안식일이 다하여 가고 안식 후 첫날"(마 28:1)에 부활하셨던 것입니다.

㉢ 그리고 "안식일 이튿날 곧 너희가 요제로 곡식단을 가져온 날부터 세어서 일곱 안식일의 수효를 채우고 일곱 안식일 이튿날까지 합하여 50일을 계수하여 새 소제를 여호와께 드리라"(23:15-16) 하십니다. 이것이 오순절인데 약속하신 성령은 주님이 부활하신 후 50일 후인 오순절에 강림하심으로 "새 소제", 즉 신약(新約)교회는 탄생이 되었던 것입니다.

⑧ 이제 한 가지 초막절의 절기만이 남은 것입니다. 초막적의 끝 날을

"큰 날" (요 7:37)이라 하는 것은 광야생활을 청산하고 약속의 땅에 입성하기 때문인데, 이는 그리스도의 재림(再臨)을 예표합니다.

㉠ 지금 우리는 초막절의 기간을 살아가고 있는 셈입니다. 이를 잊지 않게 하시려고, "너의 가운데 모든 남자는 일 년에 세 번 곧 무교절과 칠칠절과 초막절에 네 하나님 여호와께서 택하신 곳에서"(출 23:14, 신 16:16) 절기를 지키라고 명하신 것입니다.

㉡ 3대 절기는 구원계획을 요약해서 보여주는 절묘한 예표인 것입니다. 이처럼 하나님은 자기 아들을 통해서 이루어주실 복음의 비밀을, "5대 제사, 대 속죄일, 3대 절기"라는 예표를 통해서 계시해주신 것입니다. 이제는 의문에 가려있던 복음이 실체가 오심으로 밝히 드러난 것입니다. 복음의 비밀을 이보다 더 알아듣기 쉽게 설명할 수가 있단 말인가?

⑨ 예수 그리스도는 대속제물만 되어주신 것이 아닙니다. 이를 드려줄 대제사장도 되십니다. "또 관유를 아론의 머리에 붓고 그에게 발라 거룩하게 하라" (8:12) 하신 것은 기름부음을 받은 자이신 "그리스도"에 대한 예표입니다. 히브리서 8:1절에서는, "지금 우리가 하는 말의 요점은 이러한 대제사장이 우리에게 있다는 것이라" 하고 말씀합니다. "이러한 대제사장"이신 그리스도는 구약의 대제사장과 어떻게 다른가?

㉠ 구약의 대제사장은 생축을 반복해서 드렸으나, 우리의 대제사장은 "단번에 자기를 드려 이루셨고"(히 7:27),

㉡ 구약의 대제사장은 먼저 자기를 위하여 속죄제를 드렸으나, 우리의 대제사장은 "영원히 온전케 되신 아들을 세우셨으며"(히 7:28),

㉢ 구약의 대제사장들은 죽음을 인하여 수효가 많았으나, 우리의 대제사장은 "영원히 계신고로 그 제사 직분도 갈리지 아니 한다"(히 7:23-24) 하고 말씀합니다.

㉣ "그러므로 자기를 힘입어 하나님께 나아가는 자들을 온전히 구원하실 수 있으니 이는 그가 항상 살아 계셔서 그들을 위하여 간구하심이라"(히 7:25), "그러므로 우리에게 큰 대제사장이 계시니 승천하신 이 곧 하나님의 아들 예수시라 우리가 믿는 도리를 굳게 잡을지어다"(히 4:14) 합니다.

⑩ 그러므로 그리스도께서 대제사장이 되셔서 자신을 제물로 드려주시면서, "다 이루었다"(요 19:30) 하고 선언하셨을 때에야 그토록 많은 제물이 드려졌어도 1500년 동안이나 굳게 닫혀있던 휘장이 열려졌던 것입니다. "그러므로 형제들아 우리가 예수의 피를 힘입어 성소에 들어갈 담력을 얻었나니 그 길은 우리를 위하여 휘장 가운데로 열어 놓으신 새로운 살 길이요 휘장은 곧 그의 육체니라 또 하나님의 집 다스리는 큰 제사장이 계시매 우리가 마음에 뿌림을 받아 악한 양심으로부터 벗어나고 몸은 맑은 물로 씻음을 받았으니 참 마음과 온전한 믿음으로 하나님께 나아가자"(히 10:19-22) 하고 말씀합니다.

㉠ 이렇게 행해주심으로 하나님 존전에서 추방을 당하였던 죄인들에게 하나님 앞으로 나아갈 수 있는 길을 열어주신 것입니다. 레위기는 이를 "그림자"로 보여주시고, 신약성경은 실체로 성취되었음을 증언하고 있는 것입니다.

⑪ 레위기의 후반부의 주제(主題)는 어떻게 하나님과의 교제를 지속(持續)하며 동행(同行)하는 삶을 살 수가 있는가 하는 문제입니다.

㉠ 후반부가 시작되는 18장에서, "너희는 너희가 거주하던 애굽 땅의 풍속을 따르지 말며 내가 너희를 인도할 가나안 땅의 풍속과 규례도 행하지 말라"(18:3) 하고 먼저 해서는 아니 될 것을 경계하십니다.

그런 후에, "너희는 내 법도를 따르며 내 규례를 지켜 그대로 행하라 나는 너희의 하나님 여호와이니라"(18:4) 하고 준수해야할 것을 말씀하십니다.

㉡ 이를 한마디로 요약한 것이, "나는 너희의 하나님이 되려고 너희를 애굽 땅에서 인도하여 낸 여호와라 내가 거룩하니 너희도 거룩할지어다"(11:45) 하신 말씀입니다. 이처럼 "성별"의 삶을 사는 것이 하나님과 교제를 지속하며 동행하는 삶을 사는 비결입니다.

⑫ 끝으로 레위기에서 우리가 명심하고 또 명심해야할 말씀이 있는데 그것은 "나는 너희 하나님 여호와니라, 또는 여호와니라"는 말씀입니다. 50번 이상이나 등장합니다. "하나님"이라는 호칭이 창조사역과 결부되는 이름(창 1장)이라면, "여호와"는 구속사역과 결부(출 3장)되는 칭호입니다.

㉠ 그리고 "나는 너희를 애굽 땅에서 인도해 내어 그들에게 종된 것을 면하게 한 너희의 하나님 여호와이니라"(26:13) 하고 "애굽에서 구원하여" 주셨음을 상기시키는 말씀도 7번이나 등장합니다. 이는 "그 때와, 이제"를 대조시켜서 이스라엘 백성들로 하여금 자신의 근본과 뿌리와 정체성을 일깨워주기 위해서인 것입니다.

㉡ 이점은 신약성경에서도, "그러므로 생각하라 너희는 그 때에 육체로는 이방인이요 손으로 육체에 행한 할례를 받은 무리라 칭하는 자들로부터 할례를 받지

않은 무리라 칭함을 받는 자들이라 그 때에 너희는 그리스도 밖에 있었고 이스라엘 나라 밖의 사람이라 약속의 언약들에 대하여는 외인이요 세상에서 소망이 없고 하나님도 없는 자이더니 이제는 전에 멀리 있던 너희가 그리스도 예수 안에서 그리스도의 피로 가까워졌느니라"(엡 2:11-13) 하고 상기시키고 있는 바입니다.

"5대 제사, 3대 절기, 대속죄 일" 등은 하나님께서 자기 아들을 통해서 이루어주실 하나님의 은혜요 복음입니다. 이를 통해서 하나님께 나아가는 길을 열어주신 것입니다. 이제 "참마음과 온전한 믿음"으로 하나님께 나아가야하는 것은 우리의 믿음이요, "내가 거룩하니 너희도 거룩할 지어다" 하신 성별의 삶을 살면서 하나님과 동행해야하는 것은 우리들이 행해야할 윤리(倫理)입니다.

나누어봅시다

1, 레위기의 두 큰 주제는 무엇입니까?

2, 대 속죄일에 대해서 설명해 보십시오

3, 율법의 기능과, 성막의 기능에 대해서나누어봅시다

1장
번 제

첫째 단원(1-9) 안수하고 잡아 화제로 드리라
둘째 단원(10-17) 여호와께 향기로운 냄새니라

내용 관찰

출애굽기는 하나님의 영광이 성막에 충만(출 40:34)한 것으로 끝을 맺었습니다. 레위기는 이 성막을 어떻게 사용해야 하는가? 다시 말하면 성막에 임재하신 하나님 앞에 죄인이 어떻게 나아가며, 만날 수(회막)있는가 하는 방도를 계시해 주고 있습니다. 그래서 시내산에서 말씀하시던 하나님은 레위기에서는 "여호와께서 회막" (1)에서 말씀하십니다.

죄로 말미암아 하나님과 분리된 인간이 하나님과 교제하기 위해서는 대속제물과, 그 제물을 드려 줄 제사장을 필요로 하게 되었던 것입니다. 이러한 구약의 제사제도는 그림자로써 제물은, 세상 죄를 지고 가는 하나님의 어린양 되시는 예수 그리스도의 모형이며, 대제사장은 "하나님과 사람 사이에 중보자도 한 분이시니 곧 사람이신 그리스도 예수라" (딤전 2:5) 한 예표였던 것입니다.

예수 그리스도께서 담당하신 십자가 사건은 어느 한 제사로써 설명하기에는 너무나 부족했던 것입니다. 그래서 5대 제사를 통해 계시하시는 것입니다.

1장은 "그 예물이 소의 번제이면" (3) 한, 번제에 대한 규례입니다. 번제의 제물은 수 송아지(3)나, 수양(10)이나, 비둘기(14) 등으로 드릴 수가 있었습니다. 이는 예배자의 경제적인 형편을 고려한 것으로 제물 자체보다는 드리는 자의 믿음이 중요함을 말씀해 줍니다.

제물은 예수 그리스도의 예표이기 때문에 흠이 없어야만 했고, 드리는 자가 "번제물의 머리에 안수할지니" (4) 하십니다. 이는 드리는 자와 제물이 일체가 됨을 의미합니다. 그러므로 그 짐승이 죽는 것은 곧 자신의 죽음을 뜻합니다. 제사장은 "그 전부를 제단 위에서 불살라 번제를 드릴지니" (9) 하십니다.

번제는 전적인 헌신을 의미합니다. 아낌없이, 남김없이 전부를 드리는 것입니다. 예수 그리스도께서 담당하신 십자가는, "내 원대로 마옵시고 아버지의 원대로 되기를 원하나이다" (눅 22:42), "죽기까지 복종하셨으니 곧 십자가에 죽으심이라" (빌 2:8) 한 전적인 헌신이 먼저였던 것입니다. 그러므로 번제는 "여호와께 향기로운 냄새니라" (9, 13, 17) 하고, 기쁘게 받으신다고 말씀합니다.

형제가 번제를 드린다고 생각해 보십시오. 흠이 없는 제물을 선택하여 성막으로 끌어와서 그 머리에 안수하고 그 제물을 잡아 "가죽을 벗기고 각을 뜨는" (6) 형제의 심정은 어떠할 것이며 무엇을 깨닫게 될 것입니까? 하나님께서 제사 제도를 통해서 무엇을 교훈하시려는지 아셨습니까?

적용

"우리 중에 누구든지 자기를 위하여 사는 자가 없고 자기를 위하여 죽는 자도 없도다 우리가 살아도 주를 위하여 살고 죽어도 주를 위하여 죽나니 그러므로 사나 죽으나 우리가 주의 것이로다" (롬 14:7-8) 하십니다. 지금은 형제 자신이 번제물이 되어야 할 때입니다.

나누어봅시다

1, 죄인이 하나님과 교제하기 위해서 필요한 두 가지 요점이 무엇입니까?

2, 번제는 예수 그리스도의 어떤 면을 예표합니까?

3, "여호와께 향기로운 냄새니라" 한 의미에 대해서,

2장
소 제

첫째 단원(1-10) 고운 가루에 기름을 섞은 무교병
둘째 단원(11-16) 꿀을 넣지 말고 소금을 치라

내용 관찰

2장은 "누구든지 소제의 예물을 여호와께 드리려거든" (1) 한, 소제"에 관한 규례입니다. 소제는 유일하게 피가 없는 제사입니다. 그러므로 소제는 죽어서 드리는 제사가 아니라 산 제사입니다. 이는 "우리에게 있는 대제사장은 우리의 연약함을 동정하지 못하실 이가 아니요 모든 일에 우리와 똑같이 시험을 받으신 이로되 죄는 없으시니라" (히 4:15) 하신 죄 없으신 그리스도의 생애를 예표합니다.

예수 그리스도께서는 갈보리 십자가로만 헌신하신 것이 아니라 그의 삶 자체가 하나님께 드리는 산 제사였던 것입니다. 이점을 주님께서는 "나를 보내신 이가 나와 함께 하시도다 나는 항상 그가 기뻐하시는 일을 행하므로 나를 혼자 두지 아니하셨느니라"(요 8:29) 하고 말씀하십니다. 이것이 소제입니다.

그러므로 소제에는 "고운 가루로 예물을 삼아 그 위에 기름을 붓고 또 그 위에 유향을"(1) 더하라 하십니다. 순백의 고운 가루는 주님의 인성이 순결함을 나타내며, 그 위에 성령을 상징하는 기름을 붓고, 또 그 위에 유향을 놓으라 하십니다.

"화덕에 구운 것(4), 철판에 부친 것(5), 냄비의 것"(7) 등의 표현은 모두가 불과 관련이 있는데 이는 산 제사의 삶이 결코 평탄한 길만은 아닌 "무릇 그리스도 예수 안에서 경건하게 살고자 하는 자는 박해를 받으리라"(딤후 3:12) 하신 고난을 나타낸다 하겠습니다.

소제에는 "누룩이나 꿀"(11)을 넣어서는 안 된다 하십니다. 누룩은 죄의 속성을 말해주고, 꿀은 달콤한 말로 아첨하듯 하는 진실성의 반대입니다. 잠언 5:3절에, "대저 음녀의 입술은 꿀을 떨어뜨리며 그의 입은 기름보다 미끄러우나" 하십니다. 사도 바울은 "우리가 아무 때에도 아첨하는 말이나 탐심의 탈을 쓰지 아니"(살전 2:5) 하였다고 말씀합니다. 거짓 교사들이 "교활한 말과 아첨하는 말로 순진한 자들의 마음을 미혹하느니라"(롬 16:18) 하고 경계하고 있습니다.

반면, "네 모든 소제물에 소금을 치라 네 하나님의 언약의 소금을 네 소제에 빼지 못할지니 네 모든 예물에 소금을 드릴지니라"(13) 하십니다. 소금을 "네 하나님의 언약의 소금"이라 하십니다. 하나님의 언약은 변치 않는 소금언약입니다. 하나님께 드려지는 제사는 언약에 근거해야만 하고, 언약을 믿기에 소제의 삶을 살 수가 있다는 뜻입니다. 번제와 같이 소제도 "여호와께 향기로운 냄새니라" (2) 하고, "향기"가 있습니다. 이는 하나님께서 기뻐하시는 산 제사임을 의미합니다. 그러나 속죄제나 속건제에는 "향기로운 냄새"가 없습니다.

이 소제가 그리스도인들에게, "그러므로 형제들아 내가 하나님의 모든 자비하심으로 너희를 권하노니 너희 몸을 하나님이 기뻐하시는 거룩한 산 제물로 드리라 이는 너희가 드릴 영적 예배니라" (롬 12:1) 하신 말씀으로 적용이 된다 하겠습니다. 이것이 "그리스도의 향기"를 나타내는 삶입니다. 형제여, 우리도 매일 매일을 향기로운 소제의 삶을 살아야만 하겠습니다.

적용

형제의 삶 가운데 향기가 있습니까? 소금 치는 것을 잊지는 않았습니까? 이 모든 것을 기름 곧 성령의 공급하시는 힘으로 하고 있습니까?

나누어봅시다

1, 소제는 그리스도의 어떤 면을 예표합니까?

2, 소제의 "고운 가루, 기름, 유향" 세 가지 요소의 의미는 무엇입니까?

3, 소제에 넣어서는 안 되는 것은 무엇이며 없어서는 안 되는 것은 무엇입니까?

3장
화목제

첫째 단원(1-5) 소로 드리는 화목제
둘째 단원(6-11) 양으로 드리는 화목제
셋째 단원(12-17) 염소로 드리는 화목제

내용 관찰

3장은, "사람이 만일 화목제의 제물을 예물로 드리되" (1) 한, 화목제의 규례입니다. 예수 그리스도는 우리의 속죄제물뿐만 아니라, "이 예수를 하나님이 그의 피로써 믿음으로 말미암는 화목제물로 세우셨으니" (롬 3:25) 한, 화목제물이 되셨습니다.

화목제물로는 소(1), 양(6), 염소(12) 등으로 드릴 수가 있었는데 다른 제사와 다른 점은 주로 내장과 거기 덮인 기름만을 화목제로 드렸습니다. 왜냐하면 나머지 고기는 제사장에게 돌리고, 또한 제사 드리는 본인도 먹게(7:16) 하기 위해서였습니다.

그러므로 화목제의 중심주제는 "교제"입니다. 하나님과 화목하게 되었다는 것은 단절되었던 교제가 회복하게 되었다는 점을 의미하기 때문입니다. 예수 그리스도로 말미암아 하나님과의 관계와, 성도 상호간의 관계에 교제가 회복되었음을 보여주고 있습니다.

출애굽기 24장에 보면 번제와 화목제를 여호와께 드리고(5) 하나님께 올라가서, "하나님을 보고 먹고 마셨으나" 그러나 하나님께서 그들에게 "손을 대지 아니하셨다"(11), 즉 죽임을 당하지 않았다고 말씀하는데 이것이 화목제로 말미암아 가능하여진 것입니다.

주님께서도 "볼지어다 내가 문 밖에 서서 두드리노니 누구든지 내 음성을 듣고 문을 열면 내가 그에게로 들어가 그와 더불어 먹고 그는 나와 더불어 먹으리라"(계 3:20) 하고 말씀하십니다.

번제(1:14)와, 속죄제(5:7)에는 가난한 자를 위하여 비둘기를 드리는 것이 배려되었으나 화목제에는 이에 대한 언급이 없는 것은 비둘기는 교제를 위한 나눌 여지가 없기 때문입니다.

화목에 관하여 로마서 5:10절은 "곧 우리가 원수 되었을 때에 그의 아들의 죽으심으로 말미암아 하나님과 화목하게 되었다" 하고, 하나님과 우리가 "원수"의 관계였는데 "아들의 죽으심"으로 하나님과 우리 사이가 "화목"의 관계가 되었다고 말씀합니다.

화목제에도 번제와 소제같이 "여호와께 향기로운 냄새니라"(5) 하고, "향기"가 있는데 이는 하나님께서 기뻐하시는 제사임을 말씀해 줍니다. 형제여, 하나님과 화목 되었음을 알고만 있지 마십시오. 믿고만 있지 마십시오. 이를 즐거워하며, 누리시게(롬 5:11, 1) 되기를 바랍니다.

적용

"화평하게 하는 자는 복이 있나니 그들이 하나님의 아들이라 일컬음을 받을 것임이요(마 5:9), 곧 하나님께서 그리스도 안에 계시사 세상을 자기와 화목하게 하시며 그들의 죄를 그들에게 돌리지 아니하시고 화목하게 하는 말씀을 우리에게 부탁하셨느니라" (고후 5:19) 하고 말씀합니다.

나누어봅시다

1. 화목제는 예수 그리스도의 어떤 면을 예표하는가에 대해서,

2. 화목제를 통해서 회복이 되는 두 방면의 교제에 대해서,

. 화목제물로 비둘기의 언급이 없는 점에 대해서,

4장

속죄제

첫째 단원(1-12) 제사장의 속죄제
둘째 단원(13-21) 온 회중의 속죄제
셋째 단원(22-26) 족장의 속죄제
넷째 단원(27-35) 평민의 속죄제

내용 관찰

4장은, "누구든지 여호와의 계명 중 하나라도 그릇 범하였으되"(2) 한, 속죄제의 규례인데 제사장을 위한 속죄제(3-12)와, 회중을 위한 속죄제(13-21)와, 족장을 위한 속죄제(22-26)와, 평민을 위한 속죄제(27-35)를 구분해서 말씀하고 있습니다.

우리가 명심해야 할 점은 속죄제에 해당하는 죄는 고범죄가 아니라, "부지중에 범한(2, 13, 22, 27) 죄라는 점입니다. 이는 주님께서 담당하신 "속죄제", 즉 복음이 죄를 조장(助長)하는 것이 아니라는 점을 말씀해줍

니다. 이점을 "그런즉 우리가 믿음으로 말미암아 율법을 파기하느냐",
즉 죄를 지어도 괜찮단 말이냐? "그럴 수 없느니라 도리어 율법을 굳게 세우느니라" (롬 3:31) 하고 말씀합니다.

또 주목해야 할 점은 제사장과 온 회중이 죄를 범했을 때에는 속죄 피를 가지고 회막에 들어가서(5, 16) 장 앞에 일곱 번 뿌림으로 속하였다는 점입니다. 이는 제사장은 온 회중의 대표자로 그의 범죄는 죄얼이 온 회중에게 미치기(3) 때문입니다.

그러나 족장이나 평민의 하나가 죄를 범했을 때에는 회막에 들어감이 없이 번제단에서 처리하라 하십니다. 이는 주께서 말씀하신 바, "가서 너와 그 사람과만 상대하여 권고하라" (마 18:15) 하신 말씀대로 가급적 확대시키지 말아야 함을 의미합니다.

번제 때는 제물 전부를 단 위에서 불살랐으나(1:12), 속죄제는 중요한 부분은번제단에서 드리고, 남어지는 "진영 바깥 재 버리는 곳" (12)에서 불사르라 하십니다. 재 버리는 곳의 불은 소멸하는 불(히 13:12)을 상징합니다. "그러므로 예수도 자기 피로써 백성을 거룩하게 하려고 성문 밖에서 고난을 받으셨느니라" (히 13:12) 하고 말씀합니다. 그러므로 속죄제에는 "여호와께 향기로운 냄새니라"가 전연 없습니다. 왜냐하면 속죄제는 죄에 대한 진노의 결과이기 때문입니다.

"그러나 이 제사들에는 해마다 죄를 기억하게 하는 것이 있나니 이는 황소와 염소의 피가 능히 죄를 없이 하지 못함이라" (히 10:3-4) 하고, 레위기의 제사 제도는 참 것의 그림자임을 말씀합니다.

제사법에서 중요한 요점은 첫째가 안수인데, 안수를 통해서 그 제물과 자신이 일체가 되고 나의 죄를 그에게 전가시키기 때문입니다. 이런 맥락에서 대속교리는, "우리 옛 사람이 그리스도와 함께 십자가에 못박혔다"(롬 6:6)는, 연합교리로 인도해줍니다. "함께 죽고, 함께 장사되었다가, 함께 살았다"(롬 6:4, 8)는 이것이 연합 즉 안수(按手)가 의미하는 바입니다.

둘째로 "죽음"입니다. 죄 값은 사망이기 때문입니다. 그러므로 죄를 전가 받은 제물은 반드시 죽임을 당해야만 했습니다. 성경은 피 흘림이 없으면 사유함이 없느니라 합니다.

다음은 흘려진 피가 "뿌려진 피"가 되어야 한다는 점입니다. 주님께서 피를 흘려 주셨어도 그를 믿음으로 뿌림 받지 못한다면(벧전 1:2, 히 10:22) 그 사람에게는 아무 효험이 없는 것입니다.

우리에게 쏟으셔야 할 죄에 대한 진노를 자기 아들에게 부으심으로 우리의 죄를 대속해 주시고 의롭다고 여겨 주신데 대한 형제의 느낌은 어떠합니까?

적용

형제여, 우리 죄를 위하여 하나님의 아들이 대신 속죄제물로 죽어주셨다면, 이제부터 내가 사는 것은 나를 위하여 죽으셨다가 다시 사신 자를 위하여 살아야 마땅한 것입니다.

나누어봅시다

1, 속죄제는 예수 그리스도의 어떤 면을 예표해 줍니까?

2, 제사 제도에 있어 안수의 의미는 무엇입니까?

3, 왜 속죄제에는 "향기로운 냄새"가 없습니까?

5:1-6:7절

속건제

첫째 단원(5:1-13) 속죄제를 드려야할 몇 가지 예

둘째 단원(5:14-6:7) 성물에 대한 속건제 규례

내용 관찰

본문은 속죄제의 사례와, 속건제의 규례입니다. 속죄제는, "아무 일에 잘못하였노라 자복하고, 속죄제를 드릴 것이요 제사장은 그의 허물을 위하여 속죄할지니라"(5-6) 하고, 죄를 인정하고 자복하는 것이 필수입니다.

속건제는 일종의 손해배상의 제사 제도인데 속건제는, 하나님께 손해를 끼친 경우(15)와, 사람에게 손해를 끼친(12) 경우, 두 방면으로 나누어 집니다.

그런데 명심할 것은 직접적으로 하나님의 성물에 대해 손해를 끼친 일만이 아니라, 사람에게 손해를 끼친 일도 간접적으로는, "여호와께 신실

치 못하여 범죄"(6:2)한 것이라는 사실입니다. 어떠한 경우든 하나님의 자녀들의 범죄에 대한 최대의 피해는 하나님의 거룩하신 이름(예: 창 39:9, 삼하 12:13-14)에 손해를 끼친 행위라는 점을 명심해야만 합니다

속건제를 드리는 순서를 유념해야 하는데, 하나님의 성물에 대하여 그릇 범과하였을 때는, "흠 없는 숫양을 떼 중에서 끌어다가 속건제를 드리는 것"(15)이 먼저입니다. 왜냐하면 숫양의 피로 속함을 받음으로 하나님과의 관계가 회복되는 것이 먼저이기 때문입니다. 그 후에 손해에 대한 5/1을 더하여(16) 갚아야만 했습니다.

마땅히 드려야 할 "여호와의 성물"에는 십일조나 첫 열매, 초 태생 등 물질적인 것만이 아니라, 사랑과 감사 등 마음으로 드리지 않은 것도 포함된다는 점을 유념해야만 합니다. 지나온 날을 돌이켜보면 마땅히 하나님께 돌려야 할 것을 인간이 가로챈 경우가(행 12:23) 허다할 것입니다.

그런데 하나님께 감사할지니, "여호와께서 그에게 상함을 받게 하시기를 원하사 질고를 당하게 하셨은즉 그의 영혼을 속건제물로 드리기에 이르면"(사 53: 10) 하고, 그리스도께서 우리의 속건제물이 되셨다고 말씀하십니다. 예수 그리스도의 대속제물에는 속죄제, 화목제뿐만이 아니라, 속건제도 포함되어 있었던 것입니다.

다음은 대인관계의 속건제인데 그 순서는, "그 본래 물건에 5/1을 더하여 돌려보냄"(6:5)으로 사람과 화해하는 것(마 5:23-24)이 먼저입니다. 그 후에 하나님께 속건제를 드려야만 사함을 얻는다는 것입니다. 남의 물건을 도적질했을 경우 하나님께 회개, 자복만 하면 되는 것이 아니라,

그에 앞서 손해 배상부터 행해야만 하는 것입니다.

이점에서 미련한 인간은 사람에게 손해를 입힌 것은 알고 있으나 하나님께 손해를 입힌 경우는, "그릇 범과하였거든(5:15) 부지중에" (17-18) 라고 말씀하심으로, 이를 알지 못하는 경우가 많음을 지적하고 있는 것입니다.

그러나 사람에게 대하여는 "부지중에" 라는 말이 없습니다. 왜냐하면 모르고 손해를 끼치는 경우란 거의 없기 때문일 것입니다.

형제여, 자녀 된 우리들이 잘못했을 경우 최대의 피해자는 아버지이신 하나님 자신에게 돌아간다는 점을 명심하십시다.

적용

하나님의 성물에 대하여 그릇 범해 속건제를 드려야 할 것은 없는가? 대인 관계에서 속건제를 드려야 할 것은 없는가 살펴봅시다.

나누어봅시다

1, 속건제는 그리스도의 어떤 면을 예표해 주는가에 대해서,

2, 속건제를 드리는 하나님과 사람에 대한 순서가 다른 점에 대해서,

3, 어떤 죄이든지 최대의 피해자는 하나님 아버지시라는 점에 대해서,

6:8–7장

제사제도의 시행세칙

첫째 단원(6:8–30) 번제, 소제, 위임제, 속죄제의 규례
첫째 단원(7:1–10) 속건제의 규례
둘째 단원(7:11–38) 화목제 규례

내용 관찰

본문은 여러 가지 제사, 즉 번제(6:9-13), 소제(6:14-18), 위임제(6:19-23), 속죄제(6:24-30), 속건제(7:1-10), 화목제(7:11-36) 등의 규례인데, 이는 단순한 반복이 아니라 각종 제사제도에 대한 시행세칙이라 할 수가 있습니다.

범죄로 말미암아 하나님 존전에서 추방을 당한 죄인은 대속제물을 통해서만 하나님께 돌아가는 것이 가능했는데 그리스도께서 단번에 드려주실 대속제물에 대한 예표는 한 가지 제사제도만으로는 설명할 수가 없었던 것입니다.

이점에서 언급하시는 순서도 유념할 필요가 있습니다. 1장-6장에서 말씀하는 순서는 번제, 소제, 화목제, 속죄제, 속건제의 순서였는데, 이는 하나님 편에서 보실 때의 순서입니다. 범죄한 인간의 입장에서는 이 순서를 역으로 밟아 올라가야만 하는 것입니다.

먼저 속건제를 드림으로 하나님과 인간에게 손해를 끼친 것에 대한 배상을 해야만 하는데, 이것이 회개에 합당한 열매이기 때문입니다. 삭개오는 "만일 뉘 것을 토색한 일이 있으면 4배나 갚겠나이다" (눅 19:8) 하고 말했던 것입니다. 그 후에 속죄제를 드려야만 받으심이 되는 것입니다.

그리고 화목제물을 드리는데, 화목제에는 감사제(7:12)와, 서원제(16)와, 자원제(22:18) 등이 있습니다. 그런 후에 소제를 드리게 되는데, 7:11-14절에 의하면 소제가 화목제와 함께 드려지고 있음을 보게 됩니다. 이는 하나님과 화목한 자의 삶이, 기쁨과 감사가 넘치는 산 제사의 삶이 되어야 했기 때문입니다.

최종적인 제사가 "번제"라는 점을 주목해야만 합니다. 번제는, "너희는 너희 것이 아니라 값으로 산 것이 되었으니 그런즉 너희 몸으로 하나님께 영광을 돌리라" (고전 6:20) 하신, 전적인 헌신의 삶을 의미하기 때문입니다.

번제단의 불은 "항상 피워 꺼지지 않게 할지니" (6:12-13) 하십니다. 9:24절에 의하면 번제단의 최초의 불은 하늘로부터, "여호와 앞에서" 나왔습니다. 그 불을 꺼지지 않게 보존하여 그 불로 제물을 태워드림으로 사함을 받게 되는 것입니다. 이는 속제의 근거가 하나님께로 말미암을 나타냅니다.

또한 "먹을 것이요" 하신 말씀이 자주 나오는데, 이는 하나님과 화목한 자가누리게 될 하나님과의 교제를 의미합니다. 그러나 피(7:26)와, 기름(7:23)은 먹지 말라고 금지되어 있음을 봅니다. 왜냐하면 피는 생명으로 그 피를 흘림으로 죄를 속하게 되고, 기름은 감정 또는 마음과 같은 것을 나타내어 하나님께만 드려져야 했기 때문입니다.

형제여, 이 모든 제사를 근본적으로는 주님께서 다 드려주셨습니다. 이를 믿는 우리들은 어떠한 삶을 살아야만 마땅합니까?

적용

꺼지지 않는 불에 형제는 어떤 제물을 드리고 있습니까?

나누어봅시다

1, 5대 제사를 드리는 사람 편의 순서는 어떠합니까?

2, "단 위의 불은 꺼지지 않게 할지니" 했는데 최초의 불은 어디서 나왔습니까?

3, "먹을 지니" 라는 말씀이 자주 등장하는 의미는 무엇입니까?

8장

제사장의 위임식

첫째 단원(1–13) 제사장 옷을 입히고 관유를 부음
둘째 단원(14–21) 속죄제와 번제를 드림
셋째 단원(22–36) 위임식의 수양을 드림

내용 관찰

8장은 제사장의 위임식 규례입니다. 죄를 범하므로 하나님과 분리된 죄인들에게는 죄를 대속할 희생 제물과, 하나님과 인간 사이를 중보(딤전 2:5)할 제사장이 필요하게 되었던 것입니다. 그러므로 제물이 하나님의 어린양 되시는 예수 그리스도의 모형이듯이, 구약시대의 제사장도 참 제사장 되시는 그리스도의 예표였던 것입니다.

제사장의 위임식을 위해서는, "의복과, 관유와, 속죄제 제물"(2)이라는 3가지 요소가 필요했습니다. 먼저 제사장을 물로 씻기고, "속옷과 겉옷을 입히고" 그 위에 "에봇"(6-9)으로 단장을 시켰습니다. 대제사장의 옷은 "거룩하고 영화롭고 아름다운"(출 28:2) 옷이었고, 머리에는 관을 씌웠는데 관 전면에는 "여호와께 성결"이라고 쓰여 있는 금패가 있었습니다.

다음으로 "관유를 머리에 부어 거룩하게"(10-12) 한 후에, 세 가지 제사를 드려야만 했는데 먼저 속죄제(14-17)와 번제(18-21)를 드린 후에 위임제(22-29)를 드려야 했습니다.

먼저 속죄제를 드림은 제사장 자신이 하나님 앞에 죄인이었기 때문입니다. 그러나 우리에게 있는 대제사장은 그럴 필요가 없는 "온전하게 되신 아들을 세우셨느니라"(히 7:27-28) 하고 증언합니다. 다음에 번제를 드림은 전적인 헌신을 의미합니다. 그런 연후에야 위임식의 숫양을 드렸는데(22), 주목하게 되는 것은 그 피를 제사장의 오른 귓부리와 오른쪽 엄지손가락과 오른쪽 엄지발가락에 바르라(23-24) 하신 말씀입니다.

이는 제사장의 귀는 하나님의 말씀을 바로 듣고 전하기 위해서요, 제사장의 손은 하나님을 바로 섬기기 위해서요, 제사장의 발은 하나님의 명령을 바로 준행케 하기 위하여 거룩하게 구별하는 성별의식이었던 것입니다.

위임식의 핵심은, "관유를 아론의 머리에 붓는"(12) 일인데 이는 기름부음을 받은 자 곧 그리스도에 대한 명백한 예표인 것입니다. 대제사장 아론의 머리에 관유를 부으면 그 기름이 머리에만 있는가?

이점을 시편 133편에서는, "머리에 있는 보배로운 기름이 수염 곧 아론의 수염에 흘러서 그의 옷깃까지 내림 같고"(2) 하고 묘사하고 있습니다.

머리에 부어진 기름이 온 몸 전체에 흘러내린다는 것입니다. 이는 교회의 머리 되시는 그리스도의 기름부음이 그에게 속한 모든 지체들에게 흘러내려서 그들이 곧 "그리스도인"이 되는 것을 의미합니다.

그리스도 안에는 모든 충만이 육체로 거하고 있습니다. "너희도 그 안에서 충만하여 졌으니" (골 2:9-10) 하십니다. 머리만 충만하고 몸은 텅텅 비어있는 것이 아닙니다. 형제도 충만하여졌음을 믿으시기 바랍니다. 특권만이 아니라 형제의 "귀, 손, 발"이 거룩한 의의 병기가 되었다는 책임도 망각하지 마시기 바랍니다.

적용

형제도 왕 같은 제사장입니다. 눈을 감고 형제의 "귀, 손, 발"의 영적 모습을 눈 앞에 그려보십시오. 이제 어떤 삶을 살아야 하겠습니까?

나누어봅시다

1, 대제사장의 옷은 어떤 옷이며 관 전면에는 무엇이라 써 있습니까?

2, 머리에 부은 관유는 흘러 어떻게 됩니까?

3, 위임식의 피를 귀, 손, 발에 바른 의미는 무엇입니까?

9장

제사장의 제물 드림과 축복

첫째 단원(1-14) 제사장을 위한 속죄제와 번제
둘째 단원(15-21) 백성들을 위한 속죄제, 번제, 소제, 화목제
셋째 단원(22-24) 불이 여호와 앞에서 나와 제물을 사르다

내용 관찰

9장은 위임식을 마친 대제사장 아론과 그 아들들이 백성들을 위해서 첫 공식적인 제사를 거행하고 축복하는 내용인데, 핵심은 "여호와의 영광이 나타나리라"(6, 4)에 있습니다.

제사 드린 순서를 보면 먼저 자기를 위한 속죄제를 드리고(8), 번제를 드렸으며(12), 다음에 백성을 위한 속죄제(15)와 번제(16)를 드렸습니다. 그리고 소제를 드리고(17) 화목제를 드렸습니다. 이는 모두가 예수 그리스도께서 단번에 성취하여주실 구속사역에 대한 그림자입니다.

9장은 "모세와 아론이 회막에 들어갔다가 나와서 백성에게 축복하매

여호와의 영광이 온 백성에게 나타나며 불이 여호와 앞에서 나와 제단 위의 번제물과 기름을 사른지라 온 백성이 이를 보고 소리 지르며 엎드렸더라" (23-24) 하고 마치고 있습니다.

신약성경은 교회를 "영광스러운 교회" (엡 5:27)라 하십니다. 영광스러운 교회가 되기 위해서는 명심해야 할 점이 있는데, "명하신 대로" 행해야 한다는 점입니다. "이는 여호와께서 너희에게 하라고 명령하신 것이니" (6) 합니다. 7절에서도 "여호와의 명령대로 하라" 하고, 10절에서도 "명령하심과 같았고", 21절에서도 "명령한 것과 같았더라" 말씀합니다.

이 말씀이 1차적으로는, "내가 하늘에서 내려온 것은 내 뜻을 행하려 함이 아니요 나를 보내신 이의 뜻을 행하려 함이니라" (요 6:38) 하신, 그리스도로 성취가 되어 받으심이 되었던 것입니다.

지금 우리가 섬기고 있는 것은 그림자가 아닌 실체이신 자기 아들의 피로 사신 몸 된 영광스러운 교회입니다. 그러므로 우리가 드리는 예배의 근거도 여호와의 명대로 단번에 자신을 드려주신 예수 그리스도의 십자가 대속의 공로(히 10:6)만을 의지해야 한다는 점입니다.

"그러므로 형제들아 우리가 예수의 피를 힘입어 성소에 들어갈 담력을 얻었나니" (히10: 19) 하십니다. 형제여, "드림"은 우리에게 있지만 가인과 아벨에서 보는 바대로 받으심은 하나님께 있다는 점을 명심해야만 하겠습니다.

우리가 하나님의 명령대로 예배를 드리고 섬기기만 한다면 우리의 예배를 받으시고 여호와의 영광의 임재를 맛보게 될 것입니다. 이것이 영광스러운 교회의 비결입니다. 그 때에 예배 자들은 공포에서가 아니라 경외함으로 환성을 지르게 될 것입니다.

적용

주님께서는, "아버지께 참되게 예배하는 자들은 영과 진리로 예배할 때가 오나니 곧 이 때라 아버지께서는 자기에게 이렇게 예배하는 자들을 찾으시느니라" (요 4:23) 하십니다. "진리"로 예배한다는 것은, 그리스도의 구속에 근거하여 드리는 것이요, "영"으로 예배하는 것은 성령의 인도함을 받는 것입니다.

나누어봅시다

1, 구약교회의 예배와, 신약교회의 예배에 대해서,

2, 명령대로 행했다는 점과, 영광이 나타나리라에 대해서,

3, 하나님께 예배를 드린 후에 백성들에게 축복했다는 점에 대해서,

10장

명령을 거역한 예배

첫째 단원(1-11) 번제단의 불과 다른 불

둘째 단원(12-20) 하나님이 주시는 응식

내용 관찰

10장은 아론의 아들, 즉 제사장인 나답과 아비후가 "여호와께서 명령하시지 않은 다른 불"로 여호와 앞에 분향하다가 즉사한 사건입니다. 이는 하나님의 "명령" (9:6, 7, 10 ,21) 하신 대로만 행한 9장과는 반대의 경우입니다. 그리하여 9장에서는 "불이 여호와 앞에서 나와 제단 위의 번제물과 기름을 사랐는데"(24), 10장에서는 불이 제사장을 삼켰던 것입니다.

그렇습니다. 여호와의 영광이 가득하고 충만하였던(대하 7:1-2) 솔로몬의 성전이, 저들이 여호와의 명령을 거역하자 진노의 불이 그 전을 살라버렸던(대하 36:19) 것입니다. 하나님에게는 "인자와 준엄하심"(롬

11:22)이 함께 하신다는 점을 명심해야만 합니다.

이점에서 "여호와의 명하신 불"이 무엇인가 하는 점입니다. 그것은 번제단의불입니다. 계시록에 보면, "천사가 향로를 가지고 제단의 불을 담아다가 땅에 쏟으매 우뢰와 음성과 번개와 지진이 나더라" (계 8:5) 합니다. 이는 심판을 의미하는데 어찌하여 (번)제단의 불을 담아다가 쏟는가? 번제단에서 드려주신 그리스도의 대속을 믿지 않는다면 죄에 대한 심판을 자신이 받을 수밖에 없기 때문입니다.

사건이 벌어지자 모세는 아론에게 여호와께서 말씀하시기를, "나는 나를 가까이 하는 자 중에서 내 거룩함을 나타내겠고 온 백성 앞에서 내 영광을 나타내리라 하셨느니라" (3) 하고 말합니다. 무슨 뜻인가? 하나님을 멀리 떠난 불신자들의 소행은 최후심판의 날에 심판하실(엡 2:3) 것이나, 여호와를 가까이 하는 자에게는 거룩히 여기심을 받으시기를 원하신다, 즉 무시당함을 결코 용납하지 않으신다는 뜻입니다.

모세는 아론에게, "너희는 머리를 풀거나 옷을 찢지 말라 그리하여 너희가 죽음을 면하고 여호와의 진노가 온 회중에게 미침을 면하게 하라" (7) 하고 말합니다. 왜냐하면 "관유로 부음을 받고 위임되어 그 예복을 입은 대제사장은 그의 머리를 풀지 말며 그의 옷을 찢지 말라" (21:10) 하고 경계하셨기 때문입니다.

머리를 풀고 옷을 찢는 행위는 절망적인 슬픔을 나타내는 것으로 자신이 섬기는 하나님을 부인하는 것과 같은 것입니다. 이 경계는 "너희 몸은 너희가 하나님께로부터 받은 바 너희 가운데 계신 성령의 전인 줄을 알지 못하느냐" (고전 6:19) 하신 말씀으로 적용이 됩니다.

이점에서 유념해야 할 점은 이들 제사장들이 범한 죄가 윤리적인 죄가 아니라, "명령하시지 않은 다른 불"로 드렸다, 즉 "다른 복음"과 같은 신학적인 오류임을 명심해야만 합니다. 왜냐하면 오늘날은 "다른 불"을 담아다가 드리는 예배가 유행하고 있기 때문입니다.

아론의 두 아들이 죽은 후에 하나님께서는 아론에게, "너와 네 자손들이 회막에 들어갈 때에는 포도주나 독주를 마시지 말라 그리하여 너희 죽음을 면하라" (9) 하고 경계하십니다. 왜냐하면 "그리하여야 너희가 거룩하고 속된 것을 분별하며 부정하고 정한 것을 분별(分別)하고, 또 나 여호와가 모세를 통하여 모든 규례를 이스라엘 자손에게 가르칠" (10-11) 것이기 때문이라는 것입니다.

결국 나답과 아비후는 하나님의 뜻을 분별하지 못하고 자기 좋을 대로 행하다가 거부를 당했다는 것이 됩니다. 나답과 아비후, 둘 중 어느 한 사람만이라도 분별력을 행사하였다면 그런 비극은 막을 수가 있었을 것입니다.

형제여, "너희는 이 세대를 본받지 말고 오직 마음을 새롭게 함으로 변화를 받아 하나님의 선하시고 기뻐하시고 온전하신 뜻이 무엇인지 분별하도록 하라" (롬 12:2) 하신 말씀을 명심하십시다.

적용

현대교회의 예배, 즉 "찬양, 기도, 설교, 헌금" 등이 우리 좋을 대고 하고 있는가? 하나님의 뜻을 분별하여 드려지고 있는가 점검해 보아야만 하겠습니다..

나누어봅시다

1, 하나님은 가까이 하는 자에게 어떠한 섬김을 받으시기를 원하십니까?

2, 제사장들이 해서는 아니 될 일이 무엇이며 왜 그렇습니까?

3, "명하시지 않은 다른 불"에 대한 신약적인 의미에 대해서,

11장

정한 것과 부정한 것

첫째 단원(1–23) 먹을 것과 부정한 것

둘째 단원(24–43) 부정케 하는 것들

셋째 단원(44–47) 내가 거룩하니 너희도 거룩하라

내용 관찰

11장-15장은 "정결한 것과 부정한 것"을 분별하는 규례인데, 11장은 짐승(1-8), 물고기(9-12), 새(13-19), 곤충(20-23), 땅에 기어 다니는 것(41-43), 접촉하면 부정하게 되는 것(23-40) 등에 관해서 말씀하십니다.

우선적으로 생각하게 되는 것은 하나님께서 지으신 피조물이 어찌하여 부정하게 되었는가 하는 점입니다. 그것은 죄가 들어옴으로 "땅은 너로 인하여 저주를 받았기"(창 3:17) 때문이라고 말할 수밖에 없습니다. 홍수심판 당시 "너는 모든 정결한 짐승은 암수 일곱씩, 부정한 것은 암수 둘씩"(창 7:2) 방주로 취하여 들이라 하고 이미 그 때에 정결한 것과 부정한 것의 구별이 있었던 것입니다.

이런 규례를 말씀하는 의도가 무엇인가? 핵심은, "나는 너희의 하나님이 되려고 너희를 애굽 땅에서 인도하여 낸 여호와라 내가 거룩하니 너희도 거룩할지어다" (45) 하신 성별을 위해서라는 점을 명심해야만 합니다. 이 원리는 이어지는 11장-15장의 중심주제입니다.

이런 맥락에서 11장-15장의 규례는 1차적으로 당시의 문화적인 관습(慣習)을 들어서 하나님의 백성들로 하여금 먹는 것, 입는 것, 마시는 것까지도 구별된 삶을 살도록 장려하는 말씀이라는 점을 염두에 두어야만 합니다.

그런데 사도행전 10장에 하나님께서 사도 베드로를 이방인에게 보내시기 위해서 환상을 보여주시는 것이 나오는데 하늘에서 내려온 보자기, "그 안에는 땅에 있는 각종 네 발 가진 짐승과 기는 것과 공중에 나는 것들이 있더라" 합니다. 그리고 "잡아 먹어라 하거늘 베드로가 이르되 주여 그럴 수 없나이다 속되고 깨끗하지 아니한 것을 내가 결코 먹지 아니하였나이다" 하니 "두 번째 소리가 있으되 하나님께서 깨끗하게 하신 것을 네가 속되다 하지 말라" (행 10:12-15) 하십니다.

이로 보건대 사람들도 하나님의 선민과 이방인의 구별이 있듯이, 피조물(짐승, 새, 물고기 심지어 나무 등) 들도 정결한 것과 부정한 것으로 나누어졌다가, 그리스도의 구속으로 말미암아 "둘로 하나되게" 하시려는 섭리로 여겨집니다.

로마서 8:19-22절에는 피조물들의 탄식이 나오는데, "그 바라는 것은 피조물도 썩어짐의 종 노릇 한 데서 해방되어 하나님의 자녀들의 영광의 자유에 이르는 것이니라" (롬 8:21) 하십니다.

궁극적으로는 율법이 그러하듯이 레위기의 규례도 우리를 그리스도에게로 인도하기 위한 초등교사라 할 수가 있습니다. "이런 것은 먹고 마시는 것과 여러 가지 씻는 것과 함께 육체의 예법일 뿐이며 개혁할 때까지 맡겨 둔 것이니라" (히 9:10), "어떤 음식물은 먹지 말라고 할 터이나 음식물은 하나님이 지으신 바니 믿는 자들과 진리를 아는 자들이 감사함으로 받을 것이니라 하나님께서 지으신 모든 것이 선하매 감사함으로 받으면 버릴 것이 없나니" (딤전 4:3-4) 하십니다.

11장은 "부정하고 정한 것과 먹을 생물과 먹지 못할 생물을 분별한 것이니라" (47) 하고 마치고 있는데 중심주제는 경건의 모양에 있는 것이 아니라, "내가 거룩하니 너희도 거룩할지어다" 하신 성별이라는 점을 명심하십시다.

적용

거룩하신 하나님께서 자기 백성들에게, "내가 거룩하니 너희도 몸을 구별하여 거룩하게 하고—더럽히지 말라" (44) 하시는 말씀 앞에서 당신은 무엇을 생각하며 어떠한 결단을 하십니까?

나누어봅시다

1, 11장의 중심주제(45)가 무엇인가에 대해서,

2, 하나님의 피조물이 정한 것과 부정한 것으로 구분이 된 원인에 대해서,

3, 본문이 신약교회에는 어떻게 적용이 되는가에 대해서,

12장

산모의 정결 의식

첫째 단원(1–8) 해산한 여인에 대한 정결규례

내용 관찰

12장의 내용은 산모의 정결 의식입니다. 우선적으로 생각하게 되는 것은 어찌하여 산모(產母)는 부정(2)하여 정결하게 할 필요가 있는가 하는 점입니다. 부정하다는 이유가 "월경, 산혈" 등 피의 유출과 관련이 있는 것으로 여겨집니다.

"산혈"이라는 말이 3번(4, 5, 7)이나 강조되어 있는데 여자가 당하는 해산의 고통과 산혈이 범죄(창 3:16)와 연관이 있다는 점을 주목하게 됩니다. 그러므로 시간이 지나면 저절로 깨끗해지는 것이 아니라 "속죄제물"(8)을 드려야만 정결해진다 하시는 것입니다.

생각해보십시다. 죄가 세상에 들어오지 않았어도 이런 규례가 필요했겠습니까? 아닙니다. 여인은 "아담 안에서", 즉 원죄 하에서 자녀를 생산한 것입니다. 다윗은 고백하기를, "내가 죄악 중에서 출생하였음이여 어머니가 죄 중에서 나를 잉태하였나이다" (시 51:5), "우슬초(피를 묻혀 뿌리는데 사용됨)로 나를 정결케 하소서 내가 정하리이다 나를 씻기소서 내가 눈보다 희리이다" (7) 하고 간구했습니다.

다윗만 "죄악 중"에 출생한 것입니까? "아담 안에서 모든 사람이 죽은 것 같이 그리스도 안에서 모든 사람이 삶을 얻으리라" (고전 15:22) 하십니다. 그러므로 본문도 우리를 그리스도에게로 인도해주고 있습니다. 이런 맥락에서 핵심은, "번제와 속죄제" (6)인데, 산모가 번제와 속죄제를 드려야 정결하리라는 규례는 이런 맥락에서 이해되어야 할 것입니다.

12장은 "제사장은 그를 위하여 속죄할지니 그가 정결하리라" (8) 하고 끝맺고 있는데, 번제와 속죄제는 세상 죄를 지고 가는 하나님의 어린양이신 예수 그리스도의 대속에 대한 예표라는 점에 확고해야 합니다.

11장에서 언급한 성별(聖別)의식이 12장에서는 남자를 낳으면, "여덟째 날에는 그 아이의 포피를 벨 것이요" (3) 한, "할례"로 나타납니다.

형제여, 한 생명이 태어난다는 것은 엄숙한 순간입니다. 본문을 통해서 깨닫게 되는 것은 좋다고 웃을 것만이 아니라 이 자식도 아담 안에서 출생하여 예수 그리스도의 속죄 피를 의지할 것 밖에는 달리 소망이 없음을 고백하는 "속죄제"를 드리는 마음과, 하나님께 바치는 "번제"의 마음가짐이 필요하다는 점입니다. 나아가 자식을 언약 백성으로 키우고자 하는 할례의 표징을 마음에 간직해야 함을 잊지 마십시다.

적용

형제는 원죄 교리에 대해 분명합니까? 자녀가 태어났을 때에 하나님 앞에서 어떠한 자세로 받고 양육해야 하는지 아셨습니까?

나누어봅시다

1, 산모가 부정하다는 구속사적 의미에 대해서,

2, 정결케 되기 위해서 "속죄제"를 드리라는 의미에 대해서,

3, 자녀가 태어날 때의 마음 가짐에 대해서,

13장
나병을 진단하는 규례

첫째 단원(1-59) 나병의 진단규례

내용 관찰

13장은 나병의 여부를 진단하는 규례인데, 많은 지면을 할애하여 의심되는 증상을 자상하게 말씀하고 있습니다. 앞에서도 언급했습니다만 이러한 규례는 의학적으로 미개했던 당시의 상황과, 문화적인 관습에서 이해되어야 한다는 점입니다.

어떤 사람에게 나병이 의심되는 증상이 나타나면, "그를 곧 제사장 아론에게나 그의 아들 중 한 제사장에게로 데리고 갈 것이요" (2), 제사장은 그 피부의 병을 진찰할지니 하고 말씀합니다.

13장에는 "진찰" 할지니 한 말씀이 27번, "부정" 하다가 22번, "정" 하다가 17번이나 등장합니다. 이는 제사장의 직무가 환자를 자세히 진찰하여 부정한 자인지, 정한 자인지를 진단을 내려야 할 중요한 책임이 있음을 말씀해 줍니다. 전염성이 있는 병자는, "진영 밖에서 살지니라" (46) 하고 격리하라고 말씀합니다. 하나님께서 공동체 생활을 하는 자기 백성들을 전염성이 강한 질병으로부터 보호하시려는 배려를 엿볼 수가 있습니다.

그런데 성경은 범죄로 인하여 미리암(민 12:10)과 웃시야(대하 26:19)가 나병에 걸렸듯이, "나병"을 죄와 결부시켜 말씀하고 있다는 점입니다. 왜냐하면 나병의 특성이, 잠복 기간이 길고 전염성이 강하며 가족과 분리시키고, 그 결과는 비참하다(45-46)는 점이 죄의 특성과 유사하기 때문일 것입니다.

본문이 신약교회에는 어떤 의미가 있는가? 주님께서는 "삼가 바리새인과 사두개인들의 누룩을 주의하라" (마 16:6) 하시고, "적은 누룩이 온 덩어리에 퍼지는 것을 알지 못하느냐" (고전 5:6) 하고 경계합니다. 그러므로 교회는 첫째로, "그들의 말은 악성 종양이 퍼져나감과 같은데 그 중에 후메내오와 빌레도가 있느니라" (딤후 2:17) 한 비진리를 경계하고, 둘째로 "범죄한 자들을 모든 사람 앞에서 꾸짖어 나머지 사람들로 두려워하게 하라" (딤전 5:20) 하신 죄의 오염이 번지지 못하도록 진찰하여 제거해야 하는 것입니다.

이를 "권징"이라고 말하는데 참 교회의 표시는 "말씀과, 성례와, 권징"이 바르게 시행이 되어야 하는 것입니다. 그렇지 못하면 "나병"이 온 회중에 퍼질 위험성이 있는 것입니다. 목회자는 이를 진찰하고 진단할 책임이 있는 것입니다.

여기 이상한 말씀이 있는데 나병이, "그 환자의 머리부터 발끝까지 퍼졌으면 그가 진찰할 것이요 나병이 과연 그의 전신에 퍼졌으면 그 환자를 정하다 할지니" (12-13) 하는 말씀입니다. 무슨 뜻인가? 죄가 속에 숨어있는 것이 문제라는 것입니다. 나병이 다 드러나면, 즉 죄를 자백을 하고 회개하여 밖으로 다 나오게 되면 그는 정하여 진다(요일 1:9)는 뜻으로 여겨집니다.

시편에서는, "하나님이여 나를 살피사 내 마음을 아시며 나를 시험하사 내 뜻을 아옵소서 내게 무슨 악한 행위가 있나 보시고 나를 영원한 길로 인도하소서" (시 139:23-24) 하고 말씀하는데, 하나님 앞에 자신을 내어놓고 진찰받기를 게을리해서는 아니 될 것입니다.

적용

성경은 "너희는 하나님의 은혜에 이르지 못하는 자가 없도록 하고 또 쓴 뿌리가 나서 괴롭게 하여 많은 사람이 이로 말미암아 더럽게 되지 않게 하며" (히 12:15) 하십니다. 우리도 진찰하기를 게을리해서는 아니 되겠습니다.

나누어봅시다

1, 전염성이 강한 나병의 경계에 대한 영적인 의미에 대해서,

2, 진단이 떨어지면 그를 격리하라는 점에 대해서,

3, 27번이나 강조되어 있는 "진찰"에 대한 신령한 의미에 대해서,?

14장

나병 환자의 정결의식

첫째 단원(1–57) 나병의 정결규례

내용 관찰

14장은 나병 환자의 정결의식에 관한 규례입니다. 13장의 키워드가 "진찰"이라면, 14장의 키워드는 20번 등장하는 "정결함"이라 할 수가 있습니다. 13:46절에서는, "그가 부정한즉 혼자 살되 진영 밖에서 살지니라" 했는데, 본문 8절에서는 "그리하면 정하리니 그 후에 진영에 들어올 것이라" 하고 말씀합니다. 그러니까 14장은 13장의 문제에 대한 해답인 셈입니다.

나병 환자의 정결케 되는 날의 규례는, 살아있는 새 두 마리를 가져와, 새 하나를 잡아 그 새 피를 우슬초에 찍어 "나병에서 정결함을 받을 자에게 일곱 번 뿌려 정하다 하고 그 살아 있는 새는 들에 놓을지며" (4-8) 하십니다. "들에 놓임을 받은 새"를 생각해보시기 바랍니다. 이 규례에 함축된 의미는 흉악한 나병에 사로잡혀 있던 자가 들에 놓임을 받은 새처럼 병에서 놓여 자유함을 얻게 됨을 나타내는데 이를 위해서는 "피 뿌림"을 받아야 한다는 점입니다.

한 마리 새의 자유는 다른 한 마리 새의 피 값으로 얻어집니다. 다윗은 자신의 죄를 고백하면서 "우슬초로 나를 정결케 하소서 내가 정하리이다 나를 씻기소서 내가 눈보다 희리이다"(시 51:7) 하고 간구한 것은 본문을 염두에 두고 한 고백일 것입니다.

"여덟째 날에 그는 흠 없는 어린 숫양 두 마리와 일년 된 흠 없는 어린 암양 한 마리"(10)로 속죄제, 번제, 속건제(13)을 드리라 하심을 통해서는, 이는 단순한 질병의 문제가 아니라, 죄악을 상징적으로 나타내고 있음을 더욱 깨달을 수가 있습니다. 왜냐하면 성경이 말씀하는 "속죄제, 번제" 등은 우리 죄를 위한 대속제물이 되어주실 그리스도에 대한 그림자이기 때문입니다.

"제사장은 그 속건제물의 피를 취하여 정결함을 받을 자의 오른쪽 귓부리와 오른쪽 엄지 손가락과 오른쪽 엄지 발가락에 바를 것이요"(14)하고 "피"가 강조되어 있는 것은 8장에 나오는 제사장 위임식 때에 행한 정결 의식과 같아서, 부정했던 자가 하나님의 거룩한 백성으로 회복되었다는 점을 나타낸다 하겠습니다.

또한 기름을, "정결함을 받을 자의 오른쪽 귓부리와 오른쪽 엄지 손가락과 오른쪽 엄지 발가락 곧 속건제물의 피 위에 바를 것이며, 정결함을 받는 자의 머리에 바르라" (17-18) 하고 "기름"이 강조되어 있는 것은, 예수 그리스도의 속죄피로 정결함을 받은 후에 "성령" 으로 거룩하게 됨을 나타낸다 하겠습니다.

이처럼 나병에 사로잡혀서 "진영 밖에서 혼자 살던 자" (13, 46)가 회복되는 절차를 보면, "제사장은 진영에서 나가서 진찰할지니" (3) 하십니다. 그리고 그를 데리고 들어와서는 "회막 문 여호와 앞에 두고" (11) 하십니다. 이에 대한 신령한 의미가 무엇인가? 진 밖으로 추방되었던(창 3:23) 그를 맞아들이기 위해서 영광의 주님은 보좌를 떠나 진영 밖으로 나오셔서 그의 피로 정결케 하시고, 기름 곧 성령으로 거듭나게 하시어 여호와의 보좌 앞으로 데리고 들어가신다(벧전 3: 18)는 것이 됩니다.

"어떤 집에 나병 색점을 발생하게 하거든" (34)의 말씀을 통해서는 개인뿐만 아니라 우리의 가정(家庭)도 나병에 걸릴 수 있음을 경고해 줍니다. "가나안 땅에 너희가 이른 때에" (34) 라고 말씀합니다. 구원 얻은 믿음의 가정들이 세속의 부패로부터 오염되지 않도록 방지하고, 작은 교회로서의 성별을 유지해야 함을 깨닫게 합니다.

적용

나병 환자이면서도 이를 모르고 있음은 비극입니다. 이를 알고 낱낱이 고백하면 속에 있는 병균이 다 밖으로 나옴과 같아서(13:13) 정하여지는 것입니다. 형제는 속에 감추고 진영 밖에 있겠습니까? 아니면 고백하고 회막문 여호와 앞에(11) 서겠습니까?

나누어봅시다

1, 진 밖에 추방되었던(13:46) 나병 환자가, 하나님 앞에 서는 것이 어떻게 가능하여지는가에 대해서,

2, 정결의식 중에 "피와, 기름"을 귀와 손과 발에 바르라는 신령한 의미에 대해서,

3, "집에 나병 색점이 발하게 됨"을 통해서 어떤 경각심을 갖게 되는가?

15장
유출병에 관한 규례

첫째 단원(1-33) 유출병에 대한 정결규례

내용 관찰

15장은 "누구든지 그의 몸에 유출병이 있으면"(2) 한, "유출병"으로 인한 부정과 이를 정결케 하는 규례입니다. "유출"(流出)이란 전적부패한 인간의 몸에서 분비되는 죄악을 상징한다 하겠습니다. 레위기의 규례들이 1차 독자들에게는 집단 생활을 하는 그들의 상황과, 당대의 관습이 고려되었을 것입니다.

성경을 해석하는 원리는 큰 진리를 찾고 그 빛 아래서 보다 작은 것으로 확대해 나아가는 것입니다. 레위기의 후반부의 중심주제는, "나는 너희의 하나님이 되려고 너희를 애굽 땅에서 인도하여 낸 여호와라 내가 거룩하니 너희도 거룩할지어다"(11:45) 하신 "성별(聖別)이 중심주제임을 놓치지 말아야 합니다.

그러면 본문이 신약의 성도들에게는 어떻게 적용이 되는가? "이런 것은 먹고 마시는 것과 여러 가지 씻는 것과 함께 육체의 예법일 뿐이며 개혁할 때까지 맡겨 둔 것이니라" (히 9:10) 하고 말씀합니다.

그러므로 15장의 진리는 궁극적으로 주께서 말씀하신바, "마음에서 나오는 것은 악한 생각과 살인과 간음과 음란과 도둑질과 거짓 증언과 비방이니" (마 15:18) 하신, 이런 것들이 결국 유출병인 셈입니다.

"부정"이란 단어가 15장에만 33번이나 나오는데, 타락하고 부패한 것이 주로 입을 통해서 유출되고 있음을 명심하십시오. "한 입으로 찬송과 저주가 나는도다" (약 3:10) 하십니다.

성경은 문제에 대한 해답입니다. 하나님께서는 해결책을 제시해주시는데 비둘기 둘을 취하여, "제사장은 그 한 마리는 속죄제로, 다른 한 마리는 번제로 드려 그의 유출병으로 말미암아 여호와 앞에서 속죄할지니라" (15) 하십니다.

해결책은 오직 "속죄제와 번제" 곧 세상 죄를 지고 가는 하나님의 어린 양 되시는 예수 그리스도의 피로 깨끗함을 받아야 한다는 것으로 인도해 줍니다.

결론은 "너희는 이와 같이 이스라엘 자손이 그들의 부정에서 떠나게 하여 그들 가운데에 있는 내 성막을 그들이 더럽히고 그들이 부정한 중에서 죽지 않도록 할지니라" (31) 하십니다.

적용

본문은 우리에게, "너희는 너희가 하나님의 성전인 것과 하나님의 성령이 너희 안에 계시는 것을 알지 못하느냐 누구든지 하나님의 성전을 더럽히면 하나님이 그 사람을 멸하시리라 하나님의 성전은 거룩하니 너희도 그러하니라" (고전 3:16-17) 하신 말씀으로 적용이 됩니다.

나누어봅시다

1, 레위기의 후반부를 해석하는 원리가 되는 주제가 무엇인가에 대해서,

2, 부정한 것을 정결케 하는 변함 없는 방도에 대해서,

3, 유출병의 규례가 신약의 성도들에게는 어떤 의미가 있는가에 대해서,

16장
대속죄일의 규례

첫째 단원(1-10) 지성소에 들어오려면
둘째 단원(11-28) 피를 속죄소 위에 뿌리라
셋째 단원(29-34) 대속죄일, 큰 안식일

내용 관찰

16장은 1년에 한 번 맞이 하는 대 속죄일의 규례(29)입니다. 하나님께서는 "성소의 휘장 안 법궤 위 속죄소 앞에 아무 때나 들어오지 말라 그리하여 죽지 않도록 하라"(2) 하십니다. 그리고 아론이 성소에 들어오려면 두가지 조건이 있는데 첫째는, "수송아지를 속죄제물로 삼고 숫양을 번제물로"(3) 드리라 하십니다. 이는 제사장 자신도 하나님 앞에 죄인이기 때문입니다.

둘째는, "거룩한 세마포 속옷을 입으며 세마포 속바지를 몸에 입고 세마포 띠를 띠며 세마포 관을 쓸지니 이것들은 거룩한 옷이라 물로 그의 몸을 씻고 입을 것이며" (4) 하고, "세마포"가 강조되어 있는데, 이는 그리스도의 구속으로 말미암아 의롭다함을 얻게 되는 "칭의"를 상징합니다.

그렇게 한 후에 두 염소를 취하여 하나는 백성을 위한 속죄제를 드리고, "그 피를 가지고 휘장 안에 들어가서 그 수송아지 피로 행함 같이 그 피로 행하여 속죄소 위와 속죄소 앞에 뿌릴지니" (15) 하십니다. 어찌하여 "속죄소 위와 앞에 뿌리라" 하시는가? 여기에는 오묘한 진리가 있는데 하나님께서 우리를 보실 때에 "속죄소 위와 앞에 뿌려진 피"를 통해서 보신다는 점을 계시해줍니다.

출애굽 당시도 대문에 뿌려진, "피를 볼 때에 너희를 넘어가이니" 하셨는데 같은 원리입니다. 이점을 신약성경에서는, "죄가 너희를 주장하지 못하리니 이는 너희가 법 아래에 있지 아니하고 은혜(대속의 피) 아래에 있음이라" (롬 6:14) 합니다. 만일 "법 아래", 즉 율법을 통해서 보신다면 어떻게 되는가? "죄 아래, 심판 아래" (롬 3:9, 19) 있게 된다는 점을 유념하시기를 바랍니다.

그리고 다른 한 마리는, "아론은 그의 두 손으로 살아 있는 염소의 머리에 안수하여 이스라엘 자손의 모든 불의와 그 범한 모든 죄를 아뢰고 그 죄를 염소의 머리에 두어 미리 정한 사람에게 맡겨 광야로 보낼지니" (21) 합니다. 그 염소는 이스라엘의 모든 불의와 모든 죄를 지고 무인지경의 광야를 멀리 멀리 가다가 지치고 쓰러져 죽고 말게 되는 것입니다.

이점을 시편에서는 "동이 서에서 먼 것 같이 우리의 죄과를 우리에게서 멀리 옮기셨으며" (시 103:12) 하고 해설해주고 있는데 이 감동적인 예표가, "보라 세상 죄를 지고 가는 하나님의 어린 양이로다" (요 1:29) 하고, 그리스도로 성취가 되었던 것입니다.

"너희는 영원히 이 규례를 지킬지니라" (29) 하시면서, "대 속죄일"을, "이는 너희에게 안식일 중의 안식일" (31)이라 하시는데, 그리스도께서 우리의 대속제물이 되어주심으로 "안식"을 회복시켜주실 것을 이보다 더 어떻게 계시할 수가 있단 말인가?

대 속죄일도 반복적으로 지켜졌습니다. 왜냐하면, "제사장마다 매일 서서 섬기며 자주 같은 제사를 드리되 이 제사는 언제나 죄를 없게 하지 못하거니와 오직 그리스도는 죄를 위하여 한 영원한 제사를 드리시고 하나님 우편에 앉으사" (히 10:11-12) 하고 말씀합니다.

구약시대에는 그토록 많은 제물이 드려졌어도, "성령이 이로써 보이신 것은 첫 장막이 서 있을 동안에는 성소에 들어가는 길이 아직 나타나지 (휘장이 열리지) 아니한것이라" (히 9:8) 합니다. 그 휘장이 주님께서 십자가상에서, "다 이루었다" 하고 선언하셨을 때에 열려졌던 것입니다.

형제여, 하나님의 의로우심을 보존하시면서 죄인이 하나님 앞에 나아갈 수 있는 길은 대속적인 죽음 곧 속죄의 피 밖에는 다른 길은 없습니다. 이는 하나님이 행해주셨고 우리는 이를 믿는 믿음뿐입니다.

적용

레위기 16장에 대한 적용이 히브리서 10:22절에 있는데, "우리가 마음에 뿌림을 받아 악한 양심으로부터 벗어나고 몸은 맑은 물로 씻음을 받았으니 참 마음과 온전한 믿음으로 하나님께 나아가자" 합니다.

나누어봅시다

1, 성소에 들어올려면 "세마포" 옷을 입어야 한다는 점에 대해서,

2, 피를 속죄소 위와 앞에 뿌리라 하신 의미에 대해서,

3, 아사셀 염소는 무엇에 대한 모형인가에 대해서,

17장

죄를 속하는 생명의 피

첫째 단원(1-9) 화목제로 드린 후에 먹으라
둘째 단원(10-16) 피를 너희에게 주어 죄를 속하려함

내용 관찰

17장에는 두 가지 명령이 있는데 첫째는, 제물로 쓰이는 "소나 어린양이나 염소"(3)를 식용으로 잡을 때에도 "먼저 회막 문으로 끌고 가서 여호와의 성막 앞에서(4), 화목제로(5) 드려야 한다는 것입니다.

이렇게 명하시는 의도가 무엇인가? "화목제로 드리라"(5)는 말씀에서 구할 수가 있는데 화목제는 피는 뿌리고 기름은 불사르고 고기는 본인과 제사장이 나누는(참고 3:2-5) 교제의 제사입니다.

이에 함축된 진리는 사람과의 교제보다 하나님과의 교제가 우선한다는 점이고, 둘째는 옛 습관을 따라 우상에게 제물로 드리는 것을(7) 미연에 방지하기 위해서입니다.

그런데 "회막 문으로 끌고 가서" (4) 잡으라 하시는데, 회막 문 앞이란 번제단이 있는 곳입니다. 그렇다면 궁극적인 의도는 번제단에서 화목제물로 드려주실 메시아언약을 망각하지 않게 하시려는 의도라 하겠습니다.

두 번째 명령은, "이스라엘 집 사람이나 그들 중에 거류하는 거류민 중에 무슨 피든지 먹는 자가 있으면 내가 그 피를 먹는 그 사람에게는 내 얼굴을 대(진노)하여 그를 백성 중에서 끊으리니" (10) 하고, "피를 먹지 말라" 하십니다.

핵심은 "피"인데 16번, "피를 먹지 말라"는 말씀이 5번(10, 12, 12, 14, 14)이나 강조되어 있습니다. 그러면 피를 먹지 말라 금하시는 하나님의 마음이 무엇인가?

11절을 보십시오. 3마디로 되어 있는데, "내가 이 피를 너희에게 주어", "너희의 생명을 위하여 속죄하게" 하기 위해서다, 왜냐하면 "생명이 피에 있으므로 피가 죄를 속하느니라" (11) 하십니다. 얼마나 망극하신 말씀인가!!

히브리서는 이를 인용하여 "피흘림이 없은즉 사함이 없느니라" (히 9:22) 합니다. 그러므로 이 말씀을 깊이 음미해보아야만 합니다. 생명이 피에 있다 하시는데, "흘린 피"는 죽음을 의미하고, 흘린 피가 효험이 있기 위해서는 "뿌린 피"가 되어야 한다는 점입니다. 사도 베드로는 그리스도인들을, "예수 그리스도의 피 뿌림을 얻기 위하여 택하심을 받은 자들" (벧전 1:2)이라고 말씀합니다.

그런데 짐승의 피는 인간의 죄를 보류하는 장치일 뿐 근본적으로 속하는 것은 아닙니다. 피를 먹지 말라 하고 금하신 하나님께서는 자기 아들을 화목제물로 삼으시고, "내가 진실로 진실로 너희에게 이르노니 인자의 살을 먹지 아니하고 인자의 피를 마시지 아니하면 너희 속에 생명이 없느니라 내 살을 먹고 내 피를 마시는 자는 영생을 가졌고" (요 6:53-54) 하십니다.

그러면 주님의 피가 뿌려지고, 피를 마시는 방도가 무엇인가? "이 예수를 하나님이 그의 피로써 믿음으로 말미암는 화목제물로 세우셨다" (롬 3:25)는 십자가 복음을 증언하는 것이 "피를 뿌리는" 것이요, 이 복음을 믿음으로 받아 드리는 것이 받아 먹는 것입니다.

형제여, 피를 먹지 말라 하고 금하신 하나님의 의도는, "너희가 다 이것을 마시라 이것은 죄 사함을 얻게 하려고 많은 사람을 위하여 흘리는 바 나의 피 곧 언약의 피니라" (마 26:27) 하고, 자기 아들의 피를 우리에게 주시기 위해서라는 이 망극하신 말씀을 듣는 형제의 마음은 어떠하십니까?

적용

"먼저 회막문으로 가서" (4) 하십니다. 형제는 "먼저" 하나님께 감사드립니까? "먼저" 하나님과의 관계를 최우선 순위에 두고 있습니까? "먼저" 그 나라와 그 의를 구하고 있습니까?

나누어봅시다

1, 하나님의 첫째 명령은 무엇이며 그렇게 하신 의도는 무엇입니까?

2, 두 번째 명령은 무엇이며 이렇게 하신 하나님의 마음이 무엇입니까?

3, 피를 먹으면 "끊어지리라" 하심과, 피를 마시지 않으면 생명이 없다"는 말씀에 대해서,

18장

가증한 풍속을 따르지 말라

첫째 단원(1–23) 애굽과 가나안의 풍속을 행치 말라

둘째 단원(24–30) 너희를 토할까 하노라

내용 관찰

18장은 "너는 이스라엘 자손에게 말하여 이르라 나는 여호와 너희의 하나님이니라"(2) 하고 시작이 되는데, 하나님께서 자기 백성에게, "가증한 풍속을 따르지 말라"는 경계입니다. 이스라엘 백성들은 지난날 애굽의 가증한 풍속에 물들어 있었고, 앞으로는 가나안의 가증한 풍속을 따를 위험에 노출이 되어 있기 때문입니다. 이점이 "너희는 너희가 거주하던 애굽 땅의 풍속을 따르지 말며 내가 너희를 인도할 가나안 땅의 풍속과 규례도 행하지 말고"(3) 한 말씀에 나타납니다.

가증한 풍속 중에는 성적인 문란행위(6-23)와, "너는 결단코 자녀를 몰렉에게 주어 불로 통과하게 함으로 네 하나님의 이름을 욕되게 하지 말

라" (21) 한 우상숭배입니다.

하나님께서는 홍수의 위험이 없는 곳에 댐을 건설하지는 아니 하십니다. "너희는 이 모든 일로 스스로 더럽히지 말라" 하시면서, "내가 너희 앞에서 쫓아내는 족속들", 즉 가나안의 7족속들도 이런 가증한 죄 때문에 쫓아내시는 것이라(24-25) 하십니다. 소돔도 성적인 죄로 말미암아 심판을 당하고 멸망한 것입니다.

그리고 "너희도 더럽히면 그 땅이 너희가 있기 전 주민을 토함 같이 너희를 토할까 하노라" (28) 하고 경고하시면서 18장은, "그러므로 너희는 내 명령을 지키고 너희가 들어가기 전에 행하던 가증한 풍속을 하나라도 따름으로 스스로 더럽히지 말라 나는 너희의 하나님 여호와이니라" (30) 하고 마치고 있습니다.

18장에 열거된 가증한 일들은 표현이 약간 다르기는 하여도 신약성경 로마서 1:26-32절에서 언급하고 있는 죄의 목록과 같은 것입니다. 초대교회 당시의 로마, 고린도 등지에서도 이런 일이 성행하고 있었던 것입니다. 시대는 변하여도 타락한 인간의 죄성은 변함이 없이 더욱 악화되어 가고 있는 것입니다. 그러므로 본문은 우리에게도 적합성이 있는데, "너는 이것을 알라 말세에 고통하는 때가 이르러 사람들이 자기를 사랑하며 돈을 사랑하며 자랑하며" (딤후 3:1-2) 한 자기중심이 곧 우상숭배요, "쾌락을 사랑하기를 하나님 사랑하는 것보다 더하는" 것이 세속화요 타락인 것입니다.

본문에는, "나는 너희의 하나님 여호와이니라" 하는 말씀이 5번 (2, 4,

5, 21, 30)이나 등장하는데 이는 우리로 하여금 정신을 차리게 하는 말씀입니다. 왜냐하면 그냥 "하나님"이라 하시지 않으시고, "여호와"라 하심은 출애굽기 6:3절에서 계시하신 "구속"과 결부되는 성호이기 때문입니다.

이런 뜻입니다. "나는 너희를 사탄의 노예에서 구속하여, 나는 너희의 하나님이 되고 너희는 내 백성이 되게 한 여호와라", 그래서 "네 하나님의 이름을 욕되게 하지 말라 나는 여호와이니라" (21) 하시는 것입니다. 이점이 다음 장에서 더욱 강조되어 있습니다.

그러므로 "너희는 이 모든 일로 스스로 더럽히지 말라(24), 너희도 더럽히면 그 땅이 너희가 있기 전 주민을 토함 같이 너희를 토할까 하노라" (28) 하십니다.

적용

18장에서 제시된 죄악들은 마지막 때가 가까울수록 더욱 악화되어 가고 있습니다. 현대교회의 상황은 어떠하며, 형제가 물들 위험이 있는 것들은 무엇입니까?

나누어봅시다

1, 선민이 혼잡될 위험이 있는 두 민족은 어느 민족인가에 대해서,

2, "너희 하나님 여호와"라는 성호에 대해서,

3, 하나님의 이름을 욕되게 하지 말라" (21)는 말씀에 대해서,

19장
하나님 사랑과 이웃 사랑

첫째 단원(1-8) 하나님을 사랑하라

둘째 단원(9-18) 이웃을 사랑하라

셋째 단원(19-37) 너희도 애굽에서 객이었다

내용 관찰

19장은, "너는 이스라엘 자손의 온 회중에게 말하여 이르라 너희는 거룩하라 이는 나 여호와 너희 하나님이 거룩함이니라"(2) 하고 시작이 됩니다. 19장에는 "나는 너희 하나님 여호와이니라"는 말씀이 8번(2, 3, 4, 10, 25, 31, 34, 36), "나는 여호와이니라"는 말씀도 8번(12, 14, 16, 18, 28, 30, 32, 37)이나 강조되어 있습니다. 무슨 뜻이냐 하면, 나는 너희 하나님이요, 너희는 내 백성이니 하나님의 백성 답게 행하라는 뜻입니다.

율법사가 예수님을 시험하기 위해서, "율법 중에 어느 계명이 크니이까?"(마 22:35) 하고 물었을 때 주님은 신명기 6:5절과, 본문 19:18절을 인용하시어 "하나님 사랑과 이웃 사랑, 이 두 계명이 온 율법과 선지자의 강령이니라" 하고 말씀하셨습니다.

19장에 열거된 법도와 규례들도 요약을 하면, "하나님 사랑과, 이웃 사랑", 두 계명입니다. "네 하나님을 경외하라(14, 32), 안식일을 지키라" (3), 신상들을 부어 만들지 말라(4), 화목제로 드리라" (5) 하신 것 등은 "하나님 사랑"입니다.

그리고 "가난한 사람을 생각하는 것(9-10), 도적질, 거짓말 말라(11), 거짓 맹세하지 말라(12), 약한 자를 억압하지 말 것(13-14), 재판할 때 공의로 할 것(15), 남을 비방하지 말라" (16) 등은 한마디로, "이웃 사랑하기를 네 자신과 같이 사랑하라" (18, 34)는 말씀 안에 다 들어 있는 법도입니다.

그리고 유념해야 할 점은, "하나님 사랑과 이웃 사랑"은 동전 앞뒤와 같아서 결국 한 계명이라는 점입니다. "너희 각 사람은 부모를 경외하고 나의 안식일을 지키라" (3)는 말씀이나, "너는 센 머리 앞에서 일어서고 노인의 얼굴을 공경하며 네 하나님을 경외하라" (32) 하는 말씀은, "이웃 사랑과, 하나님 사랑"을 하나로 묶어서 말씀하고 있습니다.

신약성경은, "누구든지 하나님을 사랑하노라 하고 그 형제를 미워하면 이는 거짓말하는 자니 보는 바 그 형제를 사랑하지 아니하는 자는 보지 못하는 바 하나님을 사랑할 수 없느니라" (요일 4:20) 하고 말씀합니다. 하나님 사랑과 이웃 사랑은 하나입니다.

또한 19장을 주의 깊게 읽어보면 거룩하신 하나님께서 미워하시는 것이 "섞이는 것"임을 확인하게 됩니다. "네 가축을 다른 종류와 교미시키지 말며 네 밭에 두 종자를 섞어 뿌리지 말며 두 재료로 직조한 옷을 입지 말지며" (19) 등에 함축된 진리는 농사나 직조하는 법을 가르치시려는 것이 아니라 하나님의 선민들의 세속화에 대한 경계인 것입니다. 극상품 포도를 심었는데 들 포도가 되지 말라(사 5:2)는 말씀입니다.

신약성경은, "하나님 아버지 앞에서 정결하고 더러움이 없는 경건은 곧 고아와 과부를 그 환난중에 돌보고 또 자기를 지켜 세속에 물들지 아니하는 그것이니라" (약 1:27) 하고 말씀합니다. 하나님 사랑과, 이웃 사랑은 둘이 아니라 하나입니다.

적용

형제는 셋 중의 어느 형에 가깝습니까? 하나님은 사랑하는데 이웃은 사랑하지 못한다. 이웃은 사랑하는데 하나님은 사랑하지 못한다. 하나님을 사랑하는 마음으로 예배를 드렸다면 돌아가서 이웃에게도 사랑을 나타내십시다.

나누어봅시다

1, 19장에 나타난 첫째 되는 계명이 무엇입니까?

2, 둘째 되는 계명이 무엇입니까?

3, 하나님께서 미워하시는 것이 무엇입니까?

20장
거룩한 나라 소유된 백성

첫째 단원(1-9) 하나님을 반역하는 우상숭배
둘째 단원(10-21) 거룩을 파괴하는 가증한 죄
셋째 단원(22-27) 택함 받은 자의 구별된 삶

내용 관찰

성경을 해석하는 원리는 먼저 큰 진리를 발견하고 그 진리의 빛 아래서 세부적인 부분을 관찰해 나가는 것입니다.

20장의 중심점은, "너희는 나에게 거룩할지어다 이는 나 여호와가 거룩하고 내가 또 너희를 나의 소유로 삼으려고 너희를 만민 중에서 구별하였음이니라" (26) 하신 말씀입니다. 그러므로 20장도 하나님의 백성답게 살아가라고 자기 백성들에게 하신 규례요 법도입니다.

이처럼 경계하는 목적은, "너희는 나의 모든 규례와 법도를 지켜 행하라 그리하여야 내가 너희를 인도하여 거주하게 하는 땅이 너희를 토하지 아니하리라"(22) 하신 말씀인데, 이를 망각했기 때문에 가나안의 7족속이 추방을 당하듯 선민 이스라엘도 바벨론으로 추방을 당하고 말았던 것입니다.

본문의 경계는 크게 두 가지로 요약할 수가 있는데 첫째는, "그가 그의 자식을 몰렉에게 주어서 내 성소를 더럽히고 내 성호를 욕되게 하였음이라"(3) 한, 우상숭배입니다. 이를 "못 본 체하고 그를 죽이지 아니하면"(4), 즉 방관하면 그도 죽임을 당하리라 경고하십니다. 우상숭배는 메시아언약 대신 우상을 통해서 복을 받으려는 복음을 배신하는 일입니다. 그래서 바울은 못 본 체 하지 않고, "다른 복음을 전하면 저주를 받을지어다"(갈 1:9) 하고, 분개해했던 것입니다.

둘째는, "누구든지 남의 아내와 간음하는 자 곧 그의 이웃의 아내와 간음하는 자는 그 간부와 음부를 반드시 죽일지니라"(10) 한 음란입니다. 이런한 가증한 일들은 가나안 족속들이 행하던 풍속입니다. 어찌하여 그들을 진멸하라 하셨는가? 혼잡될 것을 아셨기 때문입니다. 이처럼 경고하셨는데도 훗날 이스라엘은 그들의 악행에 물들었다가 가나안 족속처럼 멸망을 당하였던 것입니다.

본문에는 "끊어지리라"(3, 5, 6, 17, 18)는 말이 5번, "반드시 죽이라"는 말이 6번이나 등장합니다. 이는 같은 뜻의 다른 표현으로 끊어짐은 곧 죽음을 의미하는 것입니다.

신약성경에서도 이런 가증한, "그 일 행한 자를 너희 중에서 쫓아내지 아니하였느냐"(고전 5:2) 하고 책망하면서, "이런 자를 사단에게 내어주었으니—적은 누룩이 온 덩어리에 퍼지는 것을" (5, 6) 막기 위해서라고 말씀합니다.

적용

"그러므로 누구든지 이런 것에서 자기를 깨끗하게 하면 귀히 쓰는 그릇이 되어 거룩하고 주인의 쓰심에 합당하며 모든 선한 일에 준비함이 되리라" (딤후 2:21) 하십니다.

나누어봅시다

1, 하나님을 반역하는 우상숭배에 대해서,

2, 거룩을 파괴하는 가증한 죄에 대해서,

3, 못 본 체하지 말라는 말씀에 대해서,

21장

제사장의 특권과 책임

첫째 단원(1-9) 제사장은 더욱 거룩하라

둘째 단원(10-15) 대제사장은 더더욱 거룩하라

셋째 단원(16-24) 제사장 직무를 수행할 수 없는 자

내용 관찰

18장-20장을 통해서는 "이스라엘 온 회중에게" 경계를 하셨는데, 21장은 제사장에게 하시는 말씀인데, 제사장(1-9), 대제사장(10-15), 그리고 그의 대대 자손에게 하신(16-24) 경계로 되어 있습니다.

백성들에게 하신 경계는 한 마디로 "너희는 내 규례를 지켜 행하라 나는 너희를 거룩하게 하는 여호와이니라"(20:8) 하신 "거룩"입니다. 그렇다면 제사장에게 하신 말씀은 "더욱 거룩"이요, 대제사장에게 하신 말씀은 "더욱더 거룩"입니다.

그러므로 21장의 핵심 단어는 9번이나 강조되어 있는 "거룩"인데, "너

는 그(제사장)를 거룩히 여기라 그는 네 하나님의 음식을 드림이니라 너는 그를 거룩히 여기라 너희를 거룩하게 하는 나 여호와는 거룩함이니라"(8) 하십니다. "제사장은 그의 백성의 어른인즉 자신을 더럽혀 속되게 하지 말지니라"(4) 하시는데 그러므로 "거룩"이 생명입니다.

제사장은 하나님께 "음식"을 드리는 자인데, "드리는 자"라는 말을 4번(6, 8, 17, 21)이나 강조하시면서, 하나님께 제물을 드리는 자는 거룩하여야 한다고 말씀합니다. 그러므로 죽은 자로 인하여 더럽혀서도 안 되고(1), 부정한 여인을 아내로 맞이해서도 안 되고(7), 육체에 흠이 있어도 안 된다(18-21)고 말씀합니다.

제사장은 골육지친의 장례에는 참여함이 허락되었으나(2) 대제사장은, "어떤 시체에든지 가까이 하지 말지니 그의 부모로 말미암아서도 더러워지게 하지 말며"(11) 하고, 그것까지도 허용이 되지 않았습니다(11). 왜냐하면 "자기의 형제 중 관유로 부음을 받고 위임되어 그 예복을 입은 대제사장은 그의 머리를 풀지 말며 그의 옷을 찢지 말며"(10) 하고 "관유"로 부음을 받았기 때문이라는 것입니다.

제사장 가문에 태어난 자들 중에는 육체에 결함이 있는 장애인(18-19)이 태어날 수가 있습니다. 그렇다면 그들은 어떻게 되는가? "그는 그의 하나님의 음식이 지성물이든지 성물이든지 먹을 것이나"(22), 그렇습니다. 제사장 가문에 태어난 것이 취소되거나 박탈당하는 일이란 없다는 것입니다. 다만 "휘장 안에 들어가지 못할 것이요 제단에 가까이 하지 못할지니"(23) 하십니다.

이에 대한 신령한 의미가 무엇인가? 어떤 자가 영적으로 장애인인가를 생각해보시기를 바랍니다. 그런 자는 "휘장 안에 들어가지 못한다", 즉 하나님과의 풍성한 교제를 맛 볼 수가 없다는 것입니다.

형제여, 예수 그리스도의 구속으로 말미암아 우리의 몸은 성전이 되었고, 우리에게는 위임된 관유 곧 성령을 모신 자들이라는 점(고전 6:19)을 잊지 않도록 하십시다. 그리고 자신이 왕 같은 제사장 가문에 태어났으면서도 하나님 아버지와의 풍성한 교제를 나누고 있지 못하고 있는 불구자는 아닌지 자신을 살펴보시기 바랍니다.

적용

이사야 선지자는 하나님의 임재 앞에 "입술이 부정한"(사 6:5) 자라 고백했습니다. 형제가 제사장으로써 거룩을 유지하는데 가장 어려운 지체는 무엇입니까?

나누어봅시다

1, 제사장에게 요구하시는 바가 무엇입니까?

2, 대제사장에게 요구하시는 것이 무엇입니까? 왜 그는 머리도 풀지 말며 옷을 찢어서도 안 됩니까?

3, 제사장 가문에 태어난 불구자에 대한 영적 의미가 무엇입니까?

22장

성물을 받음과 예물 드림

첫째 단원(1–16) 성물을 먹을 자와 못 먹을 자
둘째 단원(17–33) 받으심과 받지 아니하심

내용 관찰

22장은 두 부분으로 나누어지는데, 1-16절까지는 성물을 "먹을 수 있는 자와 먹을 수 없는 자"의 규례요, 17-33절은 하나님께 드리는 예물에 관한 규례인데 "기쁘게 받으심"이 되도록 드리라 합니다.

먼저 "성물"이란 하나님께 예물을 드린 후에 제사장 몫으로 베푸시는 응식(음식)을 가리키는 말인데, 제사장의 가족이라도 먹을 수 있는 자와 먹을 수 없는 자를 구별하고 있습니다.

"아론의 자손 중 나병 환자나 유출병자는 그가 정결하기 전에는 그 성물을 먹지 말 것이요"(4) 합니다. 또한 부정한 것에 접촉한 자는 "그의 몸을 물로 씻지 아니하면 그 성물을 먹지 못할지며"(6), "일반인은 성물을 먹지 못할 것이며 제사장의 객이나 품꾼도 다 성물을 먹지 못할 것이니라" (10) 하십니다.

"먹지 못한다"는 말씀이 6번, "먹을 것이라"는 말씀이 4번 나오는데 이에 대한 신령한 의미는 분명합니다. 범죄하고도 회개하지 아니한 자나, "객이나 품꾼", 즉 불신자는 신앙을 고백하기 전에는 하나님의 성물 곧 은혜 잔치, 특히 성찬에 참예할 수 없다는 말씀입니다. 한 마디로 성물은 부정한 자는 먹을 수 없다는 말씀입니다.

여기 예민한 말씀이 있는데 제사장의 딸이 외국인(불신자)에게 출가했으면 먹지 못하고(12), 왜냐하면 언약 밖으로 나갔기 때문이요, 그러나 (외국인이라도)제사장이 돈으로 산 사람은 먹을 수 있다(11), 왜냐하면 샀기 때문에 제사장의 소유가 되었기 때문에 참여함이 가능하다는 말씀입니다.

형제는 주님께서 값으로 사신, "택하신 족속이요 왕 같은 제사장들이요 거룩한 나라요 그의 소유가 된 백성" (벧전 2:9)의 신분이기 때문에 먹을 수 있다는 점을 기뻐하며 찬양하시기 바랍니다.

성찬에 참여할 수 있는 조건도, "사람이 자기를 살피고 그 후에야 이 떡을 먹고 이 잔을 마실지니 주의 몸을 분별하지 못하고 먹고 마시는 자는 자기의 죄를 먹고 마시는 것이니라" (고전 11:28-29) 하고 경계하십니다.

다음은 하나님께 드리는 "예물"에 대한 경계인데, 성물은 하나님께서 우리에게 베푸시는 은혜요, 예물은 우리가 하나님께 드리는 예배인데 핵심적인 요점은, "기쁘게 받으심" (19, 20, 21, 23, 25, 27, 29)이 되도록 드리라는 것입니다. 하나님께서는 이점을 가인과 아벨의 예배를 통해서 이미 예시하셨습니다. 드림은 우리에게 있으나 받으심은 하나님께 있다는 점을 명심해야만 합니다.

"흠 있는 것은 무엇이나 너희가 드리지 말 것은 그것이 기쁘게 받으심이 되지 못할 것임이니라" (20) 하고 말씀합니다. 이는 교훈적인 의미만이 아니라, 제물은 그리스도의 예표이기 때문에 흠이 없어야만 한다는 신학적인 의미가 있는 것입니다.

22장의 핵심은 "너희는 내 성호를 속되게 하지 말라" (2, 32, 18:21, 19:12, 20:3, 21:6)는 말씀과, "나는 그들을 거룩하게 하는 여호와니라" (9, 16, 32)는 말씀입니다. 하나님의 성호, 즉 거룩한 이름을, "욕되게 하지 않을" 뿐만 아니라 적극적으로 "영광을 돌려야" 마땅한 것입니다.

적용

형제는 성물(은혜)을 받기 위해 어떠한 마음과 자세로 예배에 참여하십니까? 형제가 드리는 헌물, 즉 찬양, 기도, 예물 등이 거룩하신 하나님께서 기쁘게 받으시도록 드려지고 있습니까? 드림은 우리에게 있으나 받으시는 여부는 하나님께 있음을 명심하십시다.

나누어봅시다

1, 성물을 먹을 수 없는 자는 어떤 자들인가에 대해서,

2, 헌물로 드릴 수 없는 것은 어떤 것인가에 대해서,

3, "내 성호를 속되게 하지 말라"에 대해서,

23장
여호와의 절기

첫째 단원(1-3) 안식일을 지키라
둘째 단원(4-8) 유월절과 무교절을 지키라
셋째 단원(9-14) 초실절을 지키라
넷째 단원(15-22) 오순절을 지키라
다섯째 단원(23-32) 나팔절과 속죄일
여섯째 단원(33-44) 마지막 남은 절기 초막절

내용 관찰

23장은 "여호와의 절기"에 관한 규례인데 안식일(3)을 시작으로 "유월절(5), 무교절(6), 초실절(10), 오순절(16), 나팔절(24), 속죄일(27), 초막절"(34)에 관한 규례입니다. 먼저 확고해야 할 점은, "이런 것은 먹고 마시는 것과 여러 가지 씻는 것과 함께 육체의 예법일 뿐이며 개혁할 때까지 맡겨 둔 것이요(히 9:10), 율법은 장차 올 좋은 일의 그림자"(히 10:1)라는 점입니다. 하나님께서 "절기"를 지키라 하시는 의도가 무엇인가?

이점을 주님께서는, "안식일이 사람을 위하여 있는 것이요 사람이 안식일을 위하여 있는 것이 아니니"(막 2:27), 즉 하나님을 위해서가 아니라 우리의 구원을 위해서라고 말씀하십니다.

먼저 "안식일"은 창조사역과 관련이 있는데 궁극적으로는 재창조가 완성되는 날 누리게 될 예표입니다. 왜냐하면 첫 창조와 결부된 안식은 죄가 들어옴으로 깨졌기 때문입니다.

"유월절"은 바로의 노예에서 어린양의 피로 구속하여 해방시켜주신 은총을 기념하는 날인데 하루 저녁뿐이요, "무교절"로 이어집니다. 이는 구속함을 받은 자는 마땅히 누룩 없는 성별 된 삶을 살아야 할 것을 가리킵니다.

다음은 "오순절"인데 그 사이에 "첫 이삭"(10)을 흔들어 드리는 초실절이 끼어 있습니다. 이는 유월절 어린양으로 죽임을 당하신, "그리스도께서 죽은 자 가운데서 다시 살아나사 잠자는 자들의 첫 열매가 되셨도다"(고전15: 20) 한 "부활"에 대한 그림자로 주어진 것입니다. 이점이 첫 이삭을 제사장은, "안식일 이튿날에 흔들 것이며"(11) 한 말씀에 의하여 더욱 입증이 되는데, 우리 주님께서는 안식일 이튿날 곧 주일에 부활하셨던 것입니다.

이점이 이어지는 말씀, "안식일 이튿날 곧 너희가 요제로 곡식단을 가져온 날부터 세어서 일곱 안식일의 수효를 채우고 일곱 안식일 이튿날까지 합하여 오십 일을 계수하여 새 소제를 여호와께 드리라"(15-16)는 말씀에 더욱 분명하게 나타납니다..

왜냐하면 이것이 "오순절"인데 주님께서 부활하신 50일 째 되는 날에 성령께서는 강림하셨던 것입니다. 그리고 "새 소제를 여호와께 드리라" (16) 하셨는데 어찌하여 "새 소제"라 하시는가? 이는 성령이 강림하심으로 신약교회가 탄생할 것을 가리킵니다.

그리고 "떡 두 개"를 드리라 하시는데 "이는 그로 말미암아 우리 둘(유대인과 이방인)이 한 성령 안에서 아버지께 나아감을 얻게 하려 하심이라" (엡 2:18), 즉 유대인과 이방인이 "한 새 사람" (엡 2:15)이 되어 함께 하나님께 나아가게 될 예표인 것입니다.

7월에는 "나팔절과, 대 속죄일과, 초막절", 세 절기가 있습니다. 나팔절은 "그 달 첫날은 너희에게 쉬는 날이 될지니 이는 나팔을 불어 기념할 날이요 성회라" (24) 하신 "큰 기쁨의 좋은 소식"을 알리는 복음 나팔의 상징이라 할 수가 있는데, 그 기쁜 소식이 16장에서 상고한 "대 속죄일" (27)인 것입니다.

마지막으로 "초막절"은 조상들이 광야 40년 동안 초막에 거하였던 것을 상기하는 절기인데 요한복음에서는 초막절의 끝 날을, "명절 끝날 곧 큰 날" (요 7:37)이라 말씀합니다. 왜냐하면 광야 같은 세상을 살아가고 있는 나그네 생활을 끝마치게 될 주님의 재림에 대한 예표이기 때문입니다. 이 날에 우리는 또다시 울려 퍼지는 나팔소리를 듣게 될 것입니다.

이상 3대 절기는 하나님께서 이루시고자 하는 구원계획에 대한 집약적인 계시입니다. "유월절과 초실절, 오순절"을 성취하여주신 하나님께서는 하나 남은 "초막절"도 이루어주실 것을 확신할 수가 있는 것입니다.

형제여, 구구절절이 흐르고 있는 하나님의 사랑과 은혜를 다시 한번 새롭게 감사하며 찬양하십시다.

적용

우리는 그림자로 주어진 절기들이 실체로 성취된 이후를 살아가고 있습니다. 그러므로 "너희가 이 떡을 먹으며 이 잔을 마실 때마다 주의 죽으심을 그가 오실 때까지 전하는 것이니라" (고전 11:26) 한 오직 복음을 망각하지 말아야 하겠습니다.

나누어봅시다

1, 유월절과 무교절의 구속사적 의미에 대해서,.

2, 초실절과 오순절의 성취와 의미에 대해서,

3, 초막절이 왜 마지막에 있으며 어찌하여 큰 날이 되는지에 대해서,

24장
등불과 진설병

첫째 단원(1–9) 등잔불과 진설병의 규례
둘째 단원(10–23) 하나님의 이름을 훼방하고 저주한 자

내용 관찰

24장은 등대에 등잔불을 계속해서 켜야 할 것과(1-4), 진설병에 관한 규례(5-9)와, 부록으로 여호와의 이름을 훼방한 자(10-23)에 대한 처벌 등에 관한 내용입니다.

등대에는 "계속해서 등잔불을 켜 둘지며" (2) 하십니다. 등잔불을 켜면 심지에 불똥이 앉게 되어 불꽃이 작아지다가 꺼질 우려가 있습니다. 그래서 "저녁부터 아침까지 여호와 앞에 항상 등잔불을 정리할지니" 하십니다.

그러면 등잔불은 무엇에 대한 상징이며 언제까지 "끊이지 말고 등잔불을 켜야" 하는가? "참 빛 곧 세상에 와서 각 사람에게 비추는 빛이 있었나

니" (요 1:9) 한, "참 빛"이 되시는 그리스도께서 오실 때까지입니다.

이점이 솔로몬이 타락하였을때에 나라를 다 빼앗지 아니하고 한 지파를 남겨주시겠다 하신 유다 지파를 가리켜, "한 등불" (왕상 12:36)이라 말씀하신 데서도 나타납니다. 실로 하나님의 구원계획은 "상한 갈대를 꺾지 아니하며 꺼져가는 등불을 끄지 아니하신" (사 42:3) 하나님의 은혜요, 주권적인 이루심이었던 것입니다.

다음은 진설병인데 떡 12개를 구워서 두 줄로 진설하되 매 안식일마다 새 것으로 바꾸어야만(5-8) 했습니다. "12개"의 떡은 12지파를 상징합니다. 떡도 생명의 떡(요 6:35) 되시는 그리스도의 모형으로, 12지파로 상징이 된 구약교회에 공급해주심을 나타냅니다. 그런데 오순절 성령강림 이후에는, "새 소제" (23: 16)를 드리되 떡 두 개(23:17)를 드리라 하신 점을 상기하시기 바랍니다. "이는 그로 말미암아 우리 둘(유대인과 이방인)이 한 성령 안에서 아버지께 나아감을 얻게" (엡 2:18) 됨을 의미합니다.

24장이 성도들에게는 어떻게 적용이 되는가? "등잔불"은 "너희는 세상의 빛이라" (마 5:14) 하십니다. 저는 어느 설교 때에, "서울 시내의 가로등이 몇 개나 되는가?" 하고 물은 적이 있습니다. 이 가로등이 꺼진다면 어떻게 될 것인가? 가로등보다 더 많은 그리스도인들은 어둔 세상을 비추는가로등과 같은 존재들입니다.

또한 떡은 그리스도의 생명을 분여 받은 자의 공동체 곧 교회로 적용이 됩니다. "너희는 누룩 없는 자인데 새 덩어리가 되기 위하여 묵은 누룩을 내버리라" (고전 5:7) 하십니다.

이어지는 본문은 한 혼혈아가 여호와의 이름을 훼방하며 저주(11)하다가, "그 저주한 사람을 진영 밖으로 끌어내어 그것을 들은 모든 사람이 그들의 손을 그의 머리에 얹게 하고 온 회중이 돌로 그를 칠지니라" (14) 하고, 죽임을 당한 사건을 기록하고 있습니다. 그는 거룩한 12덩이에서 끊혀진 것입니다. 이점을 사도 바울은 교회를 떡 덩이로, 죄를 누룩에다 비유하면서, "새 덩어리가 되기 위하여 묵은 누룩을 내어버리라" (고전 5:7) 하고 말씀합니다.

적용

형제의 등불은 끊임없이 켜 있습니까? 불똥은 끊임없이 정리하고 있습니까? 형제는 떡 덩어리라는 교회 공동체의 일원이라는 점을 명심하시기 바랍니다.

나누어봅시다

1, 등잔불을 계속해서 켜라 하신 구속사적 의미에 대해서,

2, 12개의 진설병의 의미와, 생명의 떡의 실체에 대해서,

3, 여호와의 이름을 훼방한 자에 대해서,

25장

희년

첫째 단원(1–7) 칠년에는 땅으로 쉬게 하라

둘째 단원(8–22) 희년에는 자유하며 돌아가라

셋째 단원(23–38) 근족이 와서 토지를 무르라

넷째 단원(39–55) 형제가 종으로 팔린 자를 속량하라

내용 관찰

25장은, "일곱째 해에는 그 땅이 쉬어 안식하게 할지니" (4) 하신, "안식년", "그 오십 년째 해는 너희의 희년이니" (11) 하신 "희년" 등의 규례입니다.

약속의 땅에 입성한 언약 백성들은 각자 기업을 분배받음으로 평등하게 시작을 하게 됩니다. 그러나 50년이라는 세월이 지나는 동안 여러가지 상황으로 인하여 기업을 잃게 되고, 자식이 종으로 팔리기도 했던 것입니다. 그런데 "너희는 오십 년째 해를 거룩하게 하여 그 땅에 있는 모든

주민을 위하여 자유를 공포하라 이 해는 너희에게 희년이니 너희는 각각 자기의 소유지로 돌아가며 각각 자기의 가족에게로 돌아갈지며" (10) 하고, 빚값에 잃었던 기업은 되찾게 되고, 종으로 팔렸던 자식은 가족 품으로 돌아갈 수 있는 "희년"을 마련해주신 것입니다.

그러므로 희년은 이스라엘의 여러 절기와 성회 중에서 가장 가슴 설레게 하는 절기였을 것입니다. 그런데 희년은 50년째 되는 "속죄일"부터 시작이 됩니다. 이런 맥락에서 핵심은, "일곱째 달 열흘 날은 속죄일이니 너는 뿔나팔 소리를 내되 전국에서 뿔나팔을 크게 불지며" (9) 하신, "대 속죄일"에 있습니다. 왜냐하면 "안식년, 희년"에서 누릴 수 있는 해방과 자유는 모두가 "대 속죄일"에 죽임을 당한 대속제물로 말미암아 가능해지는 안식(安息)이기 때문입니다.

이점이 "만일 네 형제가 가난하여 그의 기업 중에서 얼마를 팔았으면 그에게 가까운 기업 무를 자가 와서 그의 형제가 판 것을 무를 것이요" (25) 한 "기업 무를 자"를 통해서도 나타나는데 그리스도께서는, "죽기를 무서워하므로 한평생 매여 종 노릇 하는" 우리를 찾아오셔서, "형제라 부르시기를 부끄러워하지 아니하시고" 우리의 기업 무를 자가 되시어 "신실한 대제사장이 되어 백성의 죄를 속량" (히 2:11, 15, 17)하여주셨던 것입니다.

그러므로 우리는 희년의 나팔 소리(복음)와 함께 대 속죄일에 죽임을 당하는 대속제물의 실체가 되시는 그리스도의 십자가 고난을 잊어서는 아니 되는 것입니다. 우리가 희년의 기쁨과 자유와 회복을 가능하게 한 것은 어린양의 속죄의 피가 있었기 때문입니다.

주님께서는, "주의 성령이 내게 임하셨으니 이는 가난한 자에게 복음을 전하게 하시려고 내게 기름을 부으시고 나를 보내사 포로 된 자에게 자유를, 눈 먼 자에게 다시 보게 함을 전파하며 눌린 자를 자유롭게 하고 주의 은혜의 해를 전파하게 하려 하심이라" (눅 4:18-19) 하고, "주의 은혜의 해" 곧 희년이 그리스도로 말미암아 성취가 되었다고 말씀하십니다.

그런데 희년의 궁극적인 완성은 예수 그리스도께서 재림하시는 날 온전히 성취가 될 것입니다. 그 날엔 몸도 구속이 되어 사망이 없는 "영광의 자유" (롬 8:21-23)에 이르게 될 것입니다.

또 하나의 주제가, "그들은 내가 애굽 땅에서 인도하여 낸 내 종들이니 종으로 팔지 말 것이라" (42) 하신 "종"이라는 주제인데, 이는 자유와 반대되는 개념입니다. 이점을 신약성경에서는, "그리스도께서 우리를 자유롭게 하려고 자유를 주셨으니 그러므로 굳건하게 서서 다시는 종의 멍에를 메지 말라" (갈 5:1) 하십니다.

적용

형제는 희년의 기쁨을 매 주일마다 맛보고 있습니까? 그래서 자유함을 누리고 있습니까? 환희의 나팔소리와 함께 주님을 십자가에 못 박는 망치소리도 듣고 있습니까?

나누어봅시다

1, 안식년, 희년의 구속사적 의미에 대해서,

2, 기업 무를 자에 대한 구속사적 의미에 대해서,

3, "종으로 팔지 말라" 하신, 자유함에 대해서.

26장
두 길 중 어느 길을 택할 것인가?

첫째 단원(1-13) 나의 규례와 계명을 준행하면
둘째 단원(14-39) 청종치 아니하고 준행치 아니하면
셋째 단원(40-46) 깨닫고 낮아져서 자복하면

내용 관찰

26장은 레위기의 결론이라 할 수가 있는데(46) 크게 세 부분으로 되어 있습니다. 첫째 부분은, "너희가 내 규례와 계명을 준행하면"(3), "배불리 먹고 너희의 땅에 안전하게 거주하리라(5), 내가 그 땅에 평화를 줄 것인즉(6), 내가 너희를 돌보아 너희를 번성하게 하고 너희를 창대하게 할 것이며"(9) 하시는데 결론적인 축복은, "내가 내 성막을 너희 중에 세우리니 내 마음이 너희를 싫어하지 아니할 것이며 나는 너희 중에 행하여 너희의 하나님이 되고 너희는 내 백성이 될 것이니라"(11-12)는 말씀입니다.

둘째 부분은, "그러나 너희가 내게 청종하지 아니하여 이 모든 명령을 준행하지 아니하며 내 규례를 멸시하며 마음에 내 법도를 싫어하여 내 모든 계명을 준행하지 아니하며 내 언약을 배반할진대"(14-15) 임할 여호와의 징벌(16-39)을 말씀하는데 징벌 중의 핵심은, "내가 너희의 성읍을 황폐하게 하고 너희의 성소들을 황량하게 할 것이요(31), 내가 너희를 여러 민족 중에 흩을 것이요"(33) 하고 예루살렘이 멸망하고 성전은 불에 타고 포로로 끌려갈 것을 경고하십니다.

셋째 부분에서는, "그들이 나를 거스른 잘못으로 자기의 죄악과 그들의 조상의 죄악을 자복하고 또 그들이 내게 대항하므로 나도 그들에게 대항하여 내가 그들을 그들의 원수들의 땅으로 끌어 갔음을 깨닫고 그 할례 받지 아니한 그들의 마음이 낮아져서 그들의 죄악의 형벌을 기쁘게 받으면"(40-41), "내가 야곱과 맺은 내 언약과 이삭과 맺은 내 언약을 기억하며 아브라함과 맺은 내 언약을 기억하고 그 땅을 기억하리라"(42) 하십니다.

그러므로 26장에서 파악해야 할 핵심(核心)은 첫째로, 치명적인 죄가 무엇인가 하는 점과, 둘째로 6번 등장하는 언약이 무슨 언약인가를 파악하는 일입니다. 사활이 걸려 있는 치명적인 죄는, "너희는 자기를 위하여 우상을 만들지 말지니"(1) 한, 우상숭배요, 그러므로 떠나지 말아야 할 "언약"은 "아브라함, 이삭, 야곱"에게 세워주신 메시아 언약인 것입니다. 우상숭배란 메시아언약을 우상으로 바꾸치기 하는(롬 1:23) 죄라는 점에 확고해야만 합니다.

이점이 "내가 너희의 산당들을 헐며 너희의 분향단들을 부수고 너희의 시체들을 부서진 우상들 위에 던지고 내 마음이 너희를 싫어할 것이며" (30) 한 말씀에 분명히 나타납니다.

본문에는 경고가 5번(14, 18, 21, 23, 27)이나 강조되어 있는데, "만일 너희가 그렇게까지 되어도 내게 청종하지 아니하면 너희의 죄로 말미암아 내가 너희를 일곱 배나 더 징벌하리라(18), 이런 일을 당하여도 너희가 내게로 돌아오지 아니하고 내게 대항할진대 나 곧 나도 너희에게 대항하여 너희 죄로 말미암아 너희를 칠 배나 더 치리라(23-24), 너희가 이같이 될지라도 내게 청종하지 아니하고 내게 대항할진대 내가 진노로 너희에게 대항하되 너희의 죄로 말미암아 칠 배나 더 징벌하리니" (27-28) 하십니다. 그런데 슬프게도 경고대로 되고야 말았던 것입니다.

본문에는 "대항"이라는 말이 6번(23, 24, 27, 28, 40, 41)이나 등장하는데, 이처럼 배은망덕함에도 불구하고, 포로 중에 잘못을 깨닫고(41), 자복하고(40), 죄악의 형벌을 기쁘게 받으면(41), "그들을 내버리지 아니하며 미워하지 아니하며 아주 멸하지 아니하리라" (44) 하십니다. 왜냐하면 "야곱과 맺은 내 언약과 이삭과 맺은 내 언약을 기억하며 아브라함과 맺은 내 언약을 기억하고 그 땅을 기억하리라" (42) 말씀하십니다. 신실하신 하나님을 찬양합시다.

적용

우선적인 것은 우리의 죄를, "깨닫고 그 할례 받지 아니한 마음이 낮아지는" (41) 일이요, "언약" 곧 복음을 굳게 보수하는 일입니다.

나누어봅시다

1, 첫째 부분(1-13)의 주제와 핵심에 대해서,

2, 둘째 부분(14-39)의 주제와 핵심에 대해서,

3, 셋째 부분(40-45)의 주제와 26장 전체의 핵심에 대해서,

27장

하나님께 드리기로 한 서원

첫째 단원(1-25) 여호와께 드리기로 서원하였으면
둘째 단원(26-34) 십분의 일은 여호와의 것이라

내용 관찰

27장은 하나님께 드리기로 "서원"한 일에 관한 규례인데, "서원",즉 헌신이 레위기의 마지막 말씀입니다. 2-8절은, "만일 어떤 사람이 사람의 값을 여호와께 드리기로 분명히 서원하였으면" 한, 사람을 드리기로 한 서원이고, 9-13절은, "가축"을 드리기로 한 서원이고, 14-15절은 "자기 집"을 드리기로 서원한 일이고, 16-25절은 "밭 얼마를" 드리기로 서원하였을 경우의 규례입니다.

그런데, "만일 어떤 사람이 사람의 값을 여호와께 드리기로 분명히 서원하였으면 너는 그 값을 정할지니"(2) 하고, 값이 다르다는 점입니다. 20-60세까지가 값이 제일 비싼 것은, 민수기 1장서 보는바 대로 군대에 나갈 만한(민 1:3) 자들이기 때문입니다.

그런데 "생명의 속전"을 말씀하실 때는, "부자라고 더 내지 말고 가난한 자라고 덜 내지 말지며"(출 30:15), 즉 똑같이 반세겔을 내라하십니다. 무슨 뜻인가? 우리가 구원을 얻게 된 "구속"은 빈부귀천을 막론하고 동일하다는 것입니다. 그러나 하나님께 헌신하여 쓰임을 받는 데는, "믿음의 분량"과 "우리에게 주신 은혜대로 받은 은사가 각각 다르다"(롬 12:3-6), 즉 그가 얼마나 성숙하여졌느냐의 여부에 따라 다양하기 마련입니다.

그러나 낙심하지 말 것은, "그러나 서원자가 가난하여 네가 정한 값을 감당하지 못하겠으면 그를 제사장 앞으로 데리고 갈 것이요 제사장은 그 값을 정하되 그 서원자의 형편대로 값을 정할지니"(8) 하시기 때문입니다. 무슨 뜻인가? 형제의 작은 봉사, 부족한 헌신도 받아주시겠다는 말씀입니다.

이점에서 그림자 시대인 구약시대와, 복음이 밝히 드러난 신약시대의 차이 점이 있는데 구약시대는 "초태생"만을 "나의 것"(26)이라 하신 반면 신약성경은, "너희 몸은 너희가 하나님께로부터 받은 바 너희 가운데 계신 성령의 전인 줄을 알지 못하느냐 너희는 너희 자신의 것이 아니라 값으로 산 것이 되었으니 그런즉 너희 몸으로 하나님께 영광을 돌리라"(고전 6:19-20) 하고, 모든 그리스도인들은 그리스도의 피로 값을 주고 사신 "주의 것"이라고 말씀합니다.

그러므로 그리스도인들이란 모두 다 자신을 드리기로 "서원"한 사람들인 것입니다. 결론적으로 우리는 여호와의 것이요, 우리에게 속한 모든 것은 여호와께 속한 것입니다. 레위기는 하나님께 받은 은혜대로 헌신하고 헌물하는 것으로 끝을 맺고 있습니다.

5대 제사, 3대 절기, 대속죄일 등을 통해 구속함을 받은 자라면 자신을 드리기로 "헌신"한다는 것은 너무나 합당한 결론인 것입니다.

적용

형제의 영적 나이는 어디에 해당합니까? 형제가 드려야 할 값은 몇 세겔입니까?

나누어봅시다

1, 구약시대는 초태생만이 하나님의 것이라 하였으나, 신약시대는 모두가 하나님의 것이라는 점에 대해서,

2, 나이에 따라 값이 다르다는 영적인 의미에 대해서,

3, "우리 중에 누구든지 자기를 위하여 사는 자가 없고 자기를 위하여 죽는 자도 없도다" (롬 14:7) 한 고백이 있는지에 대해서,

4, 레위기를 마치면서 깨달은 점을나누어봅시다

04
민수기

민수기 파노라마

주제 : 20세 이상으로 싸움에 나갈만한 자를 계수하라(1:3, 26:2)

㉠ "창세기"의 역사는, 천지창조로 시작하여 야곱의 자손 70명이 애굽으로 내려가는 데까지이고,

㉡ "출애굽기"의 역사는 애굽에서 430년 동안 노예생활을 하던 야곱의 자손들이 애굽을 탈출하여 시내산에 1년 간 머므르면서 율법을 받고 성막을 세우는 내용이고,

㉢ 레위기는 완성된 성막에 임재하시는 하나님을 어떻게 섬겨야 하는가에 대한 내용이고, "민수기"는 시내산을 출발하여 요단 동편 모압 평지에 이르는 광야 40년간의 방황의 기록입니다.

그러므로 민수기는 광야 같은 세상을 살아가고 있는 현대교회에 거울이 되고 경계가 되는 말씀입니다. 민수기를 상고하노라면, "우리는 지금 민수기 시대를 살아가고 있구나" 하는 각성을 하게 되는 까닭이 여기에

있습니다.

이스라엘 백성들은 바로의 노예였던 신분(身分)에서 "구속"으로 말미암아 하나님의 백성이 되었습니다. 그리하여 하나님의 백성답게 살아가야 할 율법(律法)과, 하나님이 그들과 함께 하신다는 임재의 상징으로 성막(聖幕)이 세워졌습니다.

① 그렇다면 다음 단계는 무엇인가? 하나님의 명령(命令)대로 순종하면서 약속의 땅 가나안을 향해서 진군(進軍)해 나가는 일입니다.

㉠ 약속의 땅에 들어가기 위해서는 광야를 통과해야만 하고, 저들의 앞길을 가로막는 많은 난관들을 극복해야만 될 것입니다. 하나님께서는 이에 대비하여 "이십 세 이상으로 싸움에 나갈만한 모든 자"(1:3)를 계수하라 명하십니다. 계수함을 입은 총계가 603,550명이었습니다.

㉡ 이들을 네 대(隊)로 편성하게 하시고 각 대에는 대표 지파가 선임되었는데, 그 이름을 따라 "유다의 진영, 르우벤 진영, 단 진영, 에브라임 진영"으로 불려졌습니다. 이들을 "사백 삼십 년이 마치는 그 날에 여호와의 군대(軍隊)가 다 애굽 땅에서 나왔다"(출 12:41) 하고, "여호와의 군대"라 부르고 있다는 점입니다. 더 이상 바로의 노예들이 아닙니다. 그냥 하나님의 백성들도 아닌 "여호와의 군대"(軍隊)라는 말씀입니다.

② 네 대(隊)의 위치는 성막을 중심으로 진행에 나갈 전방(前方)에는 유다 진영(陣營)이 진 쳤고 우편에는 르우벤 진영, 좌편에는 단 진영, 후방에는 에브라임 진영이 배치되었습니다. 그리고 각 진영에는 그 진영을 상징하는 군기(軍旗)가 있었는데, 전승에 의하면 유다 진영 기에는 사자

가 그려져 있었다고 합니다. 이는 "유다는 사자 새끼로다" (창 49:9)한 야곱의 예언에 근거했다는 것입니다.

㉠ 그런데 유독 유다 진영만은, "동방(東方) 해 돋는 쪽에"(2:3) 진을 치라 하고 설명하고 있다는 점입니다. 이는 무심한 것이 아닙니다. 왜냐하면 유다 지파에서 나실 그리스도를 말라기 선지자는, "의로운 해가 떠올라서 치료하는 광선을 발하리니"(말 4:2) 하고 예언하고 있기 때문입니다. 그리고 이 예언이, "이로써 돋는 해가 위로부터 우리에게 임하여"(눅 1:78) 하고 성취가 되었던 것입니다.

그러므로 민수기는 레위기의 분위기와는 전혀 다릅니다. 정렬하고 있는 군대의 진영과 나부끼는 깃발을 보게 되며, 군대를 통솔하기 위해 울려 퍼지는 나팔소리 (10:1-10)를 듣게 됩니다.

㉠ 이제 하나님의 군대들이 광야를 통과하기 위해서 해야 할 일이 무엇인가? 하나님의 약속을 믿고 명령에 따라 전진해 나가는, "오직 믿음"뿐입니다. 이것이 하나님께서 기대하시는 바입니다.

㉡ "그들이 여호와의 명령을 따라 진을 치며 여호와의 명령을 따라 행진하고 또 모세를 통하여 이르신 여호와의 명령을 따라 여호와의 직임(職任)을 지켰더라"(9:23) 합니다. 신구약을 막론하고 하나님의 군대는, "우리가 살아도 주를 위하여 살고 죽어도 주를 위하여 죽나니 그러므로 사나 죽으나 우리가 주의 것이로라"(롬 14:8) 하고, 명령에 살고 명령에 죽을 것을 고백하는 자들입니다.

④ 민수기는 크게 세 부분(1-13장, 14-25장, 26-36장)으로 나누어집니다.

㉠ 1부는 시내산을 출발하여 정탐꾼을 파송한 가데스바네아까지이고, 2부는 불순

종으로 말미암아 40년 동안 광야를 방황하면서 여호수아, 갈렙 외에는 다 죽는 내용이고, 3부는 2세대들을 계수하여 가나안에 입성할 준비를 하는 내용입니다.

ⓛ "둘째 해 둘째 달 스무날에 구름이 증거의 성막에서 떠오르매 이스라엘 자손이 시내 광야에서 출발하여"(10:11–12), 드디어 출발(出發)명령이 떨어진 것입니다. 출발하는 대형(隊形)을 주목해보십시오. "선두(先頭)로 유다 자손의 진영의 군기에 속한 자들이 그들의 진영 별로 행진하였으니"(10:14) 합니다. 유다 진영이 선두(先頭)에 서서 인도했다는 것은 출애굽 당시에도 그리스도께서 선두에서 인도하셨음을 나타냅니다. 이를 시편 기자는 노래하기를,

이스라엘이 애굽에서 나올 때에
유다는 여호와의 성소(聖所)가 되고
이스라엘은 그의 영토가 되었도다
바다가 보고 도망하며 요단은 물러갔으며
산들은 수양들 같이 뛰었도다(시 114:1-4) 합니다.

바다가 도망갔다는 것은 홍해가 갈라진 사실을 시적으로 표현한 것인데, 선두에서 인도하시는 왕의 행차(行次)를 보고 길을 열어드렸다는 감동적인 묘사인 것입니다. 68:7절에서는, "하나님이여 주의 백성 앞에서 앞서 나가사 광야를 행진(行進)하셨을 때에" 하고 감격하여 말을 잇지 못하고 "셀라" 합니다.

㉢ 여호와의 군대는 출발에 앞서서 "유월절을 지켰다"(9:5) 하고 말씀합니다. 40년이 지난 후 약속의 땅에 입성해서도 우선적으로 유월절을 지키는 것(수 5:10)을 보게 됩니다. 이는 "출애굽이나, 가나안 입성"을 하게 된 것이 하나님의 은혜라는 고백이요, 나아가 유월절 어린양의 실체이신 그리스도를 대망하게 하기 위해서인 것입니다.

⑤ 하나님의 군대의 사기는 얼마나 충천했을 것인가! 그러나 보무(步武)도 당당히 출발한 10장에 이어지는 11장 첫 절은, "백성이 악한 말로 원망하매 여호와께서 들으시고 진노하사" 합니다. 이는 하나님이 함께 하신다는 것과, 출발하기에 앞서 지킨 유월절의 정신을 망각했다는 증거가 됩니다.

㉠ "그들 중에 섞여 사는 다른 인종들이 탐욕을 품으매 이스라엘 자손도 다시 울며 이르되 누가 우리에게 고기를 주어 먹게 하랴 우리가 애굽에 있을 때에는"(11:4-5) 하고, 애굽을 그리워하고 있는 것을 보게 됩니다.

㉡ 저들의 불평은, "애굽에 있을 때에는 값없이 생선과 오이와 참외와 부추와 파와 마늘들을 먹은 것이 생각나거늘 이제는 우리 기력이 다하여 이 만나 외에는 보이는 것이 아무 것도 없도다"(11:5-6) 하는 것이었습니다. 저들의 불평을 구속사라는 맥락으로 본다면, "그 귀를 진리(만나)에서 돌이켜 허탄한 이야기를 좇으리라"(딤후 4:4) 한, 복음을 거부하는 것이 되는 것입니다.

⑥ 민수기의 분기점(分岐點)은 14장입니다. 12지파의 족장들로 구성된 정탐꾼들 중 10명이 불신앙의 악평(13:32)을 했기 때문입니다. 말이 악평이지 그것은 반역(叛逆)이었던 것입니다. 왜냐하면, "우리가 한 지

휘관을 세우고 애굽으로 돌아가자" (14:4) 하고 말했기 때문입니다.

㉠ 하나님은, "여분네의 아들 갈렙과 눈의 아들 여호수아 외에는 내가 맹세하여 너희로 살게 하리라 한 땅에 결단코 들어가지 못하리라"(14:30) 선언하십니다. 불순종한 10명의 족장과 순종한 2명의 족장, 그것은 10대 2의 비율이 아니라, 60,3548대 2의 비율임을 유념해야만 합니다.

㉡ 이는, "하나님께 향하는 저희 마음이 정함이 없으며 그의 언약에 성실(誠實)치 아니하였음"(시 78:37)을 나타냅니다. 성경은 말씀합니다. "저희에게 당한 이런 일이 거울이 되고 또한 말세를 만난 우리의 경계로 기록하였느니라"(고전 10:11).

⑦ 모압 평지에 이르렀을 때에 하나님께서는 제2차 인구조사를 명하십니다. 이는 인간의 성실하지 못함에도 불구하고, 하나님께서는 계획하시고 언약하신 바를 주권적으로 이루시려는 하나님의 신실(信實)하심을 나타냅니다. "그들이 여리고 맞은편 요단 가 모압 평지에서 이스라엘 자손을 계수한 중에는 모세와 제사장 아론이 시내 광야에서 계수한 이스라엘 자손은 한 사람도 들지 못하였으니, 이러므로 여분네의 아들 갈렙과 눈의 아들 여호수아 외에는 한 사람도 남지 아니 하였더라" (26:64-65) 합니다.

㉠ 유다 지파가 어떻게 해서 족장들이 잠들어 있는 헤브론과, 베들레헴, 예루살렘 일원을 분배받게 되었는가? "내 종 갈렙은 그 마음이 그들과 달라서 나를 온전히 따랐은즉 그가 갔던 땅으로 내가 그를 인도하여 들이리니 그의 자손이 그 땅을 차지하리라"(14:24) 하신 약속에 의해서입니다.

"온전히 좋은" 것은 갈렙만은 아니었습니다. 그런데 여호수아는 모세의 후계자를 삼으셔서 "예수"의 예표적인 인물로 세우시고, 갈렙에게는 그리스도가 "나시고 죽으시고 다시 사실" 일경을 주셨던 것입니다.

ⓛ 하나님은 모세에게도, "너는 이 아비림산에 올라가서 내가 이스라엘 자손에게 준 땅을 바라보라 본 후에는, 너도 조상에게로 돌아가리니"(27:12-13) 하고, 보기는 하나 들어갈 수 없음을 말씀합니다. 모세는 "하나님이시여 원하건대 한 사람을 이 회중 위에 세워서, 여호와의 회중이 목자 없는 양과 같이 되지 않게 하옵소서"(27:16-17) 하고 간구합니다.

ⓒ 그리하여 세움 받은 후계자가 여호수아입니다. 율법의 대명사인 모세의 사명은 하나님의 백성들을, 여호수아(예수)에게로 인도하는 몽학선생의 역할임을 보여줍니다.

⑧ 민수기를 통한 불변의 진리는 구원에 이르는 "믿음"입니다. 구원에 이르는 믿음은 어떤 믿음인가?

㉠ 성경은 말씀합니다. "또 하나님이 누구에게 맹세하사 그의 안식에 들어오지 못하리라 하셨느뇨 곧 〈순종치 아니하던 자〉에게가 아니냐 이로 보건대 저희가 〈믿지 아니하므로〉 능히 들어가지 못한 것이라(히 3:18-19),

ⓛ 저희와 같이 우리도 복음 전함을 받은 자이나 그러나 그 들은바 말씀이 저희에게 유익되지 못한 것은 듣는 자가 믿음을 화합치 아니함이라"(히 4:2) 하십니다. 명심하시기 바랍니다. "불순종은 곧 믿지 아니함"입니다. 민수기는 바로 이 "구원에 이르는 믿음"을 계시해주고 있는 것입니다.

나누어봅시다

1, 하나님께서 우리에게 기대하시는 바가 "20세 이상으로 싸움에 나갈 만한 자"라는 점에 대해서,

2, 여호와의 군대는 명령에 살고 명령에 죽어야 한다는 점에 대해서,

3, 민수기가 보여주고 있는 구원에 이르는 믿음은 어떤 믿음인가에 대해서,

1장
군대대로 계수하라

첫째 단원(1-16) 싸움에 나갈 자를 계수하라
둘째 단원(17-46) 계수한 각 지파의 명수
셋째 단원(47-54) 레위 지파의 직무

내용 관찰

1장의 중심주제는, "싸움에 나갈 만한 모든 자를 계수하라"는 데 있습니다. 성막을 세운 것은 출애굽 한지 만 1년 만에 세웠고(출 40:17), 근대를 계수하라는 명령은, "이스라엘 자손이 애굽 땅에서 나온 후 둘째 해 둘째 달 첫째 날에"(1:1), 즉 성막이 완성된 한 달 후입니다.

"이십 세 이상으로 싸움에 나갈 만한 모든 자를 계수하라"(3) 하심은 하나님의 명령이요, 우리에 대한 하나님의 기대하심입니다. 그들은 더 이상 바로의 노예가 아니라 "여호와의 군대"인 것입니다.

계수함을 받으려면 우선적으로 "난 자"(20) 즉 태어나야만 합니다. 그리고 20세 이상으로 자라야 합니다. 싸움에 나갈 만한 자(16회 나옴), 즉 훈련되고 무장해야만 합니다. 20세 이상 된 자라도 불구자 등은 제외 됐을 것입니다.

먼저 "이스라엘의 장자 르우벤의 아들들에게서 난 자"(20)부터 계수하는 것이 나옵니다 "계수함을 입은 자의 총계가 62만 3천 5백 50명이었더라"(46) 하고 말씀합니다. 레위지파는 계수에 들지 아니하였으니(47) "레위인은 증거의 성막 사방에 진을 쳐서 이스라엘 자손의 회중에게 진노가 임하지 않게 할 것이라"(53)가 그들의 임무였기 때문입니다.

레위인들이 성막에 대한 책임, 즉 백성을 대표해서 하나님과의 관계를 바르게 유지하므로 다른 군대들이 마음 놓고 나가서 싸울 수가 있었던 것입니다. 마치 모세가 손을 들고 기도하므로 여호수아가 나가서 싸워 승리(출 17:10)할 수 있었던 것과 같습니다

"이십 세 이상으로 싸움에 나갈 만한 모든 자를 계수하라" 하심은, 신약교회에도 적용이 되는 것입니다. 복음으로써 내가 너희를 낳았음이라(고전 4:15) 하고, "거듭나야" 하고, 범사에 그에게까지 자랄지라(엡 4:15), 그런 후에 "마귀의 간계를 능히 대적하기 위하여 하나님의 전신 갑주를 입으라"(엡 6:11)고 명하십니다.

적용

형제는 하나님의 가문에 태어났습니까? 20세 이상으로 자랐습니까? 군대에 나갈 만큼 훈련과 무장이 되어 있습니까? 섬기는 교회에 "여호와

의 군대"로 계수함을 받은 자가 몇 명이나 됩니까? 형제도 그 수에 들어있습니까?

나누어봅시다

1, 여호와의 군대의 계수에 들기 위한 세 단계에 대해서,

2, 레위 지파의 사명이 무엇인가에 대해서,

3, 여호와의 군대가 왜 필요한가에 대해서,

2장

군대를 편성하라

첫째 단원(1-31) 회막 사방에 진을 치라

둘째 단원(32-34) 명하신 대로 준행함

내용 관찰

2장은 계수한, "20세 이상으로 싸움에 나갈 만한 모든 자"를 편성(編成)하는 내용입니다. 3지파를 한 진영으로 묶어 4개 진영(3-9, 10-16, 17-24, 25-31)으로 편성하여 성막을 중심으로 동서남북 사방에 진을 치라 명하십니다. 레위 지파 대신에 요셉 지파가 에브라임과 므낫세 두 지파로 나누어졌기 때문에(18-20), 12지파가 유지될 수가 있었습니다.

그러므로 2장의 핵심은, "회막이—모든 진영의 중앙"(17)에 있게 하라는 말씀입니다. 진을 칠 때나 진행할 때나 언제나 회막은 중앙에 위치해야만 했습니다. 이것이 하나님중심이요, 하나님께서 그들의 하나님이 되셔서 자기 백성들과 함께 하시며 인도해 주심을 나타내 주고 있습니다.

이런 맥락에서, "진영과, 속하다" (3, 9, 16, 24, 31)는 말씀이 강조되어 있다는 점을 명심해야만 합니다. 왜냐하면 그래야만 나의 소속과 자신의 위치를 잃어버리지 않기 때문입니다. "각 사람은 자기의 위치에서 자기들의 기를 따라 앞으로 행진할지니라" (17) 하십니다.

각 진영은 대표 지파의 이름을 따라, "유다 진영(3), 르우벤 진영(10), 에브라임 진영(18), 단 진영" (25)이라 하였고, 각 진영에는 그 진영을 상징하는 군기(軍旗)가 있었습니다. 구전에 의하면 유다 진영에는 사자가 그려져 있었다고 하는데 이는, "유다는 사자 새끼로다" (창 49:9) 한, 야곱의 유언에 근거합니다. 이점에서 주목하게 되는 점은, "동방 해 돋는 쪽에 진 칠 자는 그 진영별로 유다의 진영의 군기에 속한 자라" (3) 하시는 하나님의 의도입니다. 다른 진영은 그냥 "남쪽에는(10), 서쪽에는(18), 북쪽에는" (25) 하고 언급할 뿐인데 어찌하여 유다 진영만은, "동방 해 돋는 쪽"이라 말씀하시는가? 유다 지파는, "공의로운 해가 떠올라서 치료하는 광선을 비추리니" (말 4:2) 하신 그리스도가 오시게 될 지파(창 49:10)이기 때문입니다. 이점이 출발할 때에도, "선두로 유다 자손의 진영의 군기에 속한 자들이 그들의 진영별로 행진하였으니" (10:14) 한 말씀에 나타납니다.

2장을 통해서 계시해 주고 있는 하나님은 자기 군대로 하여금 조직과 질서가 있고 규율이 있는 군대가 되기를 원하고 계시다는 점입니다. "하나님은 어지러움의 하나님이 아니시요, 질서" (고전 14:33, 40)의 하나님이십니다.

2장의 말씀이 신약교회에는 어떻게 적용이 되는가? 나의 소속이 어디인가 하는 소속감과, 나의 위치가 어디인가에 확고해야 한다는 점입니다. 성경은, "그들이 우리에게서 나갔으나 우리에게 속하지 아니하였나니 만일 우리에게 속하였더라면 우리와 함께 거하였으려니와 그들이 나간 것은 다 우리에게 속하지 아니함을 나타내려 함이니"(요일 2:19) 하고, 탈영한 자들이 있다고 말씀합니다.

성경은, "자기 지위를 지키지 아니하고 자기 처소를 떠난 천사들을 큰 날의 심판까지 영원한 결박으로 흑암에 가두셨다"(유 1:6)고 말씀합니다. 우리는 그리스도께 속한 자요, "사망에서 생명으로 옮겨진 것이 우리의 위치요, 형제가 수행하고 있는 직무가 사명입니다. 이를 떠나지 말고 굳게 지키시기 바랍니다.

적용

형제의 인생 여정에서도 하나님의 성막은 항상 중앙에 있습니까? 그리고 형제의 소속과 위치를 분명히 인식하고 견고히 서 있습니까?

나누어봅시다

1, 회막 사방에 진을 치라 하신 하나님중심에 대해서,

2, 자신의 "진영과, 소속"이 어디인가에 대해서,

3, 유다 진영을 "동방 해 돋는 쪽에 진을 치라" 하시는 구속사적 의미에 대해서,

3장
레위 지파의 계수와 임무

첫째 단원(1-4) 대제사장 아론과 제사장들
둘째 단원(5-13) 처음 난 자는 내 것이라
셋째 단원(14-39) 게르손, 고핫, 므라리 족속의 직무
넷째 단원(40-51) 대속교리의 원리

내용 관찰

3-4장은, 1-2장에서 계수할 때 제외되었던 레위지파에 대한 계수와 직무 분담입니다. "레위인을 각 종족대로 계수한즉 일 개월 이상 된 남자는 모두 이만 이천 명이었더라"(39) 합니다. 아론의 자손들은 제사장이 되고, "레위지파는 나아가 제사장 아론 앞에 서서 그에게 시종하게 하라"(6) 하십니다.

여기에는 영광만 있는 것이 아니라, " 나답과 아비후는 시내 광야에서 여호와 앞에 다른 불을 드리다가 여호와 앞에서 죽어 자식이 없었으며 엘

르아살과 이다말이 그의 아버지 아론 앞에서 제사장의 직분을 행하였더라" (4) 하고, 막중한 책임이 따른다는 것을 상기시키고 있습니다.

어쩐 연고로 레위 지파가 제사장 지파로 선택될 수가 있었는가? 레위는 디나 사건(창 34장) 때 포악한 복수를 감행하였으므로 창세기 49장에서는 축복 대신에 저주를 받은 지파입니다. 그런 저주 아래에 있던 레위 지파가 하나님의 제사장 지파가 되고 성막의 봉사자가 될 수 있었던 것은 오직 유월절 어린양의 대속으로 말미암아 "저주"에서 자유하게 된 전적인 하나님의 은혜인 것입니다.

이런 은혜를 입은 레위지파는, "금송아지" 사건 때 모세가, "누구든지 여호와의 편에 있는 자는 내게로 나아오라 하매 레위 자손이 다 모여 그에게로 가는지라" (출 32:26) 하고, 하나님 편에 섰다고 말씀합니다. 이것이 은혜를 입은 자의 특성인데, "왕 같은 제사장들"이 된 우리들의 경우도 이와 같아야 하는 것입니다.

하나님께서는 "보라 내가 이스라엘 자손 중에서 레위인을 택하여 이스라엘 자손 중에 태를 열어 태어난 모든 맏이를 대신하게 하였은즉 레위인은 내 것이라" (12) 하십니다. 무슨 뜻인가? 애굽의 장자들을 멸하시던 날에 이스라엘의 장자는 유월절양의 대속으로 죽음을 면하였고, 레위인은 그 장자를 대신한 자들이기 때문에 "내 것이라"는 말씀입니다.

그런데 이스라엘 자손의 장자가, "레위인보다 273명이 더 많았다" (46)는 것입니다. 그래서 남은 수는 속전(贖錢)을 바치게 하라 하십니다. 이를 통해서도 "너희는 너희 자신의 것이 아니라 값으로 산 것이 되었다"

(고전 6:20)는 대속교리가 드러납니다.

그렇다면 왕 같은 제사장이 된 우리는, "그가 모든 사람을 대신하여 죽으심은 살아 있는 자들로 하여금 다시는 그들 자신을 위하여 살지 않고 오직 그들을 대신하여 죽었다가 다시 살아나신 이를 위하여 살게 하려 함이라" (고후 5:15) 한 삶을 살아야 마땅한 것입니다.

적용

우리는 레위지파 처럼 본질 상 진노의 자식들이었는데, 그리스도의 구속으로 말미암아 "왕 같은 제사장"이 되어, 은혜의 보좌 앞에 담대함과 당당히 나아갈 수 있게 된 것입니다. 이를 알았다면 이제 어떤 삶을 살아야 마땅합니까?

나누어봅시다

1, 레위 지파의 본래의 속성은 어떠했습니까? (창 34장)

2, 레위 지파는 누구를 대신하여 하나님의 소유가 될 수가 있었습니까?

3, 레위인보다 많은 자는 속전을 바치라 하신 의미에 대해서,

4장

직무의 분담

첫째 단원(1-20) 고핫 자손의 직무
둘째 단원(21-28) 게르손 자손의 직무
셋째 단원(29-33) 므라리 자손의 직무
넷째 단원(34-49) 각 자손의 계수함을 입은 수

내용 관찰

4장은 레위 자손들을 "삼십 세 이상으로 오십 세까지 회막의 일을 하기 위하여 그 역사에 참가할 만한 모든 자를 계수하여" (3) 일을 분담 시키시는 내용입니다.

고핫 자손의 임무(1-20)는 성막 안에 있는 법궤 등 지성물들을 운반하는 직무인데, "고핫 자손이 멜 것이며" (14) 하십니다.

게르손 자손의 임무(21-28)는 성막의 휘장들과 해달의 가죽으로 된 덮개 등을 운반하는 임무가 주어졌고,

므라리 자손의 임무(29-33)는 성막을 세우는데 필요한 기둥과 널판과 말뚝 등을 운반하는 일이 분담되었습니다.

가장 무거운 짐은 수가 제일 많은 므라리 자손에게, 가장 가벼운 짐은 수가 제일 적은 게르손 자손에게 맡겨졌습니다. 총 8,580명(48)이나 되는 봉사자들이 각기 맡겨진 성물을 정성껏 메고 운반했을 광경을 상상해 보십시오. 그 중에 어느 누구도 맡겨진 짐이 없어 빈 손으로 가는 필요 없는 사람은 한 사람도 없었고, 반면 감당 못할 짐을 혼자 짊어지고 견디다 못해 쓰러지는 그런 사람도 없었습니다.

이점에서 명심해야 할 점은, 법궤를 맡은 고핫 자손들이 널판이나 말뚝을 맡은 므라리 자손들을 쓸데 없다고 무시하거나, 반대로 휘장을 맡은 게르손 자손들이 고핫 자손들을 부러워한 나머지 자신들은 필요 없는 사람들이라고 비하해서도 안 된다는 점입니다.

하나님께서 명하신 성막의 식양은 전체(全體)가 합해서 그리스도의 모형인 것입니다. 그러므로 그들은 그리스도의 몸의 일부인 지체들로서 쓰임을 받고(참고 고전12장) 있는 것입니다. 기둥이 없으면 덮개는 어떻게 덮으며, 성막이 세워지지 아니하면 법궤는 어디에 안치합니까? 말뚝(32) 한 개라도 없어진다면 성막은 펄럭이게 되어 온전함을 잃고 만다는 것을 명심할 필요가 있습니다.

본문을 관찰해 보면 "30세 이상으로 50세까지 회막에서 복무하고 봉사할 모든 자"라는 말씀이 반복적으로 강조되어(23, 30, 35, 39, 43, 47) 있음을 볼 수가 있습니다 이 말씀 속에 함축된 진리는 봉사자가 되기 위해서는 어리지도 않고 늙지도 않은 건강하고 성숙한 자라야 한다는 점과 봉사에 복무한다는 것은 무엇과도 바꿀 수 없는 영광이라는 것입니다. 형제가 복무하는 자 중에서 제외 되었다고 가정해 보십시오.

그렇습니다. 하나님의 교회를 섬기기 위해서는 "성도를 온전케 하며", "봉사의 일을 하게 하며" (엡 4:12, 딤후 3:17) 한, 순서가 지켜져야만 합니다. 성숙(온전)한 그리스도인이 되는 것이 먼저입니다. 그런 후에야 봉사의 일을 감당할 수가 있는 것입니다. 그렇지 않기 때문에 하나님의 교회 내에서 많은 부작용이 나타나게 되는 것입니다.

적용

하나님의 짐을 지는 것은 영광스러운 일입니다. 묻습니다. 형제는 30-50세가 된 후에 봉사의 일에 참여하고 있습니까? 형제에게 맡겨진 임무는 무엇입니까? 비교의식에 사로잡혀 다른 사람의 직무를 무시하거나, 자신을 비하한 적은 없습니까?

나누어봅시다

1, 레위 자손 중에서 어떤 사람들만 계수하라 하십니까?

2, 고핫 자손, 게르손 자손, 므라리 자손의 임무는 각각 무엇입니까?

3, 형제가 "말뚝"을 들고 간다면 어떤 심정이겠습니까?

5장
하나님이 거하시는 진영

첫째 단원(1–4) 진영을 더럽게 말라
둘째 단원(5–10) 손해배상의 규례
셋째 단원(11–31) 의심의 소제, 생각하게 하는 소제

내용 관찰

5장의 중심점은 "진영을 더럽히게 말라" 하심에 있습니다. 왜냐하면 하나님께서 "내가 그 진영 가운데 거하느니라"(3) 하시기 때문입니다. 지금 이스라엘 백성들은 시내산 기슭에 머물면서 가나안을 향한 대장정(大長征)의 준비를 서두르고 있는 중입니다. 1-2장에서 군사들을 계수하여 부대를 편성하고, 3-4장에서 성막 봉사를 위한 임무도 분담시키셨습니다. 이제 5장에서는 하나님이 함께 하시는 여호와의 군대의 진영(陣營)에 대한 성결(聖潔) 규례(規例)를 말씀하시는 문맥입니다.

이는 너무나 합당한 순서라 하겠습니다. 그러므로 이웃에 대한 손해배상의 규례(5-10)와, 의심을 살 만한 아내의 부정에 대한 "의심의 소제, 죄

악을 기억나게 하는 기억의 소제"(15)에 관한 규례도 "하나님의 진영"이기 때문에 필요한 것입니다.

이 말씀이 신약교회에는, "너희가 하나님의 성전인 것과 하나님의 성령이 너희 안에 계시는 것을 알지 못하느냐 누구든지 하나님의 성전을 더럽히면 하나님이 그 사람을 멸하시리라 하나님의 성전은 거룩하니 너희도 그러하니라"(고전 3:16-17)로 적용이 됩니다. 교회만이 아니라, "너희 몸이 그리스도의 지체인 줄을 알지 못하느냐 내가 그리스도의 지체를 가지고 창녀의 지체를 만들겠느냐 결코 그럴 수 없느니라"(고전 6:15) 하십니다.

그러므로 부정한 자(나병 환자, 유출증 등)는 다 진영 밖으로 내어 보내라고 명하십니다. "내어 보내라"(2, 3, 4)는 말이 강조되어 있습니다. 나병이나 유출 증은 타인을 더럽히거나 전염시키는 "악성 종양이 퍼져나감"(딤후 2:17)과도 같은 죄악의 상징입니다. 이 말씀은 "밖에 있는(불신자) 사람들은 하나님이 심판하시려니와 이 악한 사람은 너희 중에서 내쫓으라"(고전 5:13)는 말씀으로 적용이 된다 하겠습니다. 심지어 "의심의 소제요 기억하는 소제"(15)도 있는데, 이는 의심을 살만한일도 "하나님의 진영"에는 있어서는 안 된다는 점을 나타냅니다. 바울은 갈라디아 성도들을 향해서, "내가 이제라도 너희와 함께 있어 내 언성을 높이려 함은 너희에 대하여 의혹이 있음이라"(갈 4:20) 합니다. 우리들은 하나님 앞에서 고멜처럼 두 마음을 품고 두 주인을 섬기듯 의심받을 만한 짓을 얼마나 자주하고 있습니까?

우리는 하나님 앞에, "하나님이여 나를 살피사 내 마음을 아시며 나를 시험하사 내 뜻을 아옵소서 내게 무슨 악한 행위가 있나 보시고 나를 영원한 길로 인도하소서" (시 139:23-24) 하고, 자주 자주 "기억하는 소제"를 드려야 할 것입니다.

적용

형제의 몸이 여호와의 영이 거하시는 진영(성전)임을 명심하고 있습니까? 형제는 의심의 소제 앞에 떳떳합니까?

나누어봅시다

1, 5장의 핵심적인 말씀은 무엇입니까?

2, 진영 밖으로 내어 보내라는 말씀은 출교를 의미합니까? 징계를 의미합니까?

3, "생각하게 하는 소제"에 대해 느낀 점을 말해 봅시다.

6장

나실인의 서원

첫째 단원(1-12) 나실인의 성별
둘째 단원(13-21) 나실인의 헌신
셋째 단원(22-27) 제사장의 삼중의 축복

내용 관찰

6장은 크게 두 부분으로 나누어지는데 나실인의 규례(1-21)와, 제사장의 축복(22-27)으로 되어 있습니다. 나실인의 규례를 한마디로 표현하면 "헌신"(獻身)이고, 제사장의 축복은 한마디로 하나님의 "은혜"(恩惠)입니다. 유월절 어린양의 피로 구속하여 자기 백성을 삼으신 자들에게 율법을 수여하시고, 성막을 통해 그들 가운데 거하시며, 이제 시내 산을 출발하여 목적지 가나안을 향해 진군하기에 앞서 나실인(헌신자)의 제도를 말씀하시는 것은 아주 적절한 순서입니다.

먼저 "나실인"이란 "구별하여, 하나님께 바쳐진 자"라는 뜻입니다. 본문에는 "자기 몸을 구별하여" 라는 말이 13번(2, 4, 5, 6, 7, 8, 12, 12, 13, 18, 19, 21, 21)이나 강조되어 있습니다. 구약 성경에 등장하는 대표적인 나실인은 삼손(삿 13:5), 사무엘(삼상 1:11)등이 있으며 신약성경에는, 세례 요한(눅 1:15)을 꼽을 수 있습니다. 제사장도 거룩하게 구별된 자라는 의미에서 나실인이라 할 수가 있는 데, 궁극적으로 참 나실인과 제사장은 지상에 계시는 동안 온전히 헌신하신 예수 그리스도를 예표합니다.

그런데 신약에 이르러, "너희는 너희 것이 아니라 값으로 산 것이 되었으니 그런즉 너희 몸으로 하나님께 영광을 돌리라" (고전 6:20) 하고, 모든 그리스도인들이란 평생 나실인이 된 자라고 말씀하십니다.

둘째 부분은 축복인데, 제사장에게는 두 가지 큰 임무가 있습니다. 첫째는 백성을 대리해서 하나님께 제물을 드리는 일이고, 둘째는 하나님을 대리해서 백성들에게 축복하는 일입니다. "여호와께서 모세에게 말씀하여 이르시되 아론과 그의 아들들에게 말하여 이르기를 너희는 이스라엘 자손을 위하여 이렇게 축복하여 이르되" (22-23) 하고, 3가지 축복을 말씀하십니다.

"여호와는 네게 복을 주시고 너를 지키시기를 원하며" (24) 하는데, 성경이 말씀하는 "복"이 무엇인가?

"여호와는 그의 얼굴을 네게 비추사 은혜 베푸시기를 원하며" (25) 합니다. 구약시대란 "너희 죄가 그의 얼굴을 가리어서 너희에게서 듣지 않으시게 함이니라" (사 59:2) 한, 얼굴을 가리신 때입니다. 그러면 가리셨던 얼굴을 어떻게 비춰주셨는가? 주님이 십자가 상에서 "다 이루었다"

하고 선언하셨을 때 막혔던 휘장은 찢어지고, "예수 그리스도의 얼굴에 있는 하나님의 영광을 아는 빛을 우리 마음에 비춰주셨느니라" (고후 4:6) 합니다. 이것이 "은혜"인 것입니다.

"여호와는 그 얼굴을 네게로 향하여 드사 평강 주시기를 원하노라" (26) 하는데 얼굴을 비춰주신 후에는, "주의 눈은 의인을 향하시고" (벧전 3:12) 하신 대로, 은혜를 베푸신 자들을 항상 바라보시기를 원한다는 것입니다. 이것이 "평강"입니다.

"그들은 이같이 내 이름으로 이스라엘 자손에게 축복할지니 내가 그들에게 복을 주리라" (27) 하십니다. 바울은 그의 서신마다, "은혜와 평강이 너희에게 있을지어다" 하고 축복을 합니다.

이제는 이렇게 축복해야 할 "왕 같은 제사장"이 형제라는 점을 명심하십시오. 축복 중에 최고의 축복은 "하나님의 얼굴을 네게 비추사 은혜 베푸시기를 원하노라" 한, 구원의 복인데 이것이 복음을 전해주는 일입니다.

적용

형제가 이웃에게 복음을 전하여 축복해야 하는 나실인이며 제사장의 신분임을 잊지 마시기 바랍니다.

나누어봅시다

1, 6장에서 나실인, 즉 헌신자를 언급하는 문맥에 대해서,

2, "여호와는 그의 얼굴을 네게 비추사"의 구속사적 의미에 대해서,

3, "여호와는 그 얼굴을 네게로 향하여 드사"의 의미에 대해서,

7장
단의 봉헌 예물

첫째 단원(1-9) 성막 준공 때 족장들이 드린 예물
둘째 단원(10-89) 순번으로 드린 단의 봉헌예물

내용 관찰

7장은 "모세가 장막 세우기를 끝내고 그것에 기름을 발라 거룩히 구별하고 또 그 모든 기구와 제단과 그 모든 기물에 기름을 발라 거룩히 구별한 날에" (1) 하고 시작이 됩니다. 첫 절에는 "기름을 발라" 라는 말과, "거룩히 구별"하다는 말이 각각 두 번씩 나옵니다. 이는 천막(天幕)을 "성막" (聖幕)되게 하는 결정적인 요점소입니다. "성막"이 다른 천막과 구별되는 것이 무엇인가? "그것에 기름을 발랐다"는 데 있습니다. 기름을 바르기 전에는 다른 천막과 본질적인 차이가 없었던 것입니다. 만일 기름 바름을 받지 아니한 기구가 있다면 그 기구는 "거룩히 구별"된 것이 아닌 것이 된다는 뜻입니다.

이 "성막" 계시는, "말씀이 육신이 되어 우리 가운데 거하시매(장막을 치시매) 우리가 그 영광을 보니 아버지의 독생자의 영광이요 은혜와 진리가 충만하더라" (요 1:14) 한 임마누엘의 그림자로 주어진 것입니다. 그리스도란 기름부음을 받은 자 곧 거룩하게 성별 된 분이십니다. 그런데 여기서 멈춰서는 아니 됩니다.

이 성막 계시는, "너희가 하나님의 성전인 것과 하나님의 성령이 너희 안에 거하시는 것을 알지 못하느뇨" (고전 3:16)까지 나아가야만 하는 것입니다. "교회" (教會)란 기름을 발라, 즉 성령의 임재하심으로 "거룩하게 구별" 함을 받은 "거룩한 공회"인 것입니다.

"단과 모든 기구에 기름을 발랐다"고 말씀합니다. 그러므로 교회의 모든 부서와 기관이 성령의 주관하심 하에 있어야 한다는 말씀입니다. 그런데 결정적으로 중요한 것은 형제 위에도 기름을 바르셨다는 점입니다.

"기름을 발라 거룩히 구별" 한 그 날에 각 지파의 지휘관들이, "여호와께 드린 헌물은 덮개 있는 수레 여섯 대와 소 열두 마리" (3)를 드렸다는 것입니다. 이점을 문맥적으로 보면, 6장에서 자신을 구별하여 드리는 나실인 제도를 말씀한 후에, 7장에서는 각 족장들이 예물을 드리는 문맥입니다. 그러니까 "먼저 자신을 주께 드리고" (고후 8:5) 그 후에 예물도 드렸다는 것이 됩니다.

"여호와께서 모세에게 말씀하여 이르시되 그것을 그들에게서 받아 레위인에게 주어 각기 직임대로 회막 봉사에 쓰게 할지니라" (4-5) 하십니다. 지휘관들이 드린 예물인 "수레 여섯과 소 열 둘"은 레위 자손들이 봉사하는데 꼭 필요(5-8)한 것들이었습니다. 하나님께서는 이 필요를 아시고 족장들을 통해서 공급해 주셨던 것입니다.

이는 맡은 바 "직임"(고전 12:5)을 효과적으로 수행케 하기 위해서 주어지는 각양 은사와도 같습니다. "고핫 자손에게는 주지 아니하였으니 그들의 성소의 직임은 그 어깨로 메는 일을 하는 까닭이었더라"(9) 합니다. "은사"는 성령께서 "그의 뜻대로 각 사람에게 나누어 주시는 것이니라"(고전 12:11) 합니다.

이렇게 한 후에, "여호와께서 모세에게 이르시기를 지휘관들은 하루 한 사람씩 제단의 봉헌물을 드릴지니라"(11) 하고 말씀하십니다. 열 두 지파 족장들이 예물을 드린 순서를 보면 행진하는 순서대로 되어 있는데, 제1일에 드린 자는 유다 지파 족장인데 이는 메시아가 유다 지파에서 나실 것에 대한 반영입니다.

12족장들은 꼭 같은 예물을, 꼭 같은 분량으로 드렸는데도 이를 일일이 다 기록하게 하므로 7장은 민수기에서 가장 긴 장이 되었습니다. 단 한 구절로 요약할 수도 있는 내용을 이렇게 하신 것은, 하나님께서는 그들의 예물을 하나하나 기억하시고, 하나하나 소중히 여기시고, 하나하나 받으셨음을 의미합니다. 하나님께서는 "이하 동문"식으로 작은 것 하나라도 결코 소홀히 여기시지 아니하십니다.

이점에서 주목하게 되는 점은 은 그릇에는 "소제물로 기름 섞은 고운 가루를 채웠고(13), 금 그릇에는 향을 채웠다"(14)는 말씀입니다. 우리도 질그릇과 같은 빈그릇만 드리는 것이 아니라 무엇을 채워드리느냐가 중요합니다.

"또 번제물, 속죄제물, 화목제물" (15-17)을 아울러 드렸다는 점을 명심해야 합니다. 왜냐하면 죄인들이 드리는 것을 하나님께서 받아주심이 가능하여지는 것은, 희생제물로 말미암기 때문입니다.

주님은 "각 사람에게 그의 일한대로 갚아 주리라" (계 22:12) 약속하셨습니다.

적용

바울은 "우리가 이 보배를 질그릇에 가졌으니" (고후 4:7) 합니다. 하나님께서는 질그릇과 같은 우리에게 성령을 주시고 각양 은사를 주셨습니다. 받은 은사대로, 믿음의 분량 대로 드리고 있는지, 아니면 묻어두고 있지는 아니합니까?

나누어봅시다

1, "그것에 기름을 발라 거룩히 구별하고"에 대해서,

2, 지휘관들이 드린 예물과 분배에 대해서,

3, 예물을 드린 같은 기사를 일일이 기록하게 하신 의도에 대해서.

8장

레위인의 정결 의식과 봉사

첫째 단원(1-4) 등불을 앞으로 비취게 하라
둘째 단원(5-19) 속죄제와 번제를 드려 속죄하라
셋째 단원(20-26) 명하신 대로 준행함

내용 관찰

8장은, "등불을 켤 때의 제도"(1-4)와, "레위인을 정결케 한 후에 봉사하게 하라"(5-26)는, 두 부분으로 되어있습니다. 문맥적을 보면, 3장에서 레위인으로 하여금 이스라엘의 처음 난 자를 대신하여 제사장을 시종하게 하라(3:6) 명하시고, 4장에서 레위의 세 자손에게 성막의 직임을 분담시키시고, 7장에서는 임무를 수행하는데 필요한 "소와 수레"들이 선물로 주어졌는데, 이제 바로 직임을 수행하면 되는 것인가?

아닙니다. 본 장에서 "네가 그들을 정결하게 하여 요제로 드린 후에 그들이 회막에 들어가서 봉사할 것이니라"(15) 명하시는 문맥임을 명심해야만 합니다. 이스라엘 자손은 레위인에게 "안수" (10)하고, 레위인은 수송아지에게 "안수" (12)하여 속죄제를 드린 후에 "요제로 드릴지니라", 즉 봉사하게 하라 하십니다.

하나님께서는, "그들은 이스라엘 자손 중에서 내게 온전히 드린 바 된 자라 이스라엘 자손 중 모든 초태생 곧 모든 처음 태어난 자 대신 내가 그들을 취하였나니" (16, 18) 하고, "대속"한 자들임을 말씀하십니다.

이는 레위인들의 옛이야기가 아닙니다. 이를 예표로 하여, "너희 몸을 하나님이 기뻐하시는 거룩한 산 제사로 드리라" (롬 12:1) 하시는 신약교회 레위인들인 우리에게도 적실성이 있는 말씀입니다.

그렇다면 "레위인의 봉사와, 등불을 켤 때의 제도"가 어떤 연관이 있는가? 여기에 본 장의 숨은 뜻이 있습니다. "일곱 등잔을 등잔대 앞으로 비추게 하라" (2) 명하시는데, 어찌하여 "앞을 비추게 하라" 명하시는가? 이 점을 계시록에서는, "보좌 앞에 일곱 등불이 켠 것이 있으니 이는 하나님의 일곱 영이라" (계 4:5) 하고 해설해주고 있습니다. 하나님의 백성들이 행하는 봉사나 예물 드림이 일곱 등잔이 비취는 빛 앞에서 곧 일곱 영 앞에서 행하여지고 있음을 나타냅니다.

형제가 드리는 기도와 예물과 봉사와 모든 것이 하나님의 일곱 등잔이 비취고 있는 여호와의 존전에서 행하여 지고 있음을 명심하시기 바랍니다.

적용

본문을 통해서 우리의 모든 봉사가 하나님의 불꽃 같으신 눈 앞에서 행하여지고 있다는 점과, 나는 이미 죽었고 내 안에 그리스도께서 사신 것이라(갈2: 20)는 두 가지 고백이 우리의 좌우명이 되어야 하겠습니다.

나누어봅시다

1, 일곱 등잔을 앞으로 비취게 하라는 의미에 대해서,

2, 레위인을 먼저 속죄제물로 속죄한 후에 요제로 드리라는 의미에 대해서,

3, 처음 난 자의 대신으로 취하셨다는 구속사적 의미에 대해서,

9장

출발에 앞서 유월절을 지키라 명하심

첫째 단원(1-14) 유월절을 규례대로 지키라
둘째 단원(15-23) 여호와의 명을 좇아 행함

내용관찰

9장은 크게 두 부분으로 나누어 지는데, 1-14절은 유월절을 지킨내용이고, 15-23절은 성막에 덮인 구름의 인도를 따라 진행하기도 하고 머물기도 했다는 내용인데, 중심점은 "유월절"에 있습니다. "유월절을 지키라" 명하심은 출발을 위한 마지막 준비인 것입니다. "지정한 기일에 지키게 하라"(2) 하십니다. 지정한 기일은 "정월 14일 해질 때"(5)입니다.

그렇다면 인구조사를 한 "2월 1일"(1:1)보다 먼저인 것이 됩니다. 그런데 어찌하여 이 기사가 출발 직전인 9장에 기록이 되었는가? 1차 유월절에 참여하지 못한 사람들을 위해서, "2월 14일"(11), 그러니까 출발 1주일 전(10:11)에 2차로 지켰기 때문입니다. 유월절은 이스라엘을 이스라엘 되게 하는 사활적으로 중요한 의미가 있는 것입니다. 하나님께서 출발에 앞서 유월절을 지키라 하심은 저들의 정체성을 망각하지 않도록 일깨워주기 위해서인 것입니다.

이점이 시체로 인하여 부정하게 되었던 자나, 먼 여행 중에 있어서 참예하지 못한 자에게도 두 번째 기회(6-10)를 주고 있는데서 확인됩니다. 그러나 고의로 지키지 아니하는 자는 백성 중에서 끊어지리라(13)하십니다. 유월절이 신약교회에는 "성찬"으로 주어졌는데, 징계 중에 "수찬정지"라는 것이 있습니다. 이는 주님 및 성도와의 교제를 끊어 놓는 엄한 벌입니다.

"낮에는 구름이 그것을 덮었고 밤이면 불 모양이 있었는데 구름이 성막에서 떠오르는 때에는 이스라엘 자손이 곧 행진하였고 구름이 머무는 곳에 이스라엘 자손이 진을 쳤으니"(16-17), "곧 그들이 여호와의 명령을 따라 진을 치며 여호와의 명령을 따라 행진하고 또 모세를 통하여 이르신 여호와의 명령을 따라 여호와의 직임을" (23) 행했다고 말씀합니다.

9장에만 "명을 좇아"라는 말이 9번이나 등장하는데, 1장-9장까지는 모든 일들을 여호와의 "명하심"대로 순종하고 있음을 보게 됩니다. 그들은 더 이상 야곱의 자손도 아니었고, 바로의 노예는 더욱 아니었습니다. 유월절 어린양의 구속으로 말미암아 만군의 여호와의 군대였던 것입니다. 그러므로 명령 따라 복종한다는 것은 너무나 당연한 것입니다.

얼마나 아름다운 모습입니까? 얼마나 여호와의 군대다운 행동입니까? 그들이 광야를 통과하여 목적지 가나안에 이르도록 이와 같이 "명을 좇아" 행하기만 하였더라면 얼마나 좋았겠습니까?

오늘날은 영적 출애굽의 날입니다. 광야 같은 세상을 살아가면서 불기둥 구름 기둥 같이 인도하시는 성령님의 인도를 따라 "여호와의 명을 좇아" 행하기만 하면 얼마나 좋겠습니까?

적용

유월절은 신약에 이르러 성찬으로 발전하였고, 성막은 예수 그리스도의 구속으로 말미암아 교회가 성막이 되었고, 구름과 불은 내주하시는 성령의 예표입니다. 형제는 매사에 성령님의 인도하심을 좇아(갈 5:16, 18) 행하고 있습니까?

나누어봅시다

1, 출발에 앞서서 유월절을 지키라 명하시는 의도에 대해서,

2, 여호와의 명을 좇아 진행하기도 하고 진을 치기도 한 일에 대해서,

3, 구름이 떠오르면 행진하고, 머물면 이틀이든지 한 달이든지 머물렀다는 점에 대해서,

10장.

앞서 행하시는 하나님

첫째 단원(1-10) 은 나팔 두 개로 통솔케 하심
둘째 단원(11-28) 선두로 유다 진기가 진행함
셋째 단원(29-36) 출발과 쉴 때 행한 모세의 기도

내용 관찰

10장은 드디어 약속의 땅을 향하여 시내산을 출발하는 장면입니다. 왜냐하면 출애굽의 목적지는 시내산이 아니라, "그러나 너희가 이른 곳은 시온 산" (히 12:22)이기 때문입니다. 왜냐하면 시온 산에 가서, "내가 나의 왕을 내 거룩한 산 시온에 세웠다" (시 2:6) 하신 "그리스도"를 만나기 위해서라는 점을 명심하시기 바랍니다.

그런데 "시내산"을 반드시 통과해야만 한다는 점입니다. 왜냐하면 시내산에서 받은 율법을 통해서 죄를 깨달은 자만이 그리스도, 즉 복음의

필요성을 알게 되기 때문입니다. 이점은 하나님의 구원계획에 있어서 중요한 요점이 됩니다.

이 충족된 계시를 보십시오. 1장에서 "싸움에 나갈 만한 모든 자를 계수"케 하신 하나님께서는 바로 출발시키신 것이 아니라, 2장-9장까지를 통해서 철저한 출발준비를 시키십니다. 그렇다면 하나님의 군대를 무엇으로 통솔하는가? "은 나팔 둘을 만들되 두들겨 만들어서 그것으로 회중을 소집하며 진영을 출발하게 할 것이라" (2) 하십니다.

"만일 나팔이 분명하지 못한 소리를 내면 누가 전투를 준비하리요" (고전 14:8) 하고, 말씀의 사역자들이 부는 나팔이 분명해야만 영적 전쟁에서 승리할 수 있음을 깨우쳐 주십니다.

또한 나팔은 "말씀"일 뿐만이 아니라, "대적을 치러 나갈 때에는 나팔을 크게 불지니 그리하면 너희 하나님 여호와가 너희를 기억하고 너희를 너희의 대적에게서 구원하시리라" (9) 하시는 "기도"로 적용이 됩니다.

드디어 "둘째 해 둘째 달 스무날에 구름이 증거의 성막에서 떠오르매" (12), 즉 시내산에 도착한 지 1년(출 19:1)만에 출발하라는 신호가 나타납니다. "선두로 유다 자손의 진영의 군기에 속한 자들이 그들의 진영 별로 행진하였으니" (14) 합니다. "광야"를 통과하기 위해서는 절대적으로 인도자가 필요한데 "유다 진영"이 선두에서 인도했다는 것입니다.

이점을 시편에서는

이스라엘이 애굽에서 나올 때에,

"유다는 여호와의 성소가 되고

이스라엘은 그의 영토가 되었도다" (시 114:2),

즉 하나님께서 "유다"에 계셨다는 것입니다. 이는 유다 지파를 통해서 오실 "임마누엘"의 예표임이 분명합니다. "바다가 보고 도망하며 요단은 물러갔으니" (3), 즉 선두에서 인도하시는 왕의 행차를 보고 길을 열어 드렸다고 감동적으로 노래하고 있습니다.

출발할 때와 머물 때에 모세는 기도하기를, "궤가 떠날 때에는 모세가 말하되 여호와여 일어나사 주의 대적들을 흩으시고 주를 미워하는 자가 주 앞에서 도망하게 하소서 하였고, 궤가 쉴 때에는 말하되 여호와여 이스라엘 종족들에게로 돌아오소서 하였더라" (35-36) 합니다.

시편 기자는 찬양하기를, "하나님이여 주의 백성 앞에서 앞서 나가사 광야에서 행진하셨을 때에" (시 68:7) 하고, 너무나 감격해서 말을 잇지를 못하고 "셀라" 합니다. "이와 같이 그들이 여호와께서 모세에게 명령하신 것을 따라 행진하기를 시작하였는데" (13), 이렇게만 계속 했다면 얼마나 좋았겠습니까? 그러나 다음 장에서는 그들의 원망 소리를 듣게 됩니다.

적용

신약교회도 주 성령님께서 선두에서 인도하시며, 형제의 앞에서도 인도하심을 믿으십니까? "너희는 성령을 따라 행하라 그리하면 육체의 욕심을 이루지 아니하리라" (갈 5:16) 하십니다.

나누어봅시다

1, 나팔을 부는 두 가지 의미에 대해서,

2, 출발할 때에 유다진영이 선두에 선 구속사적 의미에 대해서,

3, 떠날 때와 머무를 때 행한 모세의 기도에 대해서,

11장
하나님의 은혜와 탐욕의 무덤

첫째 단원(1-15) 만나에 실증을 느낀 백성
둘째 단원(16-23) 애굽에서 나온 것을 원망한 죄
셋째 단원(24-35) 탐욕의 무덤

내용 관찰

11장의 핵심은 "너희 중에 계시는 여호와를 멸시하고" (20) 라는 말씀에 있습니다. 어떻게 멸시했는가? 첫째는, "우리가 어찌하여 애굽에서 나왔던가" (20중) 하고 "출애굽" 한 것을 원망했는데 이는 유월절 양의 피로 구속하여 주신 것을 부정하는 불신앙이요, 둘째는 "이 만나 외에는 보이는 것이 아무 것도 없도다" (6) 하고, "만나"를 불평한 일입니다. "유월절 양과, 만나"가 누구의 표상인가를 생각하시기를 바랍니다.

출발준비를 하는 1장-9장의 과정에서는, "여호와의 명을 좇아" 행하던 자들이 출발하자마자 "원망(1)과, 탐욕(4)과, 불신의 울음"(4)을 듣게 됩니다. 이렇게 할 것을 아셨기에 하나님께서는 출발하기에 앞서, "이스라엘 자손에게 유월절을 그 정한 기일에 지키게 하라"(9:2) 하신 것입니다. 원인이 어디에 있는가? "유월절", 즉 바로의 노예의 신분에서 유월절 양의 피로 구속하여 하나님의 백성으로 삼아주신(출 6:6) 구속의 은총을 망각한 데 있습니다.

그들은 애굽에서 당했던 비참한 노예생활에 대해서는 한마디도 언급함이 없이 생선, 외, 수박, 부추, 파, 마늘 먹은 것들을 생각하고(5) 들먹이고 있습니다. 더욱 가공할 일은 아침마다 내려주시는 만나에 대해서는 감사나 감격함이 없이 도리어, "이 만나 외에는 보이는 것이 아무것도 없도다"(6) 하고 지긋지긋하게 여기고 있다는 인상을 받게 해 줍니다. 만나는 "내가 곧 생명의 떡이로다"(요 6:48) 하신 예수 그리스도의 예표인데도 말입니다. 이런 만나를 애굽의 수박이나 부추나 파 마늘만도 못하게 여기고 있는데 대해서 형제의 생각은 어떠합니까?

모세도 "이 모든 백성을 내게 맡기사 내가 그 짐을 지게 하시나이이까 이 모든 백성을 내가 배었나이까 내가 그들을 낳았나이까 어찌 주께서 내게 양육하는 아버지가 젖 먹는 아이를 품듯 그들을 품에 품고 주께서 그들의 열조에게 맹세하신 땅으로 가라 하시나이까"(11-12) 하고, 차라리 죽여달라고 호소합니다.

하나님께서는 고기를 주어 먹게 하되, "하루나 이틀이나 닷새나 열흘이나 스무 날만 먹을 뿐 아니라 냄새도 싫어하기까지 한 달 동안 먹게 하시리니" (19-20) 하십니다.

모세는 보행자가 60만 명인데, "그들을 위하여 양 떼와 소 떼를 잡은들 족하오며 바다의 모든 고기를 모은들 족하오리이까" (22) 하고 불가능성을 말하자, "여호와께서 모세에게 이르시되 여호와의 손이 짧으냐 네가 이제 내 말이 네게 응하는 여부를 보리라" (23) 하십니다.

"바람이 여화와에게서 나와 바다에서 부터 메추라기를 몰아 진영 곁 이쪽 저쪽 곧 진영 사방으로 각기 하룻길을 지면 위 두 규빗쯤에 내리게 한지라" (31), "고기가 아직 이 사이에 있어 씹히기 전에 여호와께서 백성에게 대하여 진노하사 심히 큰 재앙으로 치셨다" (33) 하는데 이유가 무엇인가? 이로 인해서 두가지 지명이 생기게 되었는데, "다베라" (3), 즉 불사름과 "기브롯 핫다아와" (34), 즉 탐욕의 무덤입니다. 저들의 "탐욕"이 불사름을 당하게 했던 것입니다.

이는 말세를 만난 우리의 거울이 되고 경계로 주어진 말씀(고전 10:11)입니다.

적용

신약교회에 만나는 말씀으로 주어지고 있습니다. 성경은 말씀합니다. "때가 이르리니 사람이 바른 교훈을 받지 아니하며 귀가 가려워서 자기의 사욕을 따를 스승을 많이 두고 또 그 귀를 진리에서 돌이켜 허탄한 이야기를 따르리라" (딤후 4:3-4), 바로 우리들이 이렇게 하고 있는 것은 아닙니까?

나누어봅시다

1, 애굽을 그리워하고 있는 영적 의미에 대해서,

2, 저들이 불평하는 만나가 무엇에 대한 예표인가에 대해서,

3, 11장에 나타난 두 지명의 의미와 각성에 대해서,

12장
하나님의 온 집에서 충성한 모세를 비방함

첫째 단원(1–10) 권위에 도전한 죄
둘째 단원(11–16) 중재자의 기도

내용 관찰

12장은 미리암과 아론이 모세를 비방하다가 징계를 당하는 내용입니다. 그들이 모세를 비방한 표면적인 동기는 모세가 구스 여자를 취하였기 때문이지만 이는 구실일 뿐, "여호와께서 모세와만 말씀하셨느냐 우리와도 말씀하지 아니하셨느냐"(2) 한, 모세를 택하여 세우신 하나님의 권위에 대한 도전이었던 것입니다.

그들은 "여호와께서 모세와만 말씀하셨느냐"(2) 했는데 그렇다면 머리가 둘이 있을 수가 있단(7) 말인가? 그러므로 아론과 미리암이 모세를 비방했다는 것은 그를 세우신 하나님의 권위에 대한 도전일 뿐만이 아니라, 구속사의 맥락으로 보면 11장에서 "만나"를 싫어함과 맥을 같이 하는 것으로 그리스도를 배척한 것이 되는 것입니다.

모세는 하나님과 백성 사이의 "중보자"로 세움을 받은 자로, 이는 참 중보자이신 예수 그리스도의 예표였기 때문입니다. 그 점이 "그와는 내가 대면하여 명백히 말하고"(8) 하신 말씀에 나타납니다.

이 사건은 광야교회의 일대 위기라고 할 수가 있습니다. 왜냐하면 하나님께서 모세를 불러 세우실 때에, "내가 네 입과 함께 있어서 할 말을 가르치리라, 너는 그에게 하나님같이 되리라"(4:12, 16) 하셨는데 이제 그 권위가 무너지면 그의 입에 두신 하나님의 말씀의 권위가 상실되기 때문입니다. 그렇게 되면 여호와의 군대는 오합지졸이 되고 말 것입니다.

이점이 "여호와께서 갑자기 모세와 아론과 미리암에게 이르시되"(4) 한 표현에 나타납니다. 이로 인하여 하나님의 임재를 뜻하는, "구름이 장막에서 떠나갔고"(10), 이로 인하여 미리암은 나병이 발하여 "진밖에 칠일"을 격리 당하게 되고, 백성들은 진행하지를 못하게 되었습니다.

그러나 모세는 그들을 대적하거나 변명하지 않고, "하나님이여 원하건대 그를 고쳐주옵소서"(13) 하고 간구합니다. "이 사람 모세는 온유함이 지면의 모든 사람보다 더하더라"(3) 하고 말씀합니다. 주의 종이 온유하다고 그를 업신여겨서는(딤전 4:12) 아니 됩니다.

적용

오늘날은 모든 권위가 무너지는 시대입니다. 교계에서도 그리스도의 권위, 성경의 권위가 위협을 받고 있습니다. 이는 결국 하나님의 권위에 대한 도전입니다. 목회자에게 허물이 있어도 비방하기보다는 상한 마음으로 그를 세우신 하나님 앞에 기도해야(참고, 딤전 2:1-2) 마땅합니다.

나누어봅시다

1, 미리암과 아론이 모세를 비방한 원인이 무엇인가에 대해서,

2, 모세를 비방한 것이 어찌하여 심각한 죄가 되는가에 대해서,

3, 구름이 떠나고, 미리암은 나병이 들었다는 것은 무엇을 의미하는가에 대해서.

13장
민수기의 분기점

첫째 단원(1-20) 12명의 정탐꾼과 그 임무
둘째 단원(21-33) 열 명의 정탐꾼의 악평

내용 관찰

13장은 출애굽 1세대들은 약속의 땅에 들어가지 못하고, 2세대들이 들어가게 되는 분기점(分岐點)이 되는 장입니다. 2절과, 신명기 1:22절을 결부시켜 보면 정탐꾼을 파송하게 된 것은 백성들이 요구하자 하나님께서 허용하신 것이 됩니다.

이점에서 주목하게 되는 것은 1장에서 군사를 계수할 때는 12족장을, "너희와 함께 설 사람들의 이름은 이러하니"(1:5) 하고 하나님에 의해 임명되었으나, 13장의 정탐꾼들은, "이는 모세가 땅을 정탐하러 보낸 자들의 이름이라"(16) 하고 말씀하고 있다는 점입니다. 여기에 문제가 있는 것은 아닐까요? 모세는 정탐꾼들에게 그 땅 거민의 강약과 다소와 땅의 좋고 나쁨을 탐지해 오도록(17) 지시합니다.

파견한 12명의 정탐꾼은 같은 것을 보았음에도 그 중 10명은, "우리는 능히 올라가서 그 백성을 치지 못하리라 그들은 우리보다 강하니라" (31) 악평을 했고, 여호수아와 갈렙만이 "우리가 곧 올라가서 그 땅을 취하자 능히 이기리라" (30) 하고 상반된 보고를 했던 것입니다.

어떤 차이인가? 오직 "믿음"의 문제입니다. 믿음 없는 눈으로 본 자들은 대적은 "거인" 같고, 자신들은 "메뚜기" (33) 같이 보였으며, 믿음의 눈으로 본 자는 대적이 "우리의 먹이" (14:9)로 보였던 것입니다. 약속의 땅은, 약속을 믿는 "믿음" 으로만이 들어갈 수가 있는 곳입니다.

10족장들의 보고는 1차적으로는 객관성을 인정할 만 하다는 것입니다. 갈렙도 그들의 보고가 거짓이라(30) 말하고 있지 않습니다. 그렇다면 무엇이 문제인가? 저들의 보고에는 "보았다"는 말이 강조되어 있는데, 아낙 자손을 보았고(32), 거기서 본 모든 백성은 신장이 장대한 자들이며(32), 우리는 스스로 보기에도 메뚜기 같으니 그들의 보기에도 그와 같았을 것이라(33) 하는 결론에 이릅니다.

그들이 범한 잘못은 "보는 것으로 행하고 믿음으로 하지 않았다"는데 있었습니다. 여호수아와 갈렙도 그들이 본 것을 보았을 터이나, "여호와를 거역하지는 말라 또 그 땅 백성을 두려워하지 말라 그들은 우리의 먹이라, 여호와는 우리와 함께 하시느니라" (14:9) 하고, 육신의 눈으로 볼 수 없는 하나님을 보고 "능히 이기리라" (30) 하고 믿음으로 말하였던 것입니다.

그러나 육신에 속한 자들의 보고에는 하나님도 없고 믿음도 찾아볼 수가 없습니다. 명심하십시오. 다른 이유에서가 아니라 결국 그들은 "믿지 아니하므로 능히 들어가지 못한 것이라"(히 3:19) 말씀합니다. 성경은 "우리가 믿음으로 행하고 보는 것으로 행하지 아니함이로다"(고후 5:7) 하고 말씀합니다.

적용

형제는 보는 것과 믿는 것, 어느 편에 의해 영향을 받고 있는가 점검해 봅시다.

나누어봅시다

1, 신명기 1:22절에 의한 정탐꾼을 보내게 된 동기에 대해서,

2, 열 정탐꾼들의 보고의 문제가 무엇인가에 대해서,

3, 같은 것을 보았는데 상반된 보고를 하게 된 원인에 대해서,

14장

어느 때까지 나를 믿지 않겠느냐

첫째 단원(1–10) 여호와를 거역하지 말라
둘째 단원(11–19) 여호와의 진노와 모세의 중보기도
셋째 단원(20–25) 네 말대로 사하노라
넷째 단원(26–45) 결단코 들어가지 못하리라

내용 관찰

14장의 중심점은 "어느 때까지 나를 멸시하겠느냐, 어느 때까지 나를 믿지 않겠느냐"(11) 하신 "멸시와, 불신앙"에 있습니다. 10족장의 악평을 들은 백성들은 밤새도록 곡하면서 원망(1-2) 합니다. 급기야는 "한 지휘관을 세우고 애굽으로 돌아가자"(4) 하고 반역하기에 이릅니다. 이런 상황에서 여호수아와 갈렙이 일어나, "여호와를 거역하지 말라"(9) 하고 외치지만 도리어 돌로 치려합니다.

이 사건에서 주목해야 할 점은 모세의 중보기도와 이에 따른 여호와의

선고입니다. 하나님께서 "내가 전염병으로 그들을 쳐서 멸하고 네게 그들보다 크고 강한 나라를 이루게 하리라"(12) 하신 것은 선민 됨을 폐하시겠다는 뜻입니다. 이에 대해 모세는 "이제 주께서 이 백성을 하나 같이 죽이시면 주의 명성을 들은 여러 나라가 말하여 이르기를 여호와가 이 백성에게 주기로 맹세한 땅에 인도할 능력이 없었으므로 광야에서 죽였다 하리이다"(15-16) 하고, 하나님의 이름과 명예를 붙잡고 간구합니다.

20-35절은 모세의 탄원에 대한 하나님의 선고인데 첫째로, "네 말대로 사하노라"(20) 하십니다. 그런데 "나를 시험하고 내 목소리를 청종하지 아니한 그 사람들은 내가 그들의 조상들에게 맹세한 땅을 결단코 보지 못할 것이요(22-23), 너희 시체는 이 광야에 엎드러질 것이라"(32) 하고 말씀하시는 것이 아닌가? 그러면 이것이 "사하노라" 하심이란 말인가?

이점에서 분명해야 할 점은 이스라엘의 선민(選民)됨은 폐하시지 않으나, 믿지 않는 개인은 심판하신다는 점입니다. 신약의 교회도 결단코, "음부의 권세가 이기지 못하리라"(마 16:18) 하십니다. 그러나 주여, 주여 하는 자가 다 구원에 이르는 것은 아닙니다.

이 사건으로 인하여 출애굽한 1세대들 중 여호수아와 갈렙 두 사람 외에는 약속의 땅에 들어가지 못하고 광야에서 다 죽게 됩니다. 이 사건은 우리를 큰 충격을 받게 하고 고심케 합니다. 이들에게 되어진 일이 말세를 만난 우리의 거울이 되고 경계로 기록하였다(고전 10:11) 말씀하는데, 그렇다면 우리 중에서도 다수가 안식에 들어가지 못할 수도 있다는 말씀인가 하는 점 때문입니다.

이런 고민은 시편 기자에게도(시 95:8-11) 있었고, 신약성경에서도 제기되고 있는(히 3:7-19) 중대한 문제입니다. 그러면 저들의 무엇이 문제인가?

첫째가, "이 백성이 어느 때까지 나를 멸시하겠느냐, 어느 때까지 나를 믿지 않겠느냐"(11) 한 불신앙입니다. 이런 멸시와 불신앙은 출애굽으로부터 말라기 시대(말 1:6)까지 이어졌습니다. 문제는 멸시하면서도 "우리가 어떻게 주의 이름을 멸시하였나이까" 하고 모르고 있다는데 그 심각성이 있습니다. 하나님의 말씀을 중히 여기지 아니한다면 당신은 하나님을 멸시하고 있는 것입니다. 멸시의 반대는 "여호와를 경외"(말 3:16)하는 것입니다. 하나님의 말씀을 멸시하고 "불신앙"한다면 들어갈 수가 없는 것입니다.

둘째로 "너희 말이 내 귀에 들린 대로 내가 너희에게 행하리니"(28) 하신 "불순종"입니다. 이점을 히브리서에서는, "곧 순종치 아니하던 자에게가 아니냐, 이로 보건대 저희가 믿지 아니하므로 능히 들어가지 못한 것이라"(히 3:18-19) 하고, "순종치 않음과 믿지 아니함"(롬 1:5)을 하나로 보고 있다는 점입니다. 어찌하여 순종하지 않는가? 믿지를 못하기 때문입니다. 그러므로 믿으면 구원 얻는다는 "믿음"은, 순종을 수반한 믿음인 것입니다.

하나님께서는 빈 껍데기 믿음을 요구하시는 것이 아닙니다. 행함이 없는 믿음은 그 자체가 죽은 것이라(약 2:17, 26) 합니다. 이제는 형제가 대답할 차례입니다. 형제의 믿음은 순종이 수반된 산 믿음입니까?

적용

살아 있는 나무는 꽃이 피고 열매를 맺듯이 산 믿음에는 반드시 열매가 맺기 마련입니다. 우리의 믿음에 성령의 9가지 열매(갈 5:22)가 있는가 점검해보십시다.

나누어봅시다

1, 출애굽한 1 세대들이 한 일이 무엇입니까?

2, 그들이 하지 아니한 일은 무엇입니까?

3, 그들이 들어가지 못한 두 가지 원인이 무엇입니까?

15장

더욱 넘치는 은혜

첫째 단원(1-21) 여러 가지 제사제도
둘째 단원(22-31) 부지중에 지은 속죄제
셋째 단원(32-41) 방종치 않게 하려 함

내용 관찰

15장은 "번제(3), 화목제(8), 속죄제"(24) 등 각 종 제사제도를 말씀하는 내용입니다. 이 주제는 레위기에서 말씀하신 바요, 광야를 행진하는 민수기에는 어울리지 않고, 14장과도 연결이 안 되는 듯이 보입니다만 아닙니다. 14장에서는, "결단코 들어가지 못하리라"(30) 하셨는데 15장은, "너희는 내가 주어 살게 할 땅에 들어가서"(2) 하고 시작이 되는 것입니다.

무슨 뜻인가? 인간의 소행으로는 들어 갈 가망이 없지만 "내가 주어(2), 나의 인도하는 땅에 들어가거든"(18) 하십니다. 들어가는 것이 어떻게 가능하여 지는지 형제는 말해줄 수가 있습니까? 15장에서 말씀하는 "번제(3), 화목제(8), 속죄제"(24), 즉 어린양 되시는 그리스도를 통해서 성취하여 주실 명백한 그림자인 것입니다. 인간의 행위로는 구원 얻을 가망이 없지만 그리스도의 대속으로 말미암아 구원(들어가)을 얻게 된다는 말씀입니다.

하나님께서는 우리가 율법을, "여호와께서 명령한 날 이후부터 너희 대대에 지키지 못할"(23) 줄을 이미 알고 계십니다. 그리하여 15장에는 "드리라"는 말이 17번 이상 나오는데 "드리라"는 말씀을 구속사라는 맥락으로 보면, "하나님이 세상을 이처럼 사랑하사 독생자를 주셨으니"(요 3:16) 한, "주실 것"에 대한 예표임을 인식해야만 합니다.

명심하십시다. 14장에서 "내가 사하노라"(20) 하심이 그냥 되어지는 것이 아니요, 15장의 "속죄제"(24, 25, 27)의 제물로 말미암아 가능하여 지는 것입니다. 이점을 신약성경에서는 그리스도께서, "첫 언약 때에 범한 죄에서 속량하려고 죽으셨다"(히 9:15) 하고 말씀합니다. 용서하시되 자기 아들에게 죄 값을 대신 담당하게 하시고야 용서해 주실 수가 있으시다는 말씀입니다.

이점을 문맥적으로 보면 더욱 분명해지는데, 시내산을 출발하자마자 11장의 "탐욕의 무덤", 12장의 미리암과 아론의 비방, 13장의 악평, 14장의 반역으로 죄가 더해가고 있었으나, 15장에서 은혜는 더욱 넘치고 있는 문맥인 것입니다.

은혜가 넘치고 있는 15장에는 "타국인", 즉 이방인에 대한 언급이 6번

(14, 15,16, 26, 29, 30)이나 등장하면서, "타국인도 사함을 얻고(26), 타국인도 같은 법도 같은 규례니라"(16) 하시는데, 당시로서는 놀라운 말씀입니다. 이는 그리스도로 말미암은 은혜가 이방인에게까지 동일하게 넘치게 될 신약적인 복음인 것입니다.

이를 통해서 배우게 되는 것은 인간은 하나님의 말씀을 멸시하고 믿지 아니하나(14장), 하나님께서는 구원계획을 결코 포기하거나 중단함이 없이 주권적으로 이루어 나가신다는 점입니다. 그러니까 14장의 "죄가 더한 곳에 은혜가 더욱 넘치고 있는" 것이 15장입니다.

적용

"향기"라는 말씀이 5번이나 등장 하는데 이는 그리스도의 대속을 예표하기 때문이요, 구속함을 얻은 자에게는, "우리는 구원 받는 자들에게나 망하는 자들에게나 하나님 앞에서 그리스도의 향기라"(고후 2:15)는 말씀으로 적용이 되는 것입니다.

나누어봅시다

1, 15장이 11장-14장과 어떻게 결부가 되는 문맥인지에 대해서,

2, "타국인"도 같은 법도 같은 규례라"(16)는 구속사적 의미에 대해서,

3, 우리가 드릴 수 있는 향기로운 제사에는 어떤 것이 있는지에 대해서,

16장

반역과 속죄

첫째 단원(1-14) 고라 일당의 반역
둘째 단원(15-40) 산 채로 음부에 빠짐
셋째 단원(41-50) 백성을 위하여 속죄함

내용 관찰

16장은, 레위지파 "고라"가 주동이 되어, "회중 가운데에서 이름 있는 지휘관 이백오십 명과 함께 일어나서 모세를 거스르니라"(2) 한 반역사건입니다. "고핫"은 레위의 둘째 아들 고핫의 자손으로 "법궤"를 운반하는(4:15) 막중한 직무를 맡은 자입니다. 그래서 교만해진 것일까요?

"그들이 모여서 모세와 아론을 거슬러 그들에게 이르되 너희가 분수에 지나도다 회중이 다 각각 거룩하고 여호와께서도 그들 중에 계시거늘 너희가 어찌하여 여호와의 총회 위에 스스로 높이느냐"(3) 하고 반역했습니다.

모세가 분수에 지나도록 한 일이 무엇이 있단 말인가? 그는 "온유함이 지면의 모든 사람보다 더하더라"(12:3) 하지 않았던가? 모세는 고라에게, "하나님이 너와 네 모든 형제 레위 자손으로 너와 함께 가까이 오게 하셨거늘 너희가 오히려 제사장의 직분을 구하느냐(10), 아론이 어떠한 사람이기에 너희가 그를 원망하느냐"(11) 하고 말합니다.

아론은 어떠한 사람인가? 대제사장 되시는 그리스고의 예표의 인물입니다. 그러므로 아론의 대제사장 직을 탐하는 것은 자신이 그리스도가 되겠다는 교만인 것입니다. 그래서 유다서에서는 거짓 선지자들을, "고라의 패역을 따라 멸망을 받았도다"(유 1:11) 하고 말씀하는 것입니다.

고라와 그 가족은 땅이 그 입을 열어 삼켜버렸고(32), 그 일당 250명은 불이 나와서 소멸하여(35) 버렸습니다. 그런데 이튿날 온 회중은, "너희가 여호와의 백성을 죽였다"(41) 하고 모세를 원망하였습니다. 이처럼 인간의 행위로는, 그리고 그 행위에 따른 형벌로는 악순환만 반복될 뿐 구원은 가망이 없는 것입니다.

그렇다면 인간의 패역에 대한 해답이 무엇인가? "이에 모세가 아론에게 이르되 너는 향로를 가져다가 제단의 불을 그것에 담고 그 위에 향을 피워 가지고 급히 회중에게로 가서 그들을 위하여 속죄하라 여호와께서 진노하셨으므로 염병이 시작되었음이니라"(46) 합니다. 염병으로 죽은 자가 24700명이었더라(49) 합니다.

대제사장 아론이 급히 달려가서, "이에 백성을 위하여 속죄(贖罪)하고 죽은 자와 산 자 사이에 섰을 때에 염병이 그치니라"(47-48), 첫째로 중보자로 "중간"에 서서, 둘째로 "속죄"했다고 말씀합니다. 이것이 문제에 대한 해답입니다. 저들이 배척한 대제사장의 속죄로 인하여 염병이 그쳤던 것입니다.

예수 그리스도께서 "순식간에 멸망" (21, 45)받아 마땅한 우리와 하나님 사이를 "막아서서" (겔 22:30) 중보하시며, 대속해 주심으로 우리가 살아남을 수가 있었던 것입니다. 그리스도를 거부하고 대적하는 자들의 종말이 어떠한가를 민수기에서는 "기념물" (40)이 되게 하셨다고 말씀합니다.

적용

형제가 맡은 직무가 무엇입니까? 이를 작은 일로 여기고, 큰 것을 바라고 있지는 아니합니까? 그 직무에 최선을 다 하시기를 바랍니다.

나누어봅시다

1, 고라의 직무는 무엇이며, 그들이 구한 것이 무엇인가에 대해서,

2, 모세와 아론을 대적한 구속사적인 의미에 대해서,

3, 문제에 대한 해답이 어떻게 주어졌는가에 대해서,

17장
아론의 지팡이에 싹이 나게 하신 표징

첫째 단원(1-5) 열두 족장의 지팡이를 가져 오라
둘째 단원(6-9) 싹이 난 아론의 지팡이
셋째 단원(10-13) 표징이 되게 하여 죽지 않게 하라

내용 관찰

17장의 내용은, 아론에게 부여된 대제사장의 권위가 하나님의 택하심으로 말미암아 된 것임을 명백히 증거해 주고 있습니다. 하나님께서 모세에게 명하시기를 12족장의 지팡이를 여호와 앞으로 가져 오라 하시고, "내가 택한 자의 지팡이에는 싹이 나리니 이것으로 이스라엘 자손이 너희에게 대하여 원망하는 말을 내 앞에서 그치게 하리라"(5) 하십니다. 16장이 고라 일당의 대적에 대한 징벌이라면, 17장은 재발방지를 위한 표징이라 할 수가 있습니다.

그 결과, "이튿날 모세가 증거의 장막에 들어가 본즉 레위 집을 위하여

낸 아론의 지팡이에 움이 돋고 순이 나고 꽃이 피어서 살구 열매가 열렸더라" (8) 합니다. 이점을 히브리서에서는, "이 존귀는 아무도 스스로 취하지 못하고 오직 아론과 같이 하나님의 부르심을 받은 자라야 할 것이니라" 하고 말씀하면서, "또한 이와 같이 그리스도께서 대제사장 되심도 스스로 영광을 취하심이 아니요 오직 말씀하신 이가 그에게 이르시되" (히 5:4-5) 하고, 참 대제사장이신 "그리스도"와 결부시키고 있습니다.

그러면 아론의 지팡이에 싹이 나게 하신 "표징"이, 그리스도에게는 어떤 표징으로 나타났는가? "악하고 음란한 세대가 표적을 구하나 요나의 표적 밖에는 보여 줄 표적이 없느니라" (마 16:4) 하신, "죽으시고 다시 사심"입니다.

아론의 "지팡이에 움이 돋고 순이 나고 꽃이 피어서 살구 열매가 열렸다" 한 것은 예수께서 "죽은 자들 가운데서 부활하사 능력으로 하나님의 아들로 선포" (롬1: 4)되신 예표였던 것입니다.

아론은 지팡이에 싹이 나기 전에도 하나님의 대제사장이었으나 그의 지팡이에서 싹이 나고 꽃이 피고 열매가 맺게 하심으로, "너희에게 대하여 원망하는 말을 내 앞에서 그치게 하리라" (5) 한, 논란의 여지가 없는 표징이 되게 하신 것입니다.

왜 살구 열매인가? 성소에 있는 등잔대를 살구꽃 모양으로 만들라 명하셨는데 (출 25:33), 살구꽃(솨카드)이란 잠자지 않고 망을 본다는 뜻이 있습니다. 주님은 지금도 주무시거나 졸지도 아니하시며 우리를 위하여 간구하시는 살구꽃이요, "잠자는 자들의 첫 열매"인 것입니다.

"여호와께서 또 모세에게 이르시되 아론의 지팡이는 증거궤 앞으로 도로 가져다가 거기 간직하여 반역한 자에 대한 표징이 되게 하여 그들로 내게 대한 원망을 그치고 죽지 않게 할지니라"(10) 하십니다. 부활하신 주님은 승천하셔서 하늘의 지성소에 계십니다. 이를 믿으면 구원을 얻을 것이로되 이 표징을 보고도 패역하고 대적을 한다면 멸망 외에 다른 길은 없는 것입니다.

적용

우리 죽을 몸이 주님의 부활하신 몸과 같이 영화 될 날, 즉 우리가 하나님의 자녀라는 표징이 나타날 날(요일 3:2)이 옵니다. 이 소망이 있는 자는 삶을 통해서도 하나님의 자녀 됨의 표징을 나타내는 자입니다.

나누어봅시다

1, 하나님께서 보이신 표징이 무엇인가에 대해서,

2, 그 표징의 구속사적 의미에 대해서,

3, 살구꽃에 담겨있는 의미에 대해서,

18장

제사장과 레위인의 특권과 책임

첫째 단원(1–7) 제사장 직분을 지키라
둘째 단원(8–20) 나는 네 기업이니라
셋째 단원(21–32) 레위인의 축복과 섬김

내용 관찰

18장의 중심점은 제사장의 책임과(1-7), 그에 따른 보상(8-32)에 있습니다. 이를 말씀하시는 의도는, 제사장과 그를 보필하는 레위인의 직분이 영광스러운 만큼 책임도 크다는 점을 말씀하시기 위해서입니다. 이 말씀은 제사장 직분에 도전한 고라 일당의 반역 사건 이후에 주어진 문맥임을 유념해야만 합니다.

그 책임이 무엇인가? "여호와께서 아론에게 이르시되 너와 네 아들들과 네 조상의 가문은 성소에 대한 죄를 함께 담당할 것이요 너와 네 아들들은 너희의 제사장 직분에 대한 죄를 함께 담당할 것이니라" (1) 하고,

"죄를 함께 담당하라"는 말이 재차 강조되어 있습니다. 이는 영광스러운 제사장 직무에는 그에 상응하는 책임이 따른다는 말씀입니다. 그 예가 제사장들인 아론의 두 아들이 명하시지 않은 다른 불을 담아 드리다가 즉사한 사건(레 10:1)입니다.

이 경계는, "이와 같이 너희는 성소의 직무와 제단의 직무를 다하라 그리하면 여호와의 진노가 다시는 이스라엘 자손에게 미치지 아니하리라"(5), 즉 "죽지 않게 되리라"는 말씀과 결부된다는 점을 놓치지 말아야만 합니다. 17장은 "가까이 나아가는 자 곧 여호와의 성막에 가까이 나아가는 자마다 다 죽사오니 우리가 다 망하여야 하리이까"(17:13) 하고 끝맺고 있는데, 18장은 이에 대한 답변인 셈인데, 제사장 직무를 바르게 담당함으로 진노가 임하지 않게 된다는 말씀입니다

이 말씀은 우리를, "지금 우리가 하는 말의 요점은 이러한 대제사장이 우리에게 있다는 것이라"(히 8:1) 하는 참 대제사장이신 예수 그리스도에게로 인도해 줍니다. 우리에게 참 대제사장을 주셔서, "죄를 담당"하게 해주시지 않으셨다면 어떻게 되었을 것인가를 생각해 보시기를 바랍니다. 주께서 우리의 죄를 담당해 주심으로 우리가 하나님 앞에 가까이 나아갈 수가 있게 되었고, 진노가 임하지 않게 된 것입니다.

아론에게, "너는 네 형제 레위 지파 곧 네 조상의 지파를 데려다가 너와 함께 있게 하여 너와 네 아들들이 증거의 장막 앞에 있을 때 그들이 너를 돕게 하라"(2, 4) 하신 말씀은, 성도들의 모든 섬김과 봉사가 대제사장이신 예수 그리스도의 사역을 수종드는 것임을 의미합니다.

제사장 직무의 영광스러움과 중요성을 말씀하신 후에 그들에게 주어지는 축복도(8-32) 말씀하십니다 "그들이 여호와께 드리는 첫 소산 곧 제일 좋은 기름과 제일 좋은 포도주와 곡식을 네게 주었은즉" (12) 하십니다. "내가 이스라엘의 십일조를 레위 자손에게 기업으로 다 주어서 그들이 하는 일 곧 회막에서 하는 일을 갚나니" (21) 하십니다. "이스라엘 자손이 거룩하게 한 모든 헌물을, 너와 네 아들들에게 영구한 몫의 음식으로 주노라" (8, 11, 19) 하시는데, 이는 헌신자의 생활을 책임져주심을 의미합니다.

그런데 축복 중의 핵심은, "너는 이스라엘 자손의 땅에 기업도 없겠고 그들 중에 아무 분깃도 없을 것이나 내가 이스라엘 자손 중에 네 분깃이요 네 기업이니라" (20) 하신 축복입니다. 다른 지파에게는 하나님의 소유를 주셨지만, 하나님을 섬기는 레위 지파에게는 "하나님 자신"을 주셨습니다. 형제에게도 만복의 근원이 되시는 하나님 자신을 주셨음을 믿고 기뻐하시기를 바랍니다.

적용

이러한 대제사장을 우리에게 주신 하나님께 감사하십시다. 또한 형제가 왕 같은 제사장이라는 정체성과 사명의 중요성과, 이에 따른 보상을 생각하시기 바랍니다.

나누어봅시다

1, 제사장 책임의 중대함에 대해서,

2, 제사장 직무의 영광스러움에 대해서,

3, 제사장과 레위인들에게 주어지는 보상에 대해서,

19장

부정을 정결케 하는 예법

첫째 단원(1–10) 정결케 하는 물 만드는 법

둘째 단원(11–22) 정결케 하는 물 사용법

내용 관찰

19장은 정결 의식에 관한 규례로써 정결케 하는 "잿물"을 만드는 법(1-10)과, 그 잿물을 사용하는 규례(11-22) 등의 내용입니다. 만드는 방법은 흠 없는 붉은 송아지를 잡아 태워서 재를 만들어두었다가 필요할 때마다 물에 타서 사용하라 하십니다. 이는 "속죄제"의 편법(便法)이라 할 수가 있습니다.

"온전하여 흠이 없고 아직 멍에 메지 아니한 붉은 암송아지를 네게로 끌어오게 하고 너는 그것을 제사장 엘르아살에게 줄 것이요 그는 그것을 진영 밖으로 끌어내어서 자기 목전에서 잡게 할 것이며"(2-3) 하십니다. 이는 영문 밖(진 밖)에서 죽임을 당하신 예수 그리스도를 예표함이 분명합니다.

이런 편법을 허용하시는 것은 하나님의 백성들이 광야를 행군하고 있는 중이기 때문입니다. 그러므로 이 특이한 예법이 레위기에는 전연 언급이 없는 것입니다. 왜냐하면 레위기는 정착해서의 제사법을 말씀하심이고, 민수기는 야영(野營)을 하는 군사들에게 주어진 예법이기 때문입니다. 그들에게는 식량도 "만나"라는 야영 식이 주어진 것입니다. 하나님께서는 백성들이 처한 여건을 고려하셔서 부정케 되었을 때에, "깨끗케 하는 물을 만드는" 법을 제정해주셨던 것입니다.

그런데 본 장의 "붉은 암송아지"와, 레위기에서, "흠 없는 수송아지를 속죄 제물로 드리라"(레4:3) 하신 수송아지와의 구별점을 인식해야만 합니다. 왜냐하면 속죄제의 수송아지는 우리의 죄를 단번에 대속하여 주신 그리스도의 사역을 예표하는 반면, 붉은 암송아지는, "만일 누가 죄를 범하여도 아버지 앞에서 우리에게 대언자가 있으니 곧 의로우신 예수 그리스도시라"(요일 2:1), 즉 그때 그때마다 하나님의 자녀들의 부정을 씻어 주는 그리스도의 사역을 예표하기 때문입니다.

이점을 신약성경에서는, "염소와 황소의 피와 및 암송아지의 재를 부정한 자에게 뿌려 그 육체를 정결하게 하여 거룩하게 하거든 하물며 영원하신 성령으로 말미암아 흠 없는 자기를 하나님께 드린 그리스도의 피가 어찌 너희 양심을 죽은 행실에서 깨끗하게 하고 살아 계신 하나님을 섬기게 하지 못하겠느냐"(히 9:13-14) 하고 암송아지가 그리스도에 대한 그림자였음을 증언하고 있습니다.

주님께서 잡히시던 날 밤에 제자들의 발을 씻어 주시면서, "이미 목욕한 자는 발밖에 씻을 필요가 없느니라" (요 13:10) 하고 말씀하셨는데, 속죄제의 수송아지는 우리를 목욕(거듭나게 해주심)시키기 위한 것이라면, 붉은 암송아지는 우리의 발을 씻어주기 위한 것이라고 말씀드릴 수가 있습니다.

이점이 9절에서, "이에 정결한 자가 암송아지의 재를 거두어 진영 밖 정한 곳에 둘지니 이것은 이스라엘 자손 회중을 위하여 간직하였다가 부정을 씻는 물을 위해 간직할지니 그것은 속죄제니라" 하신, "간직할지니" 하는 말씀에 나타납니다.

그래서 "사람이 부정하고도 자신을 정결하게 하지 아니하면", 즉 회개하지 아니하면, "여호와의 성소를 더럽힘이니 그러므로 회중 가운데에서 끊어질 것이니라 그는 정결하게 하는 물로 뿌림을 받지 아니하였은즉 부정하니라" (20) 하십니다.

그래서 다윗은, "우슬초로 나를 정결하게 하소서 내가 정하리이다 나의 죄를 씻어 주소서 내가 눈보다 희리이다" (시 51:7) 하고 말씀했던 것입니다. 이를 위하여 그리스도께서는 "진 밖으로 끌어 내어서" (3) 죽임을 당하셨던 것입니다.

적용

붉은 암송아지로 예표 된 그리스도가 아니었다면 구원 얻은 후에 그릇 범한 정죄감에서 벗어날 길이 없었을 것입니다. 수송아지뿐만 아니라 붉은 암송아지를 주신 하나님을 찬양하십시다.

나누어봅시다

1, 19장의 간편한 정결 규례를 주신 의도에 대해서,

2, "흠 없는 수송아지"(레 4:3)와, "암송아지의 재"가 예표하는 다른 점에 대해서,

3, 본문이 신약교회에 어떻게 적용이 되는가에 대해서,

20장

약속의 땅으로 인도하여 들이지 못하리라

첫째 단원(1–13) 모세와 아론의 불신앙
둘째 단원(14–21) 통과하지 못하리라
셋째 단원(22–29) 아론의 죽음

내용 관찰

20장은 또 하나의 분기점(分岐點)이 되는 장입니다. 왜냐하면 미리암과 아론도 죽고, 모세까지도 약속의 땅에 들어가지 못하리라는 선고를 받게 되기 때문입니다. 이는 반석에서 물을 내게 하는 과정에서 빚어진 일인데, 반석에서 물을 솟게 하신 일은 출애굽기(17:1-7)와, 민수기(20:1-13), 이렇게 두 번 등장합니다.

출애굽기에서는, "너는 그 반석을 치라"(출 17:6) 하신 반면 민수기에서는, "반석에게 명령하여 물을 내라 하라"(8) 하고 명하셨습니다. 어떤 차이인가? 출애굽 사건은 그리스도의 십자가 사건의 예표라면, 본문은

"정결케 하는 잿물" 같이 때를 따라 도우시는 은혜라 할 수가 있습니다.

20장은 "정월에 이스라엘 자손 곧 온 회중이 신 광야에 이르러서 백성이 가데스에 거하더니"(1) 하고 시작됩니다. "신 광야 가데스"는 약 40년 전에 출애굽한 1세대들이 물이 없어 원망하던(출 17:1) 바로 그 장소입니다. 그런데 이제 40년의 방황 끝에 원점으로 돌아온 회중들은 꼭 같은 범죄를 반복하고 있음을 보여주십니다. 인간은 40년이 아니라, 4백년이 지나도 율법의 행위로는 구원에 이를 수 없다는 자력구원의 불가능성을 보여주고 있는 것입니다. 이점이 원점으로 돌아오자 율법의 대명사라 할 수 있는 모세까지도 결국 들어가지 못하리라는 선고를 받는 데서 드러납니다.

"모세와 아론이 회중을 그 반석 앞에 모으고 모세가 그들에게 이르되 반역한 너희여 들으라 우리가 너희를 위하여 이 반석에서 물을 내랴 하고 모세가 그의 손을 들어 그의 지팡이로 반석을 두 번 쳤다"(10-11)는 데는 교훈적인 의미와 신학적인 의미가 있다는 점을 분별해야만 합니다.

먼저 교훈적인 면인데, "이는 그들이 그의 뜻을 거역함으로 말미암아 모세가 그의 입술로 망령되이 말하였음이로다"(시 106:33) 한, 말의 실수입니다. 그런데 여기에는 신학적인 의미가 더욱 중요한데 이점이, "너희가 나를 믿지 아니하고 이스라엘 자손의 목전에서 내 거룩함을 나타내지 아니한 고로 너희는 이 회중을 내가 그들에게 준 땅으로 인도하여 들이지 못하리라"(12) 한 말씀에 나타납니다. 하나님께서는 "모세야 너는 못 들어간다" 하시는 것이 아니라, "이 회중(會衆)을 내가 그들에게 준 땅으로 인도하여 들이지 못하리라” 하십니다.

이점을 신약성경에서는 율법은, “우리를 그리스도께로 인도하는 초등교사” (갈 3:24)라고 말씀합니다. 그리하여 모세는 여호수아를 데려다가, “그에게 안수하여 위탁하되 여호와께서 모세에게 명령하신 대로 하였더라” (27:23) 하는 것입니다.

“나를 나를 믿지 아니 하고” (12) 하시는데, 반석은 예수 그리스도의 모형(고전 10:4)인 고로, “한 번” 치심을 당한 것으로 족한 것입니다. 그 후에는 “반석에게 물을 내라” (8), 즉 믿기만 하면 되는 것입니다. 모세는 이를 믿지 아니하였다는 것입니다. 이것이 “나의 거룩함을 나타내지 아니한 고로”가 되는 것입니다.

“율법은 모세로 말미암아 주신 것이요 은혜와 진리는 예수 그리스도로 말미암아 온 것이라” (요 1:17) 하십니다. 20장은, “율법과 복음”과의 관계를 계시해주고 있는 것입니다.

적용

하나님께서는 “반석에게 물을 내라”고 명하라 하셨는데 두 번이나 쳤다는 것은 불신앙입니다. 주님께서는 “네가 믿으면 하나님의 영광을 보리라” (요 11:40) 하십니다.

나누어봅시다

1, 반석에서 물을 낸 첫 번 사건을 통한 예표에 대해서,

2, 반석에서 물을 낸 두 번째 사건을 통한 주제에 대해서,

3, 모세가 약속의 땅에 들어가지 못한 교훈적인 의미와 신학적인 의미에 대해서,

21장

놋뱀을 쳐다본즉 살더라

첫째 단원(1-9) 반역한 죄와 장대에 달린 놋뱀
둘째 단원(10-20) 진행하여 비스가산에 이름
셋째 단원(21-35) 시혼과 바산 왕을 물리침

내용 관찰

21장은 "왕의 대로"(20:17)로 통과하는 것을 에돔 왕이 용납지 않음으로 우회하게 되자, "길로 말미암아 백성의 마음이 상하니라"(4) 합니다. 그러자 "백성이 하나님과 모세를 향하여 원망하되 어찌하여 우리를 애굽에서 인도해 내어 이 광야에서 죽게 하는가 이 곳에는 먹을 것도 없고 물도 없도다 우리 마음이 이 하찮은 음식을 싫어하노라"(5) 하고, "원망"을 했습니다.

"여호와께서 불뱀들을 백성 중에 보내어 백성을 물게 하시므로 이스라엘 백성 중에 죽은 자가 많은지라"(6) 합니다. 왜 이렇게 하셨는가? 저들이 그냥 원망만 한 것이 아니라 그리스도의 예표로 주신 만나를, "이 하찮은 음식을 싫어하노라" 하고 거부했기 때문입니다. 이에 대한 치료책이 무엇인가? "불 뱀을 만들어 장대 위에 매달아라 물린 자마다 그것을 보면 살리라" (8) 하신 것입니다.

어찌하여 이처럼 기이한 치료책을 제시하셨는가? 그것은 어떤 행위가 아니라 오직 "믿으면 구원을 얻는다"는 복음을 계시하기 위해서였던 것입니다. 주님께서는, "모세가 광야에서 뱀을 든 것같이 인자도 들려야 하리니 이는 그를 믿는 자마다 영생을 얻게 하려 하심이니라" (요 3:14-15, 12:32) 하십니다.

불 뱀에 물려서 죽어가는 자가 놋뱀을 쳐다보기만 하면 산다는 것은 인간의 이성으로는 어리석은 일이었던 것입니다. 성경은 말씀합니다. " 십자가의 도가 멸망하는 자들에게는 미련한 것이요 구원을 받는 우리에게는 하나님의 능력이라" (고전 1:18).

그렇습니다. 오늘날 "불뱀"에 물린 자 모두가 쳐다보고 고침을 받고 있습니까? 이점에서 하나님의 치료책이, "우리가 여호와와 당신을 향하여 원망함으로 범죄하였사오니" (7) 하는 회개 후에 주어졌다는 점입니다. 성경은, " 다만 네 고집과 회개하지 아니한 마음을 따라 진노의 날 곧 하나님의 의로우신 심판이 나타나는 그 날에 임할 진노를 네게 쌓는도다" (롬 2:5) 하고 말씀합니다.

그 후로는 "진행하여(10), 진행하여(11), 이르렀고, 이르러(19), 광야가 내려다보이는 비스가산 꼭대기에 이르렀더라" (20) 합니다. 그리고 21장은 아모리 왕 시혼과, 바산 왕 옥을 물리치고, "그 땅을 점령하였더라"

(35) 하고 마치고 있습니다.

이점에서 명심해야 할 점은 "아모리 왕 시혼과, 바산 왕 옥"은 약속의 땅 문턱에서 하나님의 백성들의 가나안 입성을 최후로 저지한, "적그리스도"와 같은 자들이라는 점입니다. 그래서 시편에서는, "아모리인의 왕 시혼을 죽이신 이에게 감사하라 그 인자하심이 영원함이로다 바산 왕 옥을 죽이신 이에게 감사하라 그 인자하심이 영원함이로다"(시 136:19-20) 하는 것입니다. 그렇다면 사탄의 다음 전략은 무엇인가? 거짓선지자가 등장하게 됩니다.

적용

"이 하찮은 음식을 싫어하노라"(5) 하고 배척한 만나는, "이것은 하늘에서 내려온 떡이니 조상들이 먹고도 죽은 그것과 같지 아니하여 이 떡을 먹는 자는 영원히 살리라"(요 6:58) 하신 "복음"입니다. 오늘날도 복음을 "하찮은" 것으로 여기다가는 불뱀에 물리게 된다는 점을 명심해야만 합니다.

나누어봅시다

1, 장대위에 단 놋 뱀을 통해서 계시하시려는 바가 무엇인지에 대해서,

2, 놋뱀을 통해서 요구하시는 바가 무엇인가에 대해서,

3, "살리라, 살더라"(8-9) 하는데, 사활이 어디에 달려 있는가에 대해서,

22장
거짓 선지자 발람

첫째 단원(1-14) 그들은 복 받은 자니라
둘째 단원(15-41) 네게 이르는 말만할지니라

내용 관찰

22장-24장까지는 거짓 선지자 발람과 관계 된 기사인데, 이를 통해서 무엇을 말씀하시려고 장장 세 장이나 할애하여 기록하게 하셨는가 하는 점입니다. 아모리 왕 시혼과 바산 왕 옥이 무력으로 대항한, "적 그리스도"와 같은 자들이라면, 발람은 거짓선지자의 예표로 약속의 땅에 들어가지 못하도록 하려는 사탄의 마지막 미혹이라 할 수가 있습니다.

모압 왕 발락이 발람을 초청한 동기는, "발락이 이스라엘이 아모리인에게 행한 모든 일을 보았으므로"(2) 심히 두려워했기 때문이라 합니다. 그리하여 하나님의 군대는 무력으로는 불가능하다는 점을 인식하고, 거짓 선지자의 "미혹"으로 대항하려 한 것입니다. "박해와, 미혹", 이 둘은 교회를 대적하는 사탄의 변함이 없는 두 가지 계략입니다.

이런 맥락에서 "발람"이라는 자는 참으로 양의 탈을 쓴 이리와 같은 존재입니다. 그 정체를 여간 해서 알 수가 없습니다. 어떻게 보면 하나님을 경외하며 경건함이 성경에 등장하는 모든 하나님의 사람들보다도 뛰어난 듯이 보이기까지 합니다. 이것이 거짓 선지자의 특성인 것입니다.

자신을 초청하러 보낸 발락의 신하들에게, "이 밤에 여기서 유숙하라 여호와께서 내게 이르시는 대로 너희에게 대답하리라" (8) 하고 말합니다. 하나님은 발람에게, "너는 그들과 함께 가지도 말고 그 백성을 저주하지도 말라 그들은 복을 받은 자들이니라" (12) 하고 막으십니다. 그러자 발람은 "발락이 그 집에 가득한 은금을 내게 줄지라도 내가 능히 여호와 내 하나님의 말씀을 어겨 덜하거나 더하지 못하겠노" (18) 하고 거절합니다.

그러자 "밤에 하나님이 발람에게 임하여 이르시되 그 사람들이 너를 부르러 왔거든 일어나 함께 가라 그러나 내가 네게 이르는 말만 준행할지니라" (20) 하시는 것이 아닌가? 어찌하여 "함께 가라" 하시는가?

그런데 "발람이 아침에 일어나서 자기 나귀에 안장을 지우고 모압 고관들과 함께 가니 (21), 그가 감으로 말미암아 하나님이 진노하시므로 여호와의 사자가 그를 막으려고 길에 서니라" (22) 하는 것이 아닌가?

발람이 탄 나귀는 이를 보고 피하나 보지 못한 발람은 나귀를 3번이나 때리니, "여호와께서 나귀 입을 여시니 발람에게 이르되 내가 당신에게 무엇을 하였기에 나를 이같이 세 번을 때리느냐" (28) 하고, 발람이 나귀로부터 책망을 받게 됩니다.

그렇다면 "가지 말라" 하셨다가, "가라" 하시고는, "막으셨다"는 말도 3번(22, 32, 34)이나 등장하는데, 그 의도가 무엇인가? 거짓 선지자(발람)란 이중간첩(二重間諜)과 같은 인물입니다. 그러므로 이 부분의 해석은 난해(難解)하다기보다는, 통찰력(洞察力)이 필요합니다.

한마디로 발람은 가서는 안 되는 자인데, 이를 통해서 말씀하려는 바가 있기때문에 보내신다는 역설적인 말이 됩니다. 두 가지를 들 수가 있는데 첫째는 선지자란, "가라" 하고 보냄을 받은 자라는 것과, 둘째는 "여호와의 사자가 발람에게 이르되 그 사람들과 함께 가라 내가 네게 이르는 말만 말할지니라" (35) 한, 선지자는 하나님의 말씀에 가감이 없이 대언해야 한다는 점을 보여주시려는 것입니다.

발람이 발락에게 하는 말을 들어 보십시오. "내가 오기는 하였으나 무엇을 말할 능력이 있으리이까 하나님이 내 입에 주시는 말씀 그것을 말할 뿐이니이다" (38). 이 말씀을 대하면서 참 목자라 자처하는 나 자신은 과연 이렇게 하고 있는가? 하고 자문하게 됩니다.

이처럼 발람은, "그들이 바른 길을 떠나 미혹되어 브올의 아들 발람의 길을 따르는도다" (벧후 2:15) 한 미혹자의 대명사입니다. 미혹하는 자의 특징은 자신을 철저하게 "가장" 합니다. " 그러므로 사탄의 일꾼들도 자기를 의의 일꾼으로 가장하는 것이 또한 대단한 일이 아니니라 그들의 마지막은 그 행위대로 되리라" (고후 11:15) 말씀합니다. 그러면 발람은 자기 정체를 언제 드러낼 것인가?

적용

적 그리스도의 불 같은 시험보다도, 발람 같은 거짓선지자의 달콤한 유혹이 더욱 위험함을 명심하십시다.

나누어봅시다

1, 모압 왕 발락이 발람을 초청한 의도에 대해서,

2, 가서는 안 되는 자를 보내시는 하나님의 의도에 대해서,

3, 적그리스도와 거짓선지자 중 어느 편이 교회에 피해를 주는가에 대해서,

23장
저주를 축복으로 변케 하신 하나님

첫째 단원(1-12) 야곱의 티끌을 뉘 능히 계산하랴
둘째 단원(13-30) 말씀하신 바를 실행치 않으시랴

내용 관찰

23장은 하나님께서 발람의 입에 말씀을 주시어 이스라엘을 축복케 하신 두 편의 노래(7, 18)로 되어 있습니다. 발락은 발람을 먼저 자신들이 섬기는, "바알의 산당"(22:41)으로 데리고 올라갑니다. 그런데 발람이, "하나님이 저주하지 않으신 자를 내가 어찌 저주하며 여호와께서 꾸짖지 않으신 자를 내가 어찌 꾸짖으랴"(8) 합니다.

"이 백성은 홀로 살 것이라 그를 여러 민족 중의 하나로 여기지 않으리로다"(9), 즉 이스라엘은 열방 중에서 홀로 택함을 받은 구별된 성민이라는 것과, "야곱의 티끌을 누가 능히 세며"(10), 즉 하나님께서 아브라함에게 약속하신 대로 하늘의 별과 땅의 티끌 같이 번성할 것을 예언합니다.

발락은 "나의 원수를 저주하라고 그대를 데려왔거늘 그대가 오히려 축복하였도다" (11) 하면서 이번에는, "비스가(산) 꼭대기" (14)로 데리고 갑니다. 그런데 그곳에서도, " 하나님은 사람이 아니시니 거짓말을 하지 않으시고 인생이 아니시니 후회가 없으시도다 어찌 그 말씀하신 바를 행하지 않으시며 하신 말씀을 실행하지 않으시랴" (19) 하고 하나님의 신실하심을 증언합니다.

"내가 축복할 것을 받았으니 그가 주신 복을 내가 돌이키지 않으리라 (20), 여호와는 야곱의 허물을 보지 아니하시며 이스라엘의 반역을 보지 아니하시는도다 여호와 그들의 하나님이 그들과 함께 계시니 왕을 부르는 소리가 그 중에 있도다" (21) 하고, "왕" 을 기다리는 백성들이라고 말하는 것이 아닌가!!

이는 하나님께서 자기 백성을 사랑하사 저주를 축복으로 변하게 하셨기 때문입니다. 모세는 죽기 전에 행한 설교에서, "브돌 사람 브올의 아들 발람에게 뇌물을 주어 너희를 저주하게 하려 하였으나 네 하나님 여호와께서 너를 사랑하시므로 네 하나님 여호와께서 발람의 말을 듣지 아니하시고 네 하나님 여호와께서 그 저주를 변하여 복이 되게 하셨나니" (신 23:4-5) 하고 상기시킵니다. 만일 막으심이 없으셨다면 저주가 퍼부어졌을 것입니다.

그렇습니다. 그들의 행위로는 저주를 받아 마땅한 백성들이지만 하나님의 선하신 뜻을 이루시기 위하여 그들을 택하셨음으로 후회하심이 없으시다는 것입니다. 발람은 "야곱을 해할 점술이 없고 이스라엘을 해할 복술이 없도다" (23) 하고 항복을 합니다.

적용

형제의 허물을 보시지 아니하시고 형제를 부르심에 후회하심이 없으시다는 말씀 앞에 형제의 느낌은 어떠합니까? 이스라엘 백성들이 이러한 하나님의 사랑을 알고 감사했습니까? 우리는 어떠합니까? 하나님은 자기 백성 축복하시기를 얼마나 원하고 계시는지 이제 아셨습니까?

나누어봅시다

1, "이 백성은 홀로 살 것이라"는 의미에 대해서,

2, " 하나님은 사람이 아니시니 거짓말을 하지 않으시고"에 대해서,

3, 거짓선지자 발람의 말을 통한 각성에 대해서,

24장
한 별이 나타나리라

첫째 단원(1-9) 그 나라가 진흥하리로다
둘째 단원(10-25) 그 때에 살 자가 누구이랴

내용 관찰

24장도 발람의 두 편의 축복 노래로 되어 있습니다. 그런데 24장의 노래는 이스라엘의 현재의 상태를 진술하고 있는 것이 아니라 장래에 되어질 예언적인 노래라는 점입니다. 그래서 "눈을 감았던 자가 말하며(3), 하나님의 말씀을 듣는 자, 전능자의 환상을 보는 자, 엎드려서 눈을 뜬 자가 말하기를" (4) 하는 것입니다.

이런 표현은 15-16절에도 재차 나오고 있는데 여호와께서는 그의 감았던 눈을 잠시 뜨게 하셔서 이스라엘을 통하여 이루실 장래 일을 보게 하시고 잠시 하나님의 신으로 감동케 하시사(2) 예언자로 사용하여 증언케 하셨던 것입니다.

눈을 뜨게 하셔서 무엇을 보게 하셨는가? "한 별이 야곱에게서 나오며 한 규가 이스라엘에게서 일어나서" 하고, "왕" 곧 그리스도를 본 것입니다. 23:21절에서도 "왕을 부르는 소리가 그 중에 있도다" 하고, "왕"을 언급했습니다.

"한 별"은 명백한 메시아 예언이며, "한 규"가 일어나리라 함은 야곱이 임종머리에서 예언한, "규가 유다를 떠나지 아니하며 통치자의 지팡이가 그 발 사이에서 떠나지 아니하기를 실로가 오시기까지 이르리니"(창 49:10) 한 예언과 일치합니다. 즉 유대인의 왕으로 오실 메시아를 가리킵니다.

이 예언이 신약성경에서, "유대인의 왕으로 나신 이가 어디 계시냐 우리가 동방에서 그의 별을 보고 그에게 경배하러 왔노라(마 2:2) 하고 성취가 되고, 성경 마지막 책에서, "나 예수는, 다윗의 뿌리요 자손이니 곧 광명한 새벽별이라"(계 22:16) 하고 확증하십니다.

이를 통해서 도전을 받게 되는 것은, "나 자신은 눈을 뜬 자인가" 하고 자문하게 합니다. 목자의 치명적인 병은 주님께서 마태복음 23장에서 5번이나 지적하신, "어리석은 맹인들이여" 하신, 영적인 소경입니다. 누가 소경인가? "이 성경이 곧 내게 대하여 증언하는 것이라"(요 5:39) 하신 구약성경을 상고하면서 교훈이나 축복은 보면서 그리스도를 보지 못하면 맹인인 것입니다.

결론은 "하나님이 이 일을 행하시리니 그 때에 살 자가 누구이랴"(23), 즉 구원을 얻을 자가 누구인가로 모아지고 있는 것입니다. 형제의 대답은 무엇입니까?

적용

발람의 노래 중에 "축복"이 몇 번이나 등장하는가? 하나님의 택하신 자들을 아무리 저주하려 하여도 도리어 축복으로 변함을 보면서 형제의 느낌은 어떠하십니까?

나누어봅시다

1, 하나님께서 발람의 눈을 뜨게 하셔서 보게 하신 것이 무엇입니까?

2, "한 별과, 한 규"의 구속사적 맥이 어떻게 연결되고 있습니까?

3, 22장-24장을 통한 각성과 도전에 대해서,

25장

발람의 꾀와, 영원한 제사장 직분

첫째 단원(1–9) 바알브올에 부속된 자

둘째 단원(10–18) 백성의 죄를 속하는 제사장 직분

내용 관찰

25장은, "백성이 모압 여자들과 음행하기를 시작하니라"(1) 하고,시작이 됩니다. 약속의 땅 문턱에 이르러 어찌 이런 일이 벌어진단 말인가? 이는 22장-24장에 등장한 "발람"과 연관된 사건으로 보아야만 합니다. 왜냐하면 모세가, "보라 이들이 발람의 꾀를 따라 이스라엘 자손을 브올의 사건에서 여호와 앞에 범죄하게 하여 여호와의 회중 가운데에 염병이 일어나게 하였느니라"(31:16) 하고, 이 일이 "발람의 꾀"라고 증언하고 있기 때문입니다.

발람이 자기 곳으로 돌아가면서 발락에게 알려준 "꾀"가 무엇인가? "음행"(1)으로 유혹을 하라는 것입니다. 모압 여자들이 "자기 신(神)들

에게 제사할 때에 이스라엘 백성들을 청하매, 백성이 (우상제물을) 먹고 그들의 신들에게 절했다"(2)는 것입니다. 저들은 영육간에 음행을 한 것입니다.

이 사건은 열조의 일을 회상하는 시편 106편에서도 언급하고 있고(28-31), 호세아에서도 말씀하고 있으며(호 9:10), 사도 바울도 이 사건을 "저희 중에 어떤 이들이 간음하다가 하루에 이만 삼천 명이 죽었나니 우리는 저희와 같이 간음하지 말자"(고전 10:8) 하고 경고하고 있는 사건입니다.

이 "음행"은 주님의 재림 문턱에서 공세를 취할 사탄의 마지막 무기(벧후 2:18)임도 명심해야만 합니다. 25장은 여호와께서, "이는 그들이 속임수로 너희를 대적하되 브올의 일과 미디안 지휘관의 딸 곧 브올의 일로 염병이 일어난 날에 죽임을 당한 그들의 자매 고스비의 사건으로 너희를 유혹하였음이니라"(18) 하시는 경계로 끝을 맺고 있는데, "속임수와, 유혹"이란 말씀을 주목하시기 바랍니다. 이 두 단어는 사탄의 변함이 없는 작전계획임을 명심해야만 합니다.

인류의 시조도 여기에 걸려들었습니다. 바울은, "이는 우리로 사탄에게 속지 않게 하려 함이라 우리는 그 계책을 알지 못하는 바가 아니로라"(고후 2:11) 하고 사탄의 작전을 폭로합니다.

이점에서 경각심을 가져야 하는 것은 주님께서 버가모교회를 향해서, "네게 발람의 교훈을 지키는 자들이 있도다 발람이 발락을 가르쳐 이스라엘 자손 앞에 걸림돌을 놓아 우상의 제물을 먹게 하였고 또 행음하게 하였느니라"(계 2:14) 하고 책망하시는 것을 대하기 때문입니다. 그렇다면 "발람의 미혹"은 옛날이야기가 아니라 "우리 중에는 발람의 교훈을 지키는 자는 없는가" 하는 오늘 우리들의 문제인 것입니다.

사탄의 "속임수와, 유혹"을 분쇄하는데 비느하스가 사용되었습니다. "내 질투심으로 질투하여 이스라엘 자손 중에서 내 노를 돌이켜서 내 질투심으로 그들을 소멸하지 않게 하였도다"(11) 하십니다. 이로 인하여, "그와 그의 후손에게 영원한 제사장 직분의 언약"(13)이 주어졌던 것입니다.

오! 형제여, 사탄의 궤계와 유혹에 대항하여 하나님의 적개심과 질투심으로 맞설 이 시대의 비느하스가 누구입니까? 이 시대는 이런 여호와의 질투심을 품은 믿음의 용사들을 필요로 하는 시대입니다. 형제가 그 용사가 되십시오.

적용

불의에 대해서 비느하스가 품었던 거룩한 질투심이 형제에게도 있습니까?

나누어봅시다

1, 발람이 돌아가면서 알려주고 간 꾀가 무엇인가에 대해서,

2, 이 사건이 일어난 시점과 우리의 경계에 대해서,

3, 비느하스의 어떤 점이 하나님의 마음에 합하였는가에 대해서,

26장

제 2차 인구조사

첫째 단원(1-51) 각 지파의 계수함을 입은 자의 수

둘째 단원(52-65) 계수대로 땅을 분배하라

내용 관찰

26장은 요단 동편 모압 평지에서 행한 제 2차 인구조사입니다. 염병 후에 여호와께서 명하시기를, "이스라엘 자손의 온 회중의 총수를 그들의 조상의 가문을 따라 조사하되 이스라엘 중에 이십 세 이상으로 능히 전쟁에 나갈 만한 모든 자를 계수하라" (2) 하십니다.

이 말씀을 대하게 될 때 감회가 깊을 수밖에 없습니다. 첫째는, 1차 때 계수함을 받은 사람 중에는, "여분네의 아들 갈렙과 눈의 아들 여호수아 외에는 한 사람도 남지 아니하였더라" (65)는 말씀을 대하게 되기 때문입니다. 미리암도 죽었고(20:1), 아론도 죽었고(20:28), 모세도 불원간 떠나게 될 것입니다.

그런데 결정적으로 우리를 감격케 하는 것은, 시내산을 출발하여 모압 평지에 이르기까지의 40년 동안 거짓된 인간은, "그들이 광야에서 그에게 반항하며 사막에서 그를 슬프시게 함이 몇 번인가 그들이 돌이켜 하나님을 거듭거듭 시험하며 이스라엘의 거룩하신 이를 노엽게 하였도다" (시 78:40-41), 그럼에도 불구하고 하나님께서는 구원계획을 중단함이 없이 또다시 "능히 전쟁에 나갈 만한 모든 자를 계수하라" 하시는 신실하심을 대하기 때문입니다.

계수의 결과를 보면 1차 때보다 현저하게 번창한 지파가 있는가 하면 (므낫세), 절반도 못 되게 줄어든 지파도(시므온) 있습니다. 비느하스가 창으로 간음하는 남녀의 배를 꿰뚫어 죽인 그 남자가 어느 지파 소속인가를 보십시오(25:14). 그 시므온지파가 절반도 못 되게 감삭이 된 것은 당연합니다.

40년이 지난 후의 총계는 1차 때보다 2,000명 정도가 감소된 상태였습니다. "학대를 받을수록 더욱 번성하고 퍼져나가던"(출 1:12) 때에 비해 불순종으로 방황하던 광야생활이 얼마나 열매가 빈약하였는가를 말해 주고 있습니다.

이점에서 1절에서 말씀한 "염병 후에"란 점을 상기하게 됩니다. 왜냐하면 염병으로 죽은 자가 24,000명이었는데(25:9), 만일 사탄의 궤계에 유혹되지만 않았더라면 총계는 증가로 나타났을 것이니 얼마나 애석한 일입니까?

"20세 이상으로 능히 전쟁에 나갈 만한 자"라는 말씀을 통해서 하나님께서 우리에게 기대하시는 바는 "전쟁에 나갈만한 자"라는 점입니다. 교회 내에 태어나고(중생) 자라서, 훈련되고 무장하여 전쟁에 나갈만한 자가 몇 명이나 되느냐? 이것이 중요합니다.

그리고 명심해야 할 점은 "이 계수대로 땅을 나눠주어 기업을 삼게 하라 수가 많은 자에게는 기업을 많이 줄 것이요 수가 적은 자에게는 기업을 적게 줄 것이니"(53) 하십니다. 이는 머리 수가 아니라, "20세 이상으로 싸움에 나갈만한 자"의 수라는 점입니다. 이는 무엇을 말씀해주느냐 하면 "기업의 분배"는 싸움(고난) 후에 주어진다는 것과, 각 사람에게 그의 일한 대로 갚아 주신다는 점입니다 죽도록 충성한 만큼 갚아주신다는 원리입니다.

이 원리는 달란트 비유를 통해서도 나타나고 있으며(마 25:14-30), 주님은, "보라 내가 속히 오리니 내가 줄 상이 내게 있어 각 사람에게 그가 행한 대로 갚아주리라"(계22:12) 약속하십니다.

적용

하나님의 기대는 전쟁에 나갈만한 군인입니다. 총사령관의 명령에 불순종하는 군대는 더 이상 존재 이유가 없습니다. 전쟁 후에 나눌 기업은 기여도에 달려있습니다.

나누어봅시다

1, 제 2차 인구조사를 명하시는 하나님의 신실하심에 대해서,

2, 하나님께서 우리들에게 기대하시는 바가 무엇인가에 대해서,

3, 분배 받게 될 기업은 어떤 기준에 의해서 주어지는가에 대해서,

27장
목자 없는 양과 같이 되지 않게 하소서

첫째 단원(1–11) 우리에게 기업을 주소서
둘째 단원(12–23) 여호수아에게 위탁하라

내용 관찰

27장은 두 부분으로 나누어지는데, 앞 부분은 기업을 요구하는 슬로브핫의 딸들에 관한 내용이고(1-11), 뒷 부분은 모세의 후계자로 여호수아를 위임하는(12-23) 내용입니다. 이를 문맥적으로 보면 26장의 "계수하라"는 명령을 시발(始發)로, 27장 이하는 약속의 땅 가나안에 입성(入城)할 준비작업이라 할 수가 있습니다.

준비는 세 가지 주제에 맞춰져 있는데 첫째는, 기업분배에 관한 문제요, 둘째는, 모세의 후계자문제인데, 그래야만 목자 없는 양과 같이 되지 않기 때문입니다. 셋째는 28장-29장에서 말씀할, 가나안에 들어가서 지켜야할 제사와 절기에 관한 문제입니다. 이것이 중요한 것은 제사제도는 하나님과 교제를 지속해나가는 예배요, 궁극적으로는 언약의 성취자로 오실 그리스도를 대망(待望)하게 하는 예표이기 때문입니다.

27장에는 "기업과, 후계자"가 언급이 되어 있는데, 이 두 주제는 무관한 것이 아니라 누가, 기업을 회복시켜줄 것인가? 하는 불가분의 관계입니다. 이는 율법의 대명사인 모세가 줄 수 없었고, 여호수아에 의해서 주어지게 됩니다.

슬로브핫의 딸들은, " 어찌하여 아들이 없다고 우리 아버지의 이름이 그의 종족 중에서 삭제되리이까 우리 아버지의 형제 중에서 우리에게 기업을 주소서" (4) 하고 요구합니다. 이는 민수기에서 만나보기 어려운 믿음의 말입니다. 왜냐하면 얼마나 많은 사람들이 하나님의 약속과 기업을 경히 여기고 업신여겼는가? 그러나 슬로브핫의 딸들은 이를 믿고 사모하고 갈망하고 있기 때문입니다.

아버지가 죽었으나 반역하는 고라의 무리에 들지 않았고 믿음을 지켰다고 말합니다. 하나님께서 약속하신 기업은 절대로 포기할 수 없다는 강력한 믿음입니다. 모세도 당황하여, "그 사연을 여호와께 아뢰니라" (5) 합니다. 하나님께서는, "슬로브핫 딸들의 말이 옳으니 너는 반드시 그들의 아버지의 형제 중에서 그들에게 기업을 주어 받게 하되 그들의 아버지의 기업을 그들에게 돌릴지니라" (7) 하십니다.

뒷 부분에서 모세는, "여호와, 모든 육체의 생명의 하나님이시여 원하건대 한 사람을 이 회중 위에 세워서 그로 그들 앞에 출입하며 그들을 인도하여 출입하게 하사 여호와의 회중이 목자 없는 양과 같이 되지 않게 하옵소서" (16-17) 하고 탄원합니다.

핵심은 "한 사람"인데 이 한 사람이 1차적으로는 여호수아가 세움을 얻게 됩니다만 궁극적으로는 모세가, "네 하나님 여호와께서 너희 가운데 네 형제 중에서 너를 위하여 나와 같은 선지자 하나를 일으키시리니 너희는 그의 말을 들을지니라" (신 18:15) 한 그리스도를 지향하는 말입니다. 왜냐하면 모세가 회중을 약속의 땅으로 인도하여 들어가게 하지 못함과 같이, 여호수아도 그들에게 안식을 주지 못하였기 (히 4:8) 때문입니다.

우리들은 후사도 없고 기업 얻을 소망도 없는 슬로브핫의 딸들 같은 슬픈 자이었으나, 하나님의 긍휼히 여기심으로 기업을 얻게 된 자입니다. 형제는 "성도 안에서 그 기업의 영광의 풍성함이 무엇" (엡 1:18)인지 알고 있습니까? 우리에게 "썩지 않고 더럽지 않고 쇠하지 아니하는 유업을 잇게" (벧전 1:4) 하신 하나님을 찬양하십시다.

적용

형제는 보이는 기업과 보이지 아니하는 것, 잠시 있을 기업과 영원한 것, 없어질 기업과 영광스러운 기업에 대해서 어느 편을 더 사모합니까?

나누어봅시다

1, 슬로브핫의 딸들이 기업을 요구하는 믿음에 대해서,

2, 이 주제가 우리에게 어떻게 적용이 되는가에 대해서,

3, "한 사람을 이 회중 위에 세워서" 한, 한 사람의 예표와 실체에 대해서,

28장

유월절, 초실절, 오순절을 지키라

첫째 단원(1–15) 상번제, 안식일, 월삭
둘째 단원(16–31) 유월절, 초실절, 칠칠절

내용 관찰

28장은 약속의 땅에 들어가서 지켜야 할, "상번제, 안식일, 월삭, 유월절, 초실절, 칠칠절" 등 여러 가지 제사제도입니다. 이는 레위기에서 충분하리 만치 말씀하신 바인데, 또 말씀하시는 의도가 무엇인가? 첫째로, 말씀하시는 시점과 대상이 다르기 때문인데 시점(時點)은, 요단 동편 모압 평지, 즉 가나안 문턱에 와 있는 시점이요, 대상(對象)들은 시내산 언약에 직접 참여하지를 못한 2세들(26:64-65)이라는 점입니다.

둘째로, 중요한 것은 가나안이라는 "땅"이 아니라, 하나님과의 "관계성"인데, 하나님과의 교제를 가능케 하는 유일한 방편이 "대속"이기 때문입니다. 그렇다면 가나안에 입성할 2세들에게 제사제도와 절기를 망각하지 않도록 다짐해 둔다는 것은 너무나 합당한 일입니다.

셋째는, 궁극적으로 제사제도는 대속제물이 되실 그리스도에 대한 예표인데,메시아언약을 망각하지 않게 하기 위해서입니다. 그래서 "향기"라는 말이 6번이나 언급되어 있는데, 이는 생축이 타는 냄새를 가리키는 것이 결코 아닌 것입니다.

부모님께 식물을 봉양함과 같이 하나님께 드리는 예배를, "내 헌물, 내 음식, 내 향기로운 것" (2)이라 말씀하시는가? 이는 "볼지어다 내가 문 밖에 서서 두드리노니 누구든지 내 음성을 듣고 문을 열면 내가 그에게로 들어가 그와 더불어 먹고 그는 나와 더불어 먹으리라" (계 3:20), 즉 예배를 통해서 자기 백성들과 교제하기를 얼마나 원하시며 기뻐하시는가를 나타내는 표현입니다.

"매일 두 마리씩 상번제로 드리되 어린양 한 마리는 아침에 드리고 어린양 한 마리는 해 질 때에 드릴 것이요" (3-4) 하시는 하나님 아버지의 마음을 알아야만 합니다. 상번제를 통해서 매일 조석으로 섬김을 받으시며 교제하기를 원하고 계십니다.

그리고 레위기에서 상고한 대로, "유월절" (16)은 그리스도의 대속적인 죽으심을 예표하고, "처음 익은 열매" (26)는 그리스도께서 죽은 자 가운데서 부활하여 첫 열매가 되신 부활을 의미하고, 칠칠절에 드리는 "새 소제(26)는 곧 오순절의 성령 강림하심으로 탄생하게 될 신약교회에 대한 예표입니다.

그렇다면 28장에서 28번, 29장에서 28번, 합해서 56번이나 강조되어 있는 "드리라"는 주제는 하나님께서 예물을 "받으시기" 위해서가 아니라, "하나님이 세상을 이처럼 사랑하사 독생자를 주셨으니"(요 3:16) 한, "주실 것"을 잊지 않게 하기 위함이라는 뜻이 됩니다. 왜냐하면 하나님은, "내가 수소의 고기를 먹으며 염소의 피를 마시겠느냐"(시 50:13) 하십니다.

사도 바울은 "누가 주의 마음을 알아서 주를 가르치겠느냐"(고전 2:16) 하고 묻고 있는데 "드리라"는 문자만 볼 것이 아니라, 자기 아들을 대속물로 "주시려는" 하나님의 마음을 인식해야만 합니다.

적용

형제는 하나님의 음식을 1주일에 한 끼만 드리고 있지는 아니합니까? 매일 조석으로 드려 섬기십시다.

나누어봅시다

1, 28장에서 또다시 제사제도를 말씀하는 의도가 무엇인가에 대해서,
2, 28번이나 등장하는 "드리라" 하시는 하나님의 마음에 대해서,
3, 유월절, 처음 익은 열매, 칠칠절의 구속사적 의미가 무엇인가에 대해서,

29장

나팔절, 속죄일, 초막절을 지키라

첫째 단원(1–11) 나팔절과, 속제일
둘째 단원(12–40) 초막절과 여덟째 날

내용 관찰

요절 : 29장은 28장의 연속으로 절기에 대해 말씀합니다. 7월에는 세 절기가 있는데, 1일은 "나팔절"(1-6)이요, 10일은 "속죄일"(7-11)이요, 15일은 "초막절"(12-38)입니다. 이에 대한 해설은 레위기 23장을 참고하시기 바랍니다. 그런데 29장에서 가장 강조하고 있는 절기가 12-38절까지 무려 스물 일곱절을 할애하여 말씀하는 초막절입니다.

초막절은 광야생활을 잊지 않도록 칠일 동안 기념하는 절기인데, "여덟째 날에는 장엄한 대회로 모일 것이요 아무 일도 하지 말 것이며"(35) 하고, 여덟째 날을 "장엄한 대회"라고 말씀합니다. 이 "장엄한 날"을 신약성경에서는, "명절 끝날 곧 큰 날"(요 7:37)이라고 말씀합니다. 끝날이

"큰 날, 장엄한 날"이 되는 것은 광야생활을 청산하고 드디어 약속의 땅에 입성하는 기쁨을 만끽하게 되기 때문입니다.

이점을 구속사라는 맥락으로 보면 "끝날 곧 큰 날, 장엄한 날"은 그리스도의 재림으로 성취될 날인 것입니다. 그러니까 우리는 지금 "초막절"의 기간을 살아가고 있는 것이며, 끝날 곧 주님께서 재림하실 그 날을 대망하고 있는 것입니다.

이런 맥락에서 29장에서도 28번이나 등장하는 "드리라"는 말씀이 어떤 의미가 되는가? 교훈적으로는 자기 백성들과 교제하기를 원하시는 하나님을 나타냅니다만, "번제로 여호와께 향기로운 화제를 드리되 수송아지 한 마리와 숫양 한 마리와 일 년 되고 흠 없는 숫양 일곱 마리를 드릴 것이며"(36) 한, 번제로 드려지는 "송아지, 양"이 무엇에 대한 상징인가를 생각해 보시기를 바랍니다. 그러므로 신학적으로는, "자기 아들을 아끼지 아니하시고 우리 모든 사람을 위하여 내주실"(롬 8:32) 메시아언약을 망각하지 않게 하기 위해서인 것입니다.

끝으로 28장-29장을 통해서 말씀하시는 절기의 순서를 주목하시기를 바랍니다. 순서는, "유월절→오순절→나팔절→초막절"로 되어 있습니다. "유월절"을 시작으로, "초막절"을 맨 마지막에 언급하고 있습니다. 유월절 어린양의 피로 구속하여 주시고, 오순절의 성령강림으로, 복음의 나팔을 불면서, 초막절 기간을 살아가며 명절 끝날 곧 주님의 재림을 사모하게 하시는 순서인 것입니다. 그러므로 스가랴서도, 열국 곧 이방인들이 초막절을 지킬 것이라(슥 14:16)는 말씀으로 끝맺고 있습니다.

약속의 땅을 정복할 군사를 계수하게 하시고, 그들에게 분배될 기업에 관해말씀하신 후, 이제 가장 긴요한 점이 무엇이 남았을까요? 약속의 땅에 들어가 하나님과의 올바른 관계를 유지하면서 교제를 지속해 나가는 일인 것입니다. 형제여, 우리에게도 명절 끝 날 곧 큰 날은 다가오고 있습니다.

적용

그리스도인에게도 이 세상은 초막절의 기간입니다. 상번제와 소제의 삶을 살아가면서 명절, "끝날 곧 큰 날, 장엄한 날"을 바라고 사모하십시다.

나누어봅시다

1, 3대 절기의 구속사적 의미에 대해서,

2, 초점을 초막절에 맞추고 있으면서, 여덟째 날을 "장엄한 대회"라 하는 의미에 대해서,

3, "드리라"는 제사제도를 강조하시는 문맥적인 의도에 대해서,

30장

지켜야할 서약과 면제되는 서약

첫째 단원(1–16) 지켜야 할 서약과 면제되는 서약

내용 관찰

30장은 "서원"에 관한 율례입니다. 서원이란 말이 14번 정도, 또한 "서약"이라는 말도 그 정도 등장합니다. 이 주제는 생각보다는 민감한 문제입니다. 왜냐하면 많은 그리스도인들이 이 문제로 인하여 어려움을 당하고 있는 것을 많이 보게 되기 때문입니다. 다른 경우에도 그러합니다만 "서원"에는 교훈적인 면과 신학적인 면이 있다는 점을 구분을 해야 합니다.

이를 분별하지 않고 교훈적인 면만을 강조하게 되면 율법이 되어 정죄하게 되고 맙니다. 생각해보십시오. 서원을 했다가 지키지 못한 사람은 영원히 구제될 길이 없단 말입니까? 그러므로 교훈적인 면과 함께 신학적인 면도 고찰을 해야만 치유(은혜)가 될 수가 있는 것입니다.

먼저 교훈적인 접근인데, "사람이 여호와께 서원하였거나 결심하고 서약하였으면 깨뜨리지 말고 그가 입으로 말한 대로 다 이행할 것이니라" (2) 하십니다. 이것이 "서원, 서약"에 대한 "원리"(原理)입니다. 그러므로 경솔하게 서원하는 일을 조심해야만 합니다. 어찌하여 깨뜨려서는 아니 되는가? "너희는 내 이름으로 거짓 맹세함으로 네 하나님의 이름을 욕되게 하지 말라 나는 여호와이니라" (레 19:12), 즉 하나님의 의로우신 이름에 손상을 입히기 때문이라는 것입니다.

그러면 신학적인 관점은 무엇인가? 본문을 관찰해보면 세 가지 경우가 있습니다. ㉠, 사함 받을 수 있는 서원(5, 8, 12)과, ㉡, 반드시 지켜야 할 서원(2, 9)과, ㉢, 대신 담당해야하는 서원(15)입니다. 3절 이하는 주로 "사함을 받는" 경우에 대한 말씀인데 "사하시리라"는 말이 3번(5, 8, 12) 나옵니다. 전체 열 여섯 절 중에서 열 절이 사함 받는 경우에 관한 말씀입니다. 이로 보아 30장의 의도가 정죄에 있는 것이 아니라 치유에 있음을 깨닫게 됩니다. 그렇다면 어떤 경우에 서원하고 지키기 못했어도 사함을 받을 수가 있는가?

첫째는, "어려서 그 아버지 집에 있을 때에" (3) 서원한 일, 둘째는 "결혼 전" (6)에 한 서원, 셋째는 남편이 있는 유부녀(有夫女)의 경우(10)입니다. "미성년자, 결혼 전의 여자, 유부녀" 등의 공통점은, 그들이 "머리"가 아니라 "부모의 권위, 남편의 권위" 아래 있는 자들이라는 점입니다. 그래서 "그의 남편이 그것을 지키게도 할 수 있고 무효하게도 할 수 있으니" (13) 하는 것입니다.

그리스도인들이란 하나님 아버지의 주관 하에 있는 자녀들이요, 그리스도라는 남편의 주권 아래 있는 유부녀와 같은 자들입니다. 그러므로 전에 경솔히 발한 서원을 사함을 받을 수가 있는 것입니다. 성경은 "이는 너희가 법 아래 있지 아니하고 은혜 아래 있음이니라" (롬 6:14) 하고 말씀합니다.

그런데 유대인들은, "하나님의 의를 모르고 자기 의를 세우려고 힘써 하나님의 의에 복종하지 아니하였느니라" (롬 10:3), 즉 자력으로 지킬 수 있는 양 "법 아래" 로 들어감으로 정죄에 빠진 것입니다.

주목할 말씀은, "그러나 그의 남편이 들은 지 얼마 후에 그것을 무효하게 하면 그가 아내의 죄를 담당할 것이니라" (15) 한 말씀입니다. 이 논리를 통해서 깨닫게 되는 것은, 우리를 율법의 요구에서 무효케 하시고 그 속박에서 자유케 하시기 위해서 그리스도께서 우리의 남편이 되시어 우리의 죄를 대신 담당하셨다는 구속의 은총을 발견한다는 것은 감격스러운 일입니다.

생각해보십시오. 주님께서는, "여호와께서 말씀하신 모든 것을 우리가 준행하리이다" (출 24:3) 하고 서원하고도 지키지 못한 우리들의 죄를 대신 담당하시기 위해서 십자가를 지셨던 것입니다.

주님께서 "도무지 맹세하지 말라" 하심은, 인간이란 맹세한 것을 이행하고 지킴으로 스스로 구원하기에는 얼마나 무력하고 무능한가를 아셨기 때문입니다. 오직 맹세는 "내가 나를 가리켜 맹세하노니" (창 22:16) 하신 여호와께 속한 것임을 찬양하십시다.

적용

그렇다고 "서원"을 경히 여겨 경솔히 서원하고 고의로 어겨서는 아니 되는 것입니다. 반면 경솔히 서원한 것 때문에 올무에 걸려 정죄감에 사로잡혀 있었다면 자유함을 갖게 되시기를 바랍니다.

나누어봅시다

1, 서원한 일을 지켜야 하는 이유에 대해서,

2, 서원한 일에 어떤 피할 길을 열어 놓으셨는가에 대해서,

3, 서원하고 지키지 못한 일을 그리스도께서 남편이 되시어 대신 담당하신 일에 대해서,

31장

이스라엘의 원수를 미디안에 갚으라

첫째 단원(1-12) 미디안의 왕들과 발람을 멸함
둘째 단원(13-24) 불과 물을 통과함으로 깨끗하여짐
셋째 단원(25-54) 탈취한 것을 나눔

내용 관찰

31장의 중심점은 "이스라엘 자손의 원수를 미디안에게 갚으라"(2)는 말씀에 있습니다. 이 일의 중요성을, "그 후에 네가 네 조상에게로 돌아가리라"(2) 하고, 이것이 모세의 마지막 사명임을 말씀하시는 데서 드러납니다. 이는 "혈과 육"에 대한 싸움, 즉 미디안에 대한 원수를 갚음이 아닙니다.

성경에서 "원수"라는 말이 어디서 처음 등장하는지를 생각해보십시오. 어찌하여 "내가 너(뱀)로 여자와 원수가 되게 하겠다"(창 3:15) 하시는가? 하나님의 형상대로 지음 받은 인류의 시조를 유혹하여 죽게 만들었

기 때문입니다. 어찌하여 원수를 미디안에 갚아야만 하는가? 발람의 꾀를 좇아 여호와의 군사를 유혹하여 24000명이나 죽게 했기 때문입니다.

그러므로 모세는 "이스라엘의 원수를, 여호와의 원수" (3)라고 부르고 있는 것입니다. 왜냐하면 구원계획, 즉 하나님의 나라 건설에는 하나님의 거룩하신 이름이 걸려 있는 싸움이기 때문입니다. 이런 맥락에서 "모세가 각 지파에 천 명씩 싸움에 보내되 제사장 엘르아살의 아들 비느하스에게 성소의 기구와 신호 나팔을 들려서 그들과 함께 전쟁에 보내매" (6) 한, 궁극적인 원수와의 싸움은 "여자의 후손이 뱀의 머리를 상하게 할" 예표라 할 수가 있습니다.

그러므로 미디안을 멸하라 하심은 단순한 복수가 아니라 선민 이스라엘을 타락시키고 부패케 하는 요소를 제거하기 위해서인 것입니다. 미디안을 정복하는 싸움의 통솔자는 여호수아가 아니라 여호와의 질투심으로 질투하여 범죄를 척결했던 비느하스(25:11)를 지휘자로 세우셨다는 점도(6) 주목할 점입니다. 이때 "브올의 아들 발람을 칼로 죽였더라" (31:8) 말씀합니다.

싸움에서 돌아오는 자들을 영접하러 나갔던 모세는, "군대의 지휘관 곧 싸움에서 돌아온 천부장들과 백부장들에게 노하니라" (14) 합니다. 왜냐하면 유혹하던 모압 여자들을 데리고 왔기 때문인데, "보라 이들이 발람의 꾀를 따라 이스라엘 자손을 브올의 사건에서 여호와 앞에 범죄하게 하여 여호와의 회중 가운데에 염병이 일어나게 하였느니라" (16), 이 뼈아픈 실패의 경험을 망각하고 유혹자들을 진영 안으로 데리고 들어왔느냐 하고 노한 것입니다.

사사기 6:1절에 보면 훗날 미디안의 잔존 세력이 발흥하여 또 다시 이스라엘을 7년이나 압제하게 되는 것을 보게 됩니다. 계시록 2:14절에서는 버가모 교회를 향하여, "네게 발람의 교훈을 지키는 자들이 있도다", 즉 교회 안으로 들어왔다고 책망하십니다. 그러므로 이는 구약교회의 이야기가 아니라 신약교회에도 적실성이 있는 것입니다.

적용

발람은 사탄의 앞잡이로 이제도 궤계와 유혹으로 하나님의 백성들을 미혹하고 있습니다. 자신과 교회를 점검해 보십시다.

나누어봅시다

1, 원수를 미디안에 갚으라는 구속사적 의미에 대해서,

2, 이스라엘의 원수를, 하나님의 원수라 하는 궁극적인 원수에 대해서,

3, 모세가 승리하고 돌아오는 군대의 장관들에게 노한 이유에 대해서,

32장
육신의 소욕대로 행한 두 지파 반

첫째 단원(1–5) 르우벤과 갓 지파의 요청

둘째 단원(6–15) 모세의 책망

셋째 단원(16–42) 조건부적인 허용

내용 관찰

32장은 우리에게 심각한 질문을 하게 만듭니다. 왜냐하면 "갓 자손과 르우벤 자손"들이 모세에게 나아와 말하기를, "우리가 만일 당신에게 은혜를 입었으면 이 땅을 당신의 종들에게 그들의 소유로 주시고 우리에게 요단 강을 건너지 않게 하소서"(5) 하고 요청을 하고 있기 때문입니다.

그들이 요청한 땅은 요단 동편, 아모리 왕 시혼과, 바산 왕 옥이 관할하던 땅입니다. 갓 자손과 르우벤 자손들은 그 땅이 비옥한 것을 보자 요단 강 건너 가나안 땅에 들어가지 않고 그곳에 눌러 앉으려는 것입니다. 이래도 되는 것인가? 이 문제가 현대교회에는 어떤 의미가 있는가?

모세는 두 가지 이유를 들어 즉각 거부하는데 첫째는, "너희 형제들은 싸우러 가거늘 너희는 여기 앉아 있고자 하느냐" (6) 하고, 이는 전력을 약화시키어 다른 지파들을 "낙심케" (7, 9) 하는 일이요, 둘째는 불순종하다가 들어가지 못한 1세대들의 전철을 밟는 일이 된다는 것입니다. 결국 "갓 자손과 르우벤 자손과 므낫세 반 지파" (33)는, "우리는 무장하고 이스라엘 자손을 그 곳으로 인도하기까지 그들의 앞에서 가고 이스라엘 자손이 각기 기업을 받기까지 우리 집으로 돌아오지 아니하겠다" (17-18)는 조건으로 요단 동편에 눌러 앉게 됩니다.

이 사건은 우리에게, 그들의 판단이 옳은 일이었는가? 이 사건이 우리에게 주는 의미는 무엇인가? 하는 두 가지 물음을 하게 만듭니다. 첫째, 질문에 대해서는 하나님께서 메시야가 나실 땅으로 예비하여 두신 곳은 가나안 땅이었다는 점입니다. 하나님께서 "아브라함과 이삭과 야곱에게 맹세한 땅" (11)은 가나안이었지, 요단 동편 길르앗 땅이 아니었습니다.

신약성경은 "너희가 이른 곳은 시온 산" (히 12:22)이라고 말씀합니다. 왜냐하면 시온 산에 이르러, "내가 나의 왕을 내 거룩한 산 시온에 세웠다" (시 2:6) 하신 그리스도를 만나야 하기 때문입니다.

이점이 확실하다면 더 이상 미련을 둘 여지는 없는 것입니다. 그들은 "땅을 본즉 그 곳은 목축할 만한 장소인지라" (1, 4) 하고 말하면서, "가축과 유아"들을 머물러 두고 자신들만 가겠다(16)고 제안합니다. 이것은 일찍이 바로가 제기했던 타협안(출 10:9-11, 24)이었습니다. 그곳은 가축에게 적당한 장소이지 언약 백성들에게 합당한 곳은 아니었던 것입니다.

본문이 우리에게 어떤 의미가 있는가? "내가 이르노니 너희는 성령을 따라 행하라 그리하면 육체의 욕심을 이루지 아니하리라" (갈 5:16) 하십니다. 저들의 행동은 육신의 소욕을 좇는 일이요 성령의 인도하심은 아닌 것입니다. 훗날 그들은 불쌍하고 구차스런 변명(수 22:10-34)을 하게 됩니다.

형제여, 하나님께서는 이 사건을 통해서 그리스도를 따르는 우리에게 하늘에 속한 영원한 기업에 마음을 두지 않고 세속적인 것을 추구하며 그것에 만족하고 있지 아니한가를 반성해 보라고 묻고 있는 것입니다. 형제는 어떠합니까?

적용

형제가 추구하는 기업은 요단 동편에 있습니까? 아니면 건너편에 있습니까?

나누어봅시다

1, 르우벤 갓 자손의 요구가 무엇이며 왜 그런 요구를 하였습니까?

2, 모세는 어떤 이유를 들어 이를 거절합니까?

3, 이 문제가 우리에게는 어떤 의미가 있습니까?

33장
애굽에서 모압까지 인도하신 하나님

첫째 단원(1-49) 애굽에서 모압 평지까지의 노정
둘째 단원(50-56) 가나안 땅에 들어가거든

내용 관찰

33장은, "모세와 아론의 인도로 대오를 갖추어 애굽을 떠난 이스라엘 자손들의 노정은 이러하니라"(1) 하고 시작이 됩니다. 33장의 내용은 애굽을 탈출하여 약속의 땅 가나안이 바라보이는 요단 동편 모압 평지까지 이르도록 진행한 노정기(路程記)입니다. 달려갈 길을 마치려는 모세가 여호와의 명을 따라 여기까지 진행해온 노정을 회상하면서 진술한다는 것은 감개가 무량한 일이었을 것입니다.

가나안에 입성하기까지의 기록이 아니라 바라보이는, "요단 가 모압 평지"까지의 노정기라는데 우리의 생각이 깊어집니다. 왜냐하면 "이 사람들은 다 믿음을 따라 죽었으며 약속을 받지 못하였으되 그것들을 멀리서 보고 환영하며 또 땅에서는 외국인과 나그네임을 증언" (히 11:13)한 기록이기 때문입니다.

출애굽을 할 수 있었던 것은, 유월절에 근거하며(3) 애굽 모든 사람의 목전에서 담대히 나왔다(3, 출 14:8) 하고 진술합니다. 이렇게 출발한 하나님의 백성들은 "여리고 맞은 편 요단강 가 모압 평지" (48)까지 이른 것입니다. 본문에는 "진 쳤고, 진 쳤고, 진 쳤고, 가데스를 떠나 에돔 땅 변경의 호르 산에 진을 쳤더라" (37) 하고, 진을 쳤다는 말이 40번이나 등장합니다.

하나님의 백성들이, "진 쳤고, 진 쳤다"는 말을, "구름이 성막에서 떠오르는 때에는 이스라엘 자손이 곧 행진하였고 구름이 머무는 곳에 이스라엘 자손이 진을 쳤으니" (9:17) 한 말씀과 결부시켜 보십시오. 그들의 발걸음 마다, "여호와의 언약궤가 그 삼일 길에 앞서 가며 그들의 쉴 곳을 찾았고" (10:33) 한, 선두에서 인도하여주신 발걸음이었던 것입니다.

이점을 모세는 죽기 전에 행한 설교에서, "광야에서도 너희가 당하였거니와 사람이 자기의 아들을 안는 것 같이 너희의 하나님 여호와께서 너희가 걸어온 길에서 너희를 안으사 이 곳까지 이르게 하셨느니라(신 1:31), 그는 너희보다 먼저 그 길을 가시며 장막 칠 곳을 찾으시고 밤에는 불로, 낮에는 구름으로 너희가 갈 길을 지시하신 자이시니라" (33) 하고 회상합니다.

그렇습니다. "사십 년 동안을 들에서 기르시되 결핍함이 없게 하시므로 그 옷이 헤어지지 아니하였고 발이 부르트지 아니하였다" (느 9:19-21)

하고 말씀합니다.

여호와께서 이 노정기를 기록하도록(2) 명하신 의도가 무엇일까요? 이 노정기가 영적 출애굽의 행진을 하고 있는 우리들에게는 어떤 의미가 있을까요? 육적 이스라엘을 주릴 때에 만나로 먹이시고, 갈할 때에 생수를 주시며, 사람이 자기 아들을 안음 같이 하나님께서 행로 중에 그들을 안으사 인도하셨음을 확인시켜(신 1:31) 주심으로, 피곤하여 지친 순례자들에게 위로와 용기를 주기 위해서인 것입니다.

사무엘도 "여호와께서 여기까지 우리를 도우셨다 하고 그 이름을 에벤에셀이라"(삼상 7:12) 했습니다. 바울의 "노정기"는 사도행전에 나타나 있습니다. 그는 자신의 일생을 "내가 선한 싸움을 싸우고 달려갈 길을 마치고 믿음을 지켰다" 하고 말하면서, "그러나 나의 나 된 것은 하나님의 은혜로 된 것이라"(고전 15:10) 하고 고백을 합니다. 훗날 우리의 신앙노정을 정리한다면 어떤 기록이 될 것인가?

적용

형제의 노정을 뒤돌아 볼 때에 결코 순탄치만은 아니하였을 것입니다. 그러나 하나님의 도우심과 인도하심으로 여기까지 오게 된 것을 감사하면서 다시 한번 분발합시다. 앞으로 남은 길이 결코 멀지만은 않을 것입니다. 그렇습니다. 우리는 요단 동편에 와 있는 것입니다.

나누어봅시다

1, 3절을 통해서 본 출애굽의 역사를 말씀해 보십시오

2, "진쳤고, 진쳤고"는 결국 누구의 인도하심을 의미합니까?

3, 노정을 기록하게 하신 하나님의 의도가 무엇인가에 대해서,

34장

하나님이 주신 기업의 경계

첫째 단원(1-15) 동서남북의 경계
둘째 단원(16-29) 땅 분배할 자를 지명하심

내용 관찰

34장의 내용은 이스라엘 백성들이 약속의 땅에 들어가서 얻을 땅의 경계와, 이를 분배할 각 지파 대표자들의 명단입니다. 33장은 여기까지 인도하신 노정, 즉 과거(過去)의 행적이요, 34장은 앞으로 얻을 기업, 즉 미래(未來)에 대한 약속입니다.

약속의 땅 지경(地境)은, " 너희 남쪽은 에돔 곁에 접근한 신 광야니(3), 서쪽 경계는 대해가 경계가 되나니, 북쪽 경계는 대해에서부터 호르산까지 그어라(7), 너희의 동쪽 경계는 하살에난에서 그어 스밤에 이르고" (10) 하고, 동서남북의 경계를 말씀하십니다.

"이는 너희가 제비 뽑아 받을 땅이라 여호와께서 이것을 아홉 지파 반쪽에게 주라고 명령하셨나니" (13) 할 뿐, 요단 동편에 눌러 앉은 두 지파 반은 제외되고 있습니다.

이점에서 명심해야 할 점은 하나님께서 지경을 그어주시는 것은 이를 정복하라는 의미가 있다는 점입니다. 하나님께서는 모세가 달려갈 길을 마치기 전에 두 가지 일, 즉 장차 취해야 할 땅의 경계와, 분배를 담당할 자를 지명하는 일을 확실히 해두시려는 것입니다.

그러나 슬프게도 가나안 땅에 들어가서 그들은 허락하신 그 기업을 다 취하지 못했을 뿐만 아니라, 33:50-56절에서 경계하심과 같이 그들을 다 몰아내지 못하고 우상을 깨뜨리지 못함으로, "너희가 만일 그 땅의 원주민을 너희 앞에서 몰아내지 아니하면 너희가 남겨둔 자들이 너희의 눈에 가시와 너희의 옆구리에 찌르는 것이 되어 너희가 거주하는 땅에서 너희를 괴롭게 할 것이라" (33:55) 하신 대로 임하고 말았던 것입니다.

또한 "너희에게 땅을 기업으로 나눌 자의 이름은 이러하니 제사장 엘르아살과 눈의 아들 여호수아" (17)를 총책으로 하여, 각 지파에 한 지휘관 씩 택하라(18) 하시면서 친히 지명을 하십니다.

본문이 신약교회에 어떤 의미가 있는가? "너희는 가서 모든 민족으로 제자를 삼으라" (마 28:19) 하신 말씀으로 인도해 줍니다. 왜냐하면 "모든 민족을 너희 손에 주셨다"는 의미가 되기 때문입니다. 그렇건만 우리는 그들을 취하지 못하고 있는 것은 아닌가?

적용

주님께서 형제에게 그어주신 지경은 어디서부터 어디까지이며, 허락하신 기업 중에서 얼마나 취하고 있습니까?

나누어봅시다

1, 하나님께서 지경을 정해주신 의도에 대해서,

2, 몰아내지 못하면 어떻게 되는가에 대해서(33:55),

3, 본문이 신약교회에 어떤 의미가 있는가에 대해서,

35장
레위인의 48성읍과 도피성

첫째 단원(1-8) 레위인에게 사십 팔 성읍을 주라
둘째 단원(9-34) 그 중에 여섯은 도피성이다

내용 관찰

35장의 중심점은 "레위인의 성읍"에 있고, 핵심은 8번 등장하는" 도피성"에 있습니다. 하나님께서는 "이스라엘 자손에게 명령하여 그들이 받은 기업에서 레위인에게 거주할 성읍들을 주게 하라"(2) 명하십니다. "일 개월 이상으로 계수된 레위인의 모든 남자는 23,000명이었더라"(26:62) 했으니까 결코 적은 수는 아닙니다. 이들에게도 거할 성읍이 필요한데 어찌하여 한 곳에 모여 살게 하지 않고 48성읍에 분산하여 살도록 명하셨는가?

이에 대한 열쇠는 48성읍 중에 "도피성으로 여섯 성읍이요"(6) 한 "도피성"입니다. 도피성을 여섯이나 주신 의도는 도피성이 멀면 보복하려는 자를 피하여 가다가 잡힐 가능성이 많기 때문에 오살자가 도망가기 쉽도록 배려하셨기 때문입니다.

그렇다면 레위인의 48성읍은 무엇을 의미하는가? 12지파 가까이에 레위인이 거주하고 있었다는 것이 됩니다. 12지파로 하여금 레위인의 지도하에 살아가게 하시려는 것이 여호수아 이후 시대의 하나님의 통치체제였던 것입니다. 가나안에 입성한 후에 하나님의 명령은 시행되었습니다(수 20-21장). 그러나 사사기에서 급격하게 타락한 것은 각 처에 심어놓으신 레위인들이 제 사명을 감당하지 못하였기 때문입니다.

그러면 "도피성"은 무엇에 대한 모형인가? 복음이 밝히 드러난 신약성경은, "앞에 있는 소망을 얻으려고 피난처(避難處)를 찾은 우리에게 큰 안위를 받게 하려 하심이라"(히 6:18) 하고, 도피성이 그리스도의 모형임을 말씀해 줍니다. 이점이 도피성에 피한 오살자는 "도피성 지경 밖에"(26) 나가서는 아니 되고, "살인자가 대제사장이 죽기까지 그 도피성에 머물러야 할 것임이라 대제사장이 죽은 후에는 그 살인자가 자기 소유의 땅으로 돌아갈 수 있느니라"(28) 한 말씀을 통해서 나타나고 있습니다. 도피성 안에 머문다는 것은 하나님의 언약 안에 있기 때문에 안전한 것이요, 대제사장이신 그리스도의 죽으심으로 우리의 죄가 대속이 됨으로(33) 자유함을 얻을 수가 있다는 말씀인 것입니다.

이상의 말씀은 신약교회에도 적용이 되는데 주님께서는, "너희는 세상의 빛이라 산 위에 있는 동네가 숨겨지지 못할 것이요"(마 5:14) 하십니다. 세상이 이처럼 암흑한 것은 지구촌 방방곡곡에 흩어져 살아가고 있는 오늘의 레위인들이 빛의 사명을 감당하지 못하기 때문이라 할 수가 있습니다.

또한 도피성을 6개나 주셨는데 오살자가 붙들려 죽는다면 도피성이 가까이에 없었기 때문이 아니라 보수자를 피하여 전심전력으로 도망하지 아니했기 때문이요, 누군가가 죄 값으로 멸망을 당한다면 도피성이 가까이에 없었기 때문이 아니라 "피하면 살리라" 하시는 하나님의 언약을 믿지 아니하였기 때문인 것입니다. 오늘날은 교회가 도피성의 역할을 감당해야 하는 것입니다.

적용

방방곡곡에 심어놓으신 왕 같은 제사장들인 우리는 주변에 빛과 소금의 사명을 감당하고 있습니까?

나누어봅시다

1, 레위인들을 48성읍에 분산하여 살도록 하신 의도에 대해서,

2, 도피성은 누구의 모형인가에 대해서,

3, 도피성을 여섯 성읍이나 주신 의도에 대해서,

36장

하나님이 주신 기업

첫째 단원(1-4) 기업에서 감삭되리이다
둘째 단원(5-13) 기업을 보존하게 되리라

내용 관찰

민수기 마지막 장에 이르렀습니다. 본 장의 내용은 27:1-11절에서 제기되었던 슬로브핫의 딸들과 결부된 문제입니다. 그런데 단순한 반복이 아니라 27장의 중심점은 슬로브핫의 딸들에게도, "기업을 주라"는데 있는 반면, 36장의 중심점은 "그들이 만일 이스라엘 자손의 다른 지파들의 남자들의 아내가 되면 그들의 기업은 우리 조상의 기업에서 떨어져 나가게" (3) 되어 "기업을 지키지 못하게 된다"는데 있습니다.

그러므로 36장의 중심주제는 3번(7, 8, 9)이나 강조되어 있는 "기업을 지키라"는데 있습니다. 그리하여 하나님께서 명하시기를, "슬로브핫의 딸들은 마음대로 시집가려니와 오직 그 조상 지파의 종족에게로만 시집

갈지니 그리하면 이스라엘 자손의 기업이 이 지파에서 저 지파로 옮기지 않고 이스라엘 자손이 다 각기 조상 지파의 기업을 지킬 것이니라"(6-7) 하고 말씀하십니다.

그리하여 민수기는, "슬로브핫의 딸들이 여호와께서 모세에게 명령하신 대로 행하니라(10), 그들이 요셉의 아들 므낫세 자손의 종족 사람의 아내가 되었으므로 그들의 종족 지파에 그들의 기업이 남아 있었더라"(12) 하고 마치고 있습니다.

이상의 말씀이 신약교회에는 어떤 의미가 있는가? 우선적인 우리의 관심은, 시내산을 출발하여 요단 동편 모압 평지, 즉 가나안 문턱까지 인도하심을 보여주는 민수기가 하나님이 주신 "기업을 지키라"는 말씀으로 마치고 있다는데 주목하게 됩니다. 본문은 모두가 13절 밖에 안 되지만 "기업"이라는 말이 16번이나 등장합니다.

이는 "기업"이라는 주제가 그만치 중요함을 나타내면서 첫째로, "기업"은 이미 받은 것이 아니라 약속의 땅에 들어가서 받게 될 미래에 되어질 소망이라는 점입니다. 신약의 성도들에게도, "우리가 소망으로 구원을 얻었으매 보이는 소망이 소망이 아니니 보는 것을 누가 바라리요"(롬 8:24) 한 대로 "기업"은 이미 받은 것이 아니라 소망으로 남아 있다는 점입니다.

문제는 슬로브핫의 딸들 같이 "영원한 기업"을 중요시하고 있는가 하는 점입니다. 에베소서에서는, "찬송하리로다 하나님 곧 우리 주 예수 그리스도의 아버지께서 그리스도 안에서 하늘에 속한 모든 신령한 복을 우리에게 주시되(엡 1:3) 합니다.

둘째는 본문에서 강조되어 있는 "기업을 지킬 것이니라"는 점입니다. 이 말씀의 구속사적 의미는 "나의 영원하신 기업 생명보다 귀하다"는 찬양 대로 성도가 하나님께로부터 받은 기업(영생)은 영원히 빼앗길 수 없는 확고부동한 것임을 의미합니다. 주님께서는 "내가 저희에게 영생을 주노니 영원히 멸망치 아니할 터이요 또 저희를 내 손에서 빼앗을 자가 없느니라" (요 10:28)하고 말씀하십니다.

형제여, 약속하신 대로 영원한 기업은 주어질 것입니다. 그리고 하나님께서 주신 기업은 빼앗기거나 옮겨짐이 없이 영원히 보존되고 누리게 될 것입니다. 이 여러 말로 서로 위로하며 격려하십시다.

적용

에서는 팥죽 한 그릇에 장자의 기업을 팔았습니다. 형제는 자신에게 주신 기업을 얼마나 소중하게 간직하고 있습니까?

나누어봅시다

1, 27장과 36장의 강조점이 어떻게 다른가에 대해서,

2, 기업을 지키라는 구속사적 의미는 무엇인가에 대해서,

3, 민수기가 기업을 지키라는 주제로 끝을 맺고 있--는데 대해서,

4, 민수기를 마치면서 깨달은 점을나누어봅시다

05
신명기

신명기 파노라마

주제 : 마음을 다하고 성품을 다하여 네 하나님을 사랑하라

신명기는 요단강을 건너 약속의 땅에 들어가기 직전(直前) 모압 평지에서 모세가 행한 세 편의 설교로 되어 있습니다. 모세는, "구하옵나니 나를 건너가게 하사 요단 저쪽에 있는 아름다운 땅, 아름다운 산과 레바논을 보게 하옵소서" 하고 간구하였으나, 하나님께서는 "그만 해도 족하니 이 일로 다시 내게 말하지 말라"(3:25-26) 하고, 허락하지 않으셨던 것입니다. 그러므로 신명기는 모세가 죽기 약 두 달 전에 마지막으로 행한 유언과 같은 설교입니다.

두 번째 계수함을 받은 군인(軍人)들은 1차 계수 때에는 들지 못한 어린아이들과, 광야 40년 동안에 새로 태어난 제2세대들입니다. 이들은 하나님께서 친히 강림하셔서 십계명을 주시고 언약을 맺게 하신 시내산 언약(言約)에는 참여하지 못한 자들입니다. 그런데 이들이 가나안을 정복

하고 정착해야 할 주역(主役)들이고, 모세는 떠나야 할 처지에 있는 것입니다. 모세는 이들에게 죽기 전에, 약속의 땅에 들어가서 준행해야 할 하나님께 받은 율례와 법도를 전수(傳授)해주어야 할 필요를 느꼈던 것입니다.

그러므로 신명기 안에는, "네 하나님 여호와께서 네게 기업으로 주사 차지하게 하실 땅에 네가 들어가서 거기에 거주할 때에(26:1), 내가 오늘날 명하는 모든 명령을 너희는 지켜 행하라"(8:1) 하는 말씀이 반복적으로 나옵니다. 이것이 모세가 신명기를 기록하게 된 동기(動機)입니다.

그러면 신명기의 내용은 어떻게 구성이 되어 있는가?

㉠ 첫 번째 설교(1:1–4:43)는, 1세대들이 약속의 땅에 들어가지 못하게 된 원인(原因)을 2세대들에게 알려주어 전철을 밟지 않도록 일깨워주는 내용이고,

㉡ 두 번째 설교(4:44–26:29)는 신명기의 본론(本論)이라 할 수가 있는데, 2세대들이 약속의 땅에 들어가서 준행해야 할 율례와 법도들입니다.

㉢ 그리고 마지막 세 번째 설교(27:1–34:12)는 결론(結論) 부분인데, 2세대들을 하나님의 언약과, 맹세에 참여시키면서, 예언적인 경고와 축복으로 되어 있습니다.

① 첫 번째 설교(1:1-4:43)

㉠ "호렙산에서 세일산을 지나 가데스 바네아까지 열하룻길이었더라"(1:2) 하고 시작(始作)이 됩니다. 그리고 이어지기를, "마흔째 해 열한째 달 그 첫 달 첫째 날"(1:3)에, 모세가 이스라엘 자손들에게 신명기를 말씀하기 시작했다는 것입

니다. 그러니까 1:2절과, 3절 사이에는 38년의 간극(間隙)이 있는 것입니다.

㉡ 그 원인이 어디에 있는가? 가데스 바네아는 12족장을 정탐꾼으로 파송한 곳입니다. 그렇다면 "열하루"면 들어갈 수 있는 것을, 38년이나 광야에서 방황하게 되었다는 말인데 그렇게 된 원인을 2세대들에게 말해주고 있는 것입니다.

㉢ "너희의 조상 아브라함과 이삭과 야곱에게 맹세하여 그들과 그 후손에게 주리라 한 땅이 너희 앞에 있으니 들어가서 그 땅을 차지할지니라"(1:8) 하고 명했으나, "그러나 너희가 올라가기를 원하지 아니하고 너희의 하나님 여호와의 명령을 거역하여 장막 중에서 원망하여 이르기를 여호와께서 우리를 미워하시므로 아모리 족속의 손에 넘겨 멸하시려고 우리를 애굽 땅에서 인도하여 내셨도다"(1:26-27) 하고, 불순종(不順從)했기 때문이라는 것입니다.

민수기에 보면 "한 지휘관을 세우고 애굽으로 돌아가자" (민 14:4) 하고 말하고 있는데, 이는 명백한 반역(叛逆)이었던 것입니다. 결론은 너희는 1세대들처럼 불순종하지 말라는 경계인 것입니다.

② 두 번째 설교(4:44-26:19)

㉠ 2세대들이 약속의 땅에 들어가서 준행해야 할 "율례와 법도"입니다. 가나안은 비어 있는 땅이 아닙니다. 소돔 고모라와 같이 죄악이 가득하여 심판을 당하게 될 땅입니다. 마치 전염병(傳染病)이 창궐하는 지역으로 들어가는 것과 같아서 감염될 위험성이 있었기 때문에, 같은 말씀을 여러 방면으로 반복적으로 강조하고 있는 것을 보게 됩니다.

㉡ 모세는 크게 해야 할 것과 해서는 아니 될 두 가지를 말씀합니다. 행해야할 점

은 한마디로 주님께서 "크고 첫째 되는 계명"이라 하신, "너는 마음을 다하고 뜻을 다하고 힘을 다하여 네 하나님 여호와를 사랑하라"(6:5)는 말씀입니다. 그러므로 두 번째 설교 중에는 "잊지 말라"는 말이 12번, "기억하라"는 말이 15번 이상 등장합니다. "너는 조심하여 너를 애굽 땅 종 되었던 집에서 인도하여 내신 여호와를 잊지 말고"(6:12), "너는 광야에서 (1세대들이) 네 하나님 여호와를 격노하게 하던 일을 잊지 말고 기억하라"(9:7) 하고, 거듭거듭 권면을 합니다.

ⓒ 그러면 해서는 아니 될 치명적(致命的)인 일이 무엇인가? 그것은 한마디로, "너희는 다른 신들 곧 네 사면에 있는 백성의 신들을 따르지 말라"(6:14) 한, 우상을 숭배하지 말라는 말씀입니다. 이 경계가 30회 이상 반복적으로 강조되어 있습니다. 이점에서 분명해야 할 점은 "우상숭배"를 율법하고만 결부시켜서는 아니 된다는 점입니다. 그렇데 한다면 구속사(救贖史)라는 역사가 단절(斷絕)이 되고 맙니다.

하나님은 모세를 통하여 십계명을 주시기에 앞서서 아브라함에게 "메시아언약"을 세워주셨다는 점을 놓쳐서는 아니 됩니다. 그러므로 본문을 점으로 보지 말고 구속사(救贖史)라는 선상(線上)에서 보아야만 한다는 점입니다.

ⓔ 이렇게 볼 때에 우상숭배는 아브라함에게 세워주신 메시아언약에 대한 배신(背信)행위임이 드러나게 되는 것입니다. 하나님은 아브라함의 자손으로 그리스도를 보내셔서 천하 만민이 복(福)을 받게 하시려는데, 저들은 우상을 통해서 복을 받으려 했던 것입니다. 그래서 신약성경은 "탐심은 우상숭배니라" 하고 말씀합니다. 즉 기복신앙은 우상숭배와 같다는 뜻입니다. 이것이 두 번째

설교의 요점입니다.

③ 세 번째 설교(27:1-34:12)

㉠ 2세대들을 하나님께서 세워주신, "언약(言約)과 맹세"에 참여시키는 데 있습니다. 신명기의 핵심이 여기에 있다고 말할 수가 있습니다. 왜냐하면 첫째와, 둘째 설교는 인간이 행해야 할 윤리라 할 수가 있는데 "언약과, 맹세"는 하나님이 세워주신 은혜이기 때문입니다. "언약"이 먼저고 윤리는 뒤따르게 되는 것입니다.

㉡ "호렙에서 이스라엘 자손과 세우신 언약 외에 여호와께서 모세에게 명령하여 모압 땅에서 그들과 세우신 언약의 말씀은 이러하니라"(29:1) 합니다. 모세는 백성들을 소집해놓고, "다 너희의 하나님 여호와 앞에 서 있는 것은 네 하나님 여호와의 언약에 참여하며 또 네 하나님 여호와께서 오늘 네게 하시는 맹세에 참여하기"(29:11-12) 위해서라고 말씀합니다.

④ 이점에서 확고해야 할 점은 "언약(言約)과, 맹세"가, "여호와께서 네게 말씀하신 대로 또 네 조상 아브라함과 이삭과 야곱에게 맹세하신 대로 오늘 너를 세워 자기 백성을 삼으시고 그는 친히 네 하나님이 되시려 함이니라"(29:13) 한, 메시아언약이라는 점입니다. 이 말씀 속에는 중요한 요점 둘이 나타나는데 그것은 "자기 백성과, 맹세"입니다.

㉠ 첫째로 바로의 종이었던 자들이 하나님의 백성이 되는 것이 가능해진 것은 시

내산 율법으로 되어진 것이 아닙니다. 이는 하나님께서 아브라함에게 주권적으로 세워주신 메시아언약 안에서만이 가능해지는 것입니다.

ⓛ 둘째로 "맹세"란 보증(保證)을 의미하는데 율법은 "맹세"로 주어진 것이 아닙니다. 하나님은 아브라함에게 언약을 세워주실 때에, "내가 나를 가리켜 맹세하노니"(창 22:16) 하고 맹세하셨고, 또한 "내가 나의 거룩함으로 한번 다윗에게 맹세하였은즉 다윗에게 거짓을 아니할 것이라"(시 89:35) 하십니다. 그러므로 "언약과, 맹세"는 아브라함과 다윗에게 세워주신 "메시아언약"과 결부되는 것입니다. 그러므로 히브리서에서는 "언약과, 맹세"를 가리켜서 "이 두 가지 변치 못할 사실"(히 6:18)이라고 말씀합니다.

⑤ 이런 맥락에서 신명기는 서두(序頭)에서 "너희의 조상 아브라함과 이삭과 야곱에게 맹세하사" (1:8)로 시작(始作)하여, 마지막 장 결론(結論)에 이르러, "내가 아브라함과 이삭과 야곱에게 맹세하여" (34:4) 하고 마치는, 즉 신명기의 권면이 아브라함에게 세워주신 메시아언약에 근거하고 있다는 점을 유념해야만 합니다.

ⓖ 그리고 그 중간(中間)에서도 "조상에게 맹세" 한 것이라는 말이 무려 30회 정도 등장합니다. 모세는 신명기를 말씀하는 내내 하나님께서 아브라함에게 세워주신 "메시아언약"을 놓치지 아니하고 붙잡고 있는 것입니다. 그리고 하나님께서 아브라함에게 언약하시고 맹세로 보증하여주신 핵심은 가나안이라는 "땅"에 있는 것이 아니라, 그의 자손(子孫)으로 그리스도를 보내주시겠다는 것이 핵심이라는 점입니다.

ⓛ 가나안 땅은 메시아가 탄생하실 장소를 준비하심이었던 것입니다. 모세는 십계명에 근거해서 마지막 유언을 하고 있는 것이 아니라, 아브라함에게 세워주신 메시아언약에 입각해서 권면하고 있는 것입니다.

⑥이런 맥락에서 모세가 2세대들을 "언약과 맹세에 참여"시키려는 목적에는, 신학적(神學的)인 면과 교훈적인 의미가 있는 것입니다.

㉠ 신학적인 면은 2세대들을 아브라함의 언약에 참여시켜 "언약백성"이라는 정체성(正體性)을 확고하게 세워주고자 하는 것이요,

ⓛ 교훈적인 면은 하나님의 백성답게 "율례와 법도"를 준행하라는 것입니다.

⑦ 그러므로 신명기는 동떨어진 " 교훈 집" 이 아니라, ㉠ 창세기에서 열조에게 언약하시고, ⓛ 출애굽기에서 언약하신대로 유월절 어린양의 피로 구속하여 내시고, ⓒ 레위기에서 "구속교리"를 5대 제사(祭祀)와, 3대 절기(節氣)를 들어서 계시해주시고, ⓔ 민수기에서는 시내산을 출발하여 모압 평지까지 인도(引導)하신 구속사(救贖史)의 맥락에서 신명기는 주어진 것입니다.

그리고 이어지는 여호수아서에서 열조에게 언약하신 대로 약속의 땅을 주어 안식(安息)하게 하시는 문맥 안에서 주어진 것이 신명기입니다.

⑧ 이점에서 준행해야 할 "율례와 법도"도 무엇인가 하는 점입니다. "십계명"이라 말하겠습니까? 하나님은 시내산에서 십계명만을 주신 것이 아닙니다. 만일 그렇게 하셨다면 구약의 성도들은 한 사람도 구원(救

援)에 참여할 수가 없었을 것입니다. 왜냐하면, "율법의 행위로 그의 앞에 의롭다함을 얻을 육체가 없느니라" (롬 3:20) 하고 말씀하기 때문입니다.

㉠ 이를 우리들 보다도 잘 아시는 하나님은 "성막 식양"도 주셨던 것입니다. "성막"은 임마누엘의 모형이요, 번제단에서 드려지는 제물은 그리스도께서 단 번에 드려주실 대속 제물에 대한 그림자로 주어진 것입니다. 유월절 어린양의 대속이 아니었다면 바로의 노예에서 구원 얻을 수가 없었을 것이요, 속죄제를 드릴 번제단이 주어지지 않았다면 죄를 해결할 방도가 없었을 것입니다.

㉡ 이점이 "유월절 제사를 네 하나님 여호와께서 네게 주신 각 성에서 드리지 말고 오직 네 하나님 여호와께서 자기의 이름을 두시려고 택하신 곳에서 네가 애굽에서 나오던 시각 곧 초저녁 해 질 때에 유월절 제물을 드리라"(16:5–6) 하시는 말씀에서도 드러납니다.

12장에는 "택하신 곳"이라는 말이 6번이나 강조되어 있습니다. 이는 구원의 근거가 여기 저기 있는 것이 아니라 오직 하나에 있다는 강력한 시사인 것입니다. 그러므로 구약의 성도들이 준행해야 할 "율례와 법도"란 십계명으로 대변이 되는 율법만이 아니라, 성막으로 대변이 되는 제사(祭祀)의식을 바르게 준행하는 일이 포함이 되었던 것입니다. "십계명"이 윤리(倫理)라면, 제사의식은 의문에 가려있는 복음(福音)이었던 것입니다.

㉢ 신구약시대를 막론하고, "다른 이로서는 구원을 얻을 수 없나니 천하 인간에 구원을 얻을 만한 다른 이름을 우리에게 주신 일이 없다"(행 4:12)는 점에 확고해야만 합니다. 다른 점이 있다면 구약의 성도들은 유월절을 지킴으로 앞으로

오실 그리스도를 대망하였고, 신약의 성도들은 성찬을 행하면서 다시 오실 그리스도를 대망(待望)하고 있다는 차이뿐입니다.

㉣ 이런 맥락에서 약속의 땅에 들어가서 준행해야 할 "율례와 법도"는 십계명만이 아니라, 실체(實體)가 오시기까지 메시아언약을 망각하지 않도록 제사제도를 올바로 준행해야 하는 것이 포함이 되어 있었던 것입니다. 그런데 구약교회는 어떻게 되었는가? 남북으로 갈리어 북이스라엘은 앗수르에 의해, 남쪽 유다는 바벨론에 의해서 멸망을 당하고야 말았던 것입니다. 이렇게 된 결정적인 원인은 "윤리"에 있는 것이 아니라, 메시아언약을 우상과 바꿔치기를 한 "우상숭배"에 있었던 것입니다.

⑨ 신명기 마지막 부분에 보면, "내가 그들의 조상들에게 맹세한 바 젖과 꿀이 흐르는 땅으로 그들을 인도하여 들인 후에 그들이 먹어 배부르고 살찌면 돌이켜 다른 신들을 섬기며 나를 멸시하여 내 언약을 어기리니" (31:20) 하고, 저들이 메시아언약을 배신할 것을 하나님은 아시고 계셨던 것입니다.

㉠ 그런데 "심판, 멸망"이 끝이 아니라, "네 하나님 여호와께서 마음을 돌이키시고 너를 긍휼히 여기사 포로에서 돌아오게 하시되 네 하나님 여호와께서 흩으신 그 모든 백성 중에서 너를 모으시리니, 모으실 것이며, 이끄실 것이라, 돌아오게 하사"(30:3, 4, 5) 하고, "돌아오게" 하실 것을 말씀하십니다.

㉡ 심판을 당하고 추방을 당하게 되는 것은 인간의 행위 때문이지만, "돌아오게"

하심은 공로나 자격이 있어서가 아니라 전적인 하나님의 은혜, 다시 말하면 그리스도의 구속으로 말미암아 가능하여진다는 점을 명심하시기 바랍니다.

ⓒ 그러므로 신명기는 구약의 성도들에게는 약속의 땅에 들어가서 살아가는 동안, 메시아언약을 잊지 않고 준행해야 할 "율례와 법도"요, 신약의 성도들에게는 복음을 보수하면서, "우리를 양육하시되 경건하지 않은 것과 이 세상 정욕을 다 버리고 신중함과 의로움과 경건함으로 이 세상에 살고 복스러운 소망과 우리의 크신 하나님 구주 예수 그리스도의 영광이 나타나심을 기다리게 하셨으니"(딛 2:12-13) 한, 주님의 재림 때까지 성별된 삶을 살아야 할 지침들인 것입니다.

⑩ 끝으로 증언해야 할 말씀이 남았습니다. 신명기에서는 그리스도가, "너와 같은 선지자 하나를 일으키리니" (18:18) 하고 모세와 같은 중보자로 계시되어 있습니다. 오순절 성령강림 후에 베드로는 이 약속이 그리스도에게서 성취가 되었음을 증언(행 3:22)하고 있습니다. 그러면 "너와 같은"이라 하시는데 모세와 그리스도는 어떤 점이 같은가? 하나님과 백성 사이의 "중보자"라는 점입니다.

㉠ 그러면 구약교회의 중보자는 모세요, 신약교회의 중보자는 그리스도란 말인가? 아닙니다. 성경은 "하나님은 한 분이시오 또 하나님과 사람 사이에 중보도 한 분이시니 곧 사람이신 그리스도 예수라"(딤전 2:5) 하고, "한 분"이라고 말씀합니다. 모세는 예표의 인물이었던 것입니다.

㉡ 형제는 참 중보자의 자격과 사명이 무엇인지 알고 있습니까? 그것은 죄 값으

로 팔린 자들의 "죄를 대속"해주는 일입니다. 모세는 죄를 깨닫게 하는 "율법"을 주었을 뿐 대속할 수가 없었던 것입니다. 그리하여 모세는 백성들을 약속의 땅으로 들어가게 할 수가 없었고, "예수"를 예표하는 여호수아에게 인도(引導)하고, 구속사의 무대에서 퇴장을 했던 것입니다.

㉢ 죽음을 앞 둔 모세는 "여호와께서 이미 말씀하신 것과 같이 네 하나님 여호와께서 너보다 먼저 건너가사 이 민족들을 네 앞에서 멸하시고 네가 그 땅을 차지하게 할 것이며 여호수아는 네 앞에서 건너갈지라"(31:3) 하고, 하나님을 "네 하나님"이라고 말합니다. 10장에는 "네 하나님"이라는 말이 8번이나 강조되어 있습니다. 모세 자신은 떠나나 모세와 함께 하셨던 하나님은, "네 하나님"이 되셔서 구원계획을 중단함이 없이 이루어나가시리라는 말씀입니다.

묵상해 봅시다.

1, 모세가 신명기를 말씀하게 된 동기는 무엇입니까?

2, 세 편의 설교를 요약해 보십시오.

3, 신명기는 예수 그리스도를 어떻게 증언하고 있습니까?

1장
열 하룻길이었더라

첫째 단원(1–8) 주리라 하신 땅으로 들어가서 얻으라
둘째 단원(9–18) 백성들을 군대조직으로 편성함
셋째 단원(19–33) 무리가 정탐꾼을 보내기를 구함
넷째 단원(34–46) 여호수아 갈렙 외에는 못 들어감

내용 관찰

신명기는 모세가 요단 동편 모압 평지에서 죽기 약 두 달 전에 행한 세 편의 설교로 되어 있습니다. 모세의 첫 번 설교(1:1-4:43)는 광야생활 40년을 회상(回想)하는 내용입니다. 서두를 "호렙산에서 세일산을 지나 가데스 바네아에까지 열 하룻길이었더라"(2) 하고 시작된 설교는, "제 40년 11월 그 달 초 1일에"(3상) 하고, 현재의 시점(時點)으로 이어지고 있습니다.

"가데스 바네아"는 다름 아닌 12정탐꾼을 파송한 곳(19, 민 13:26)인

데, 그렇다면 통상적으로 11일 간이면 들어갈 수 있는 가나안 땅을, 40년을 광야에서 방황했다는 말이 되는 것입니다. 그 원인(原因)이 무엇인가? "내가 너희의 조상 아브라함과 이삭과 야곱에게 맹세하여 그들과 그들의 후손에게 주리라 한 땅이 너희 앞에 있으니 들어가서 그 땅을 차지할지니라"(8) 하였으나 "그러나 너희가 올라가기를 원하지 아니하고 너희의 하나님 여호와의 명령을 거역"(26)했기 때문이라는 것입니다. 하나님이 "주리라" 하셨으면 우리는 믿음으로 "올라가서 얻으면"(21) 되는 것입니다.

그들은 믿음으로 행하지 아니하고 "정탐꾼"(22)을 보내자고 제안했으며 육신의 눈에는 장대한 아낙 자손만 보이고 "너희 앞서 행하시는 너희 하나님 여호와"(30, 32)는 보이지가 않았습니다. "너희보다 먼저 가시는 너희의 하나님 여호와께서 애굽에서 너희를 위하여 너희 목전에서 모든 일을 행하신 것 같이 이제도 너희를 위하여 싸우실 것이며 광야에서도, 사람이 자기의 아들을 안는 것 같이 너희의 하나님 여호와께서 너희가 걸어온 길에서 너희를 안으사 이 곳까지 이르게 하셨느니라"(30-31) 하였으나, 너희가 너희 하나님 여호와를 믿지 아니하였도다(32) 합니다. 도리어 "여호와께서 우리를 미워하시므로 아모리 족속의 손에 넘겨 멸하시려고 우리를 애굽 땅에서 인도하여 내셨도다"(27) 하고 원망하였다는 것입니다.

이에 대해 신약 성경은, "하나님이 사십 년 동안 누구에게 노하셨느냐 그들의 시체가 광야에 엎드러진 범죄한 자들에게가 아니냐 또 하나님이 누구에게 맹세하사 그의 안식에 들어오지 못하리라 하셨느냐 곧 순종하지 아니하던 자들에게가 아니냐" (히 3:18-19) 하고 해설해 주고 있습니다.

신약 성경에는 신명기가 많이 인용되어 있는데(80회 이상) 그들의 실패한 경험이 우리의 거울이 되기 때문입니다. "믿음"과 "순종"은 둘이 아니고 하나임을 명심하십시다. 신앙은 결정적인 순간을 대비해서 필요한 것입니다. 갈렙과 여호수아 외에는 그 관문을 통과한 사람이 없었습니다.

"형제여, 약속의 땅은 약속을 믿는 "믿음의 순종" (롬 16:26)으로만이 들어갈 수 있다는 점을 명심하십시다.

적용

"저희에게 당한 이런 일이 거울이 되고 또한 말세를 만난 우리의 경계로 기록하였느니라" (고전 10:11) 하고 말씀합니다. 거울에 비친 형제의 모습은 어떠합니까?

나누어봅시다

1, 모세가 죽기 전에 3편의 설교를 하게 된 이유에 대해서,

2, 2-3절 사이에 약 40년의 간극이 있는 것에 대해서,

3, 믿음과 순종이 둘이 아니라 하나라는 점에 대해서,

2장
당할 자 없으리라

첫째 단원(1-23) 에서, 모압, 암몬 자손을 괴롭게 말라
둘째 단원(24-37) 아모리 사람 시혼을 네 손에 붙였노니

내용 관찰

1장에서 불과 열 하룻길이면 갈 수 있던 거리를 40년이나 방황하게 된 원인을 회상한 모세는 2장에서, "우리가 방향을 돌려"(1), 즉 회정하였다고 말합니다. "회정"(回程)이란 "전진"(前進)과는 반대되는 말입니다. 믿음은 전진하게 하나 불신앙은 회정하게 만들고 "뒤로 물러가 멸망"(히 10:39)하게 만듭니다.

"우리가 방향을 돌려 여호와께서 내게 명령하신 대로 홍해 길로 광야에 들어가서 여러 날 동안 세일 산을 두루 다녔더니(1), 이제 너희는 일어나서 세렛 시내를 건너가라 하시기로 우리가 세렛 시내를 건넜으니"(13) 하고, 2장은 38년 동안의 방황을 끝내고 가나안을 향해 재차 진군(進軍)

을 명하신 대목을 회상하는 내용입니다.

"가데스 바네아에서 떠나 세렛 시내를 건너기까지 삼십팔 년 동안이라 이 때에는 그 시대의 모든 군인들이 여호와께서 그들에게 맹세하신 대로 진영 중에서 다 멸망하였나니"(14) 합니다. 이는 출애굽 1세대들의 시대는 지나고, 2세대의 시대가 개막이 되었다는 것입니다.

하나님께서는 2세대들이 진행하면서 통과하게 될, "모압을 괴롭히지 말라 그와 싸우지도 말라, 이는 내가 롯 자손에게 아르를 기업으로 주었음이라(9), 암몬 족속에게 가까이 이르거든 그들을 괴롭히지 말고 그들과 다투지도 말라, 이는 내가 그것을 롯 자손에게 기업으로 주었음이라"(19) 하십니다. 무슨 뜻인가?

그들은 "아낙 족속 같이 강하고 많고 키가 큰 르바임"(21) 족속을 물리치고 "하나님이 주신" 기업을 받아 누리고 있는데, 정작 언약백성들은 불신앙으로 말미암아 받아 누리지를 못하고 40년을 방황하다가 죽었다는 것이 되는 것입니다. 이 어찌 통탄할 노릇이 아니겠습니까? 이 말씀은 2세대들을 격동하게 했을 것입니다.

반면 "너희는 일어나 행진하여 아르논 골짜기를 건너라 내가 헤스본 왕 아모리 사람 시혼과 그의 땅을 네 손에 넘겼은즉 이제 더불어 싸워서 그 땅을 차지하라"(24) 하셨다는 것입니다. 그리고 "오늘부터 내가 천하 만민이 너를 무서워하며 너를 두려워하게 하리니 그들이 네 명성을 듣고 떨며 너로 말미암아 근심하리라"(25) 하고 격려하셨다고 증언합니다.

이 말씀을 기록하게 하심은 하나님의 백성들을 각성시키고 격려하시며 용기를 주시기 위해서인 것입니다.

형제여, "오늘부터 내가 천하 만민이 너를 무서워하며 너를 두려워하게 하리니" 하신 말씀에 격려되어 다시 한번 도전하시기를 바랍니다.

적용

형제여 "오늘부터"입니다. 어제를 뒤돌아보지 말고, 내일로 미루지도 마십시오. 오늘부터 다시 한번 도전해 봅시다.

나누어봅시다

1, 불신앙은 진행이 아니라 회정하게 만들었다는 점에 대해서,

2, 모압과 암몬은 하나님이 주신 기업을 받아 누리고 있는데 출애굽 1세대들은 멸망하고 말았다는 점에 대해서,

3, 이 말씀 후에 "오늘부터" 하고, 다시 용기를 주시는 하나님의 격려에 대해서,

3장

시혼과 옥의 의미

첫째 단원(1-11) 바산 왕 옥을 네 손에 붙였으니
둘째 단원(12-20) 그 땅을 두 지파 반에게 줌
셋째 단원(21-28) 건너가게 하사 보게 하옵소서

내용 관찰

3장은 바산 왕 옥을 정복한 것과, "구하옵나니 나를 건너가게 하사 요단 저쪽에 있는 아름다운 땅을 보게 하옵소서"(25) 하고 간구했으나 하나님께서 거절하셨다는 것을 회상하는 내용입니다.

"건너가게" 해달라는 모세의 간구는, "르우벤, 갓, 므낫세 반 지파"가 모압 평지를 자신들의 기업으로 주고 "요단강을 건너가지 않게" 해달라는 요구와 날카롭게 대조되는 것으로 등장합니다.

옥과 시혼을 정복한 것은 1세대들의 "모든 군인이 사망하여 백성 중에서 멸망한 후에"(2:16), 2세대들에게 재도전의 기회를 주신 첫 상대라는 점에서 중요한 의미를 갖습니다. 성경을 상고해 보면 시혼과 옥을 쳐서 물리친 사실에 굉장한 비중(1:4, 4:46-47, 29:7, 시 136:19-20)을 두고 있음을 보게 됩니다. 왜냐하면 이 두 전쟁은 가나안 정복을 위한 전초전으로 주어졌기 때문입니다. 만일 이 두 싸움에서 패배했다면 아낙 자손을 두려워하여 물러갔던 제1세대들이 실패한 전철을 밟고야 말았을 것입니다.

여호수아 2장에서 여호와께서 시혼과 옥에 행한 일을 듣고 온 여리고성이 간담이 녹았다(10-11)는 기록만 보아도 중요성을 짐작할만 합니다. 시혼과 옥은 가나안의 문턱에서 하나님의 구원계획을 무산시키려는 마지막 사탄의 대적이었던 것입니다.

"그 모든 성읍이 높은 성벽으로 둘려 있고 문과 빗장이 있어 견고하며 그 외에 성벽 없는 고을이 심히 많았느니라" (5) 하면서, 옥의 "침상은 철 침상이라, 그것을 사람의 보통 규빗으로 재면 그 길이가 아홉 규빗이요 너비가 네 규빗이니라" (11) 하고, 그 거대함을 설명하고 있는 이유도 여기에 있는 것입니다.

"그 때에 내가 여호수아에게 명령하여 이르기를 너희의 하나님 여호와께서 이 두 왕에게 행하신 모든 일을 네 눈으로 보았거니와 네가 가는 모든 나라에도 여호와께서 이와 같이 행하시리니 너희는 그들을 두려워하지 말라 너희의 하나님 여호와께서 친히 너희를 위하여 싸우시리라" (21-22) 하고 격려했다고 합니다.

이 시점에서 2세대들을 거느리고 가나안을 정복할 사명은 율법의 대표자인 모세의 몫이 아니고, 여호수아(예수)의 사명임이 재천명되고 있습니다. 하나님께서 모세에게, "그만해도 족하니 이 일로 다시 내게 말하지 말라" 하셨다는 것은, "네 사명은 여기까지다" 하는 그런 뜻입니다. "너는 여호수아에게 명령하고 그를 담대하게 하며 그를 강하게 하라 그는 이 백성을 거느리고 건너가서 네가 볼 땅을 그들이 기업으로 얻게 하리라" (28) 하셨다고 회상합니다.

적용

형제에게 있어서 시혼과 옥과의 싸움은 어느 전쟁이었습니까?

나누어봅시다

1, 모세가 회상하고 있는 두 전쟁의 구속사적인 의미에 대해서,

2, 모세의 요구를 거절하시는 구속사적 의미에 대해서,

3, 여호수아가 기업을 얻게 하리라에 대해서,

4장

잊어버릴까 떠날까 하노라

첫째 단원(1–14) 여호와의 명하신 규례와 법도를 지키라
둘째 단원(15–31) 아무 형상의 우상이든지 만들지 말라
셋째 단원(32–49) 상천하지에 다른 신이 없느니라

내용 관찰

본문은 1차 설교(1:5-4:43)의 결론에 해당합니다. 그런데 4장을 관찰해 보면 인간의 책임을 말하기에 앞서서 먼저 하나님께서 행해주신 은총을 상기시켜 주고 있다는 점입니다. 질문 형식으로 상기시키고 있는데,

우리가 그에게 기도할 때마다 우리에게 가까이 하심과 같이 그 신이 가까이 함을 얻은 큰 나라가 어디 있느냐?(7),

, 오늘 내가 너희에게 선포하는 이 율법과 같이 그 규례와 법도가 공의로운 큰 나라가 어디 있느냐?(8),

, 하나님이 사람을 세상에 창조하신 날부터 지금까지 지나간 날을 상고

하여 보라 하늘 이 끝에서 저 끝까지 이런 큰 일이 있었느냐 이런 일을 들은 적이 있었느냐?(32),

, 어떤 국민이 불 가운데에서 말씀하시는 하나님의 음성을 너처럼 듣고 생존하였느냐?(33),

, 어떤 신이 와서 시험과 이적과 기사와 전쟁과 강한 손과 편 팔과 크게 두려운 일로 한 민족을 다른 민족에게서 인도하여 낸 일이 있느냐?(34) 하고 상기시킵니다.

결론은, "여호와께서 네 조상들을 사랑하신 고로 그 후손인 너를 택하시고 큰 권능으로 친히 인도하여 애굽에서 나오게 하시며 너보다 강대한 여러 민족을 네 앞에서 쫓아내고 너를 그들의 땅으로 인도하여 들여서 그것을 네게 기업으로 주려 하심이 오늘과 같으니라(37-38), 그런즉 너는 오늘 위로 하늘에나 아래로 땅에 오직 여호와는 하나님이시요 다른 신이 없는 줄을 알아 명심하고 오늘 내가 네게 명령하는 여호와의 규례와 명령을 지키라 너와 네 후손이 복을 받아 네 하나님 여호와께서 네게 주시는 땅에서 한 없이 오래 살리라" (39-40) 하고 말씀합니다.

우리가 믿는 하나님은 "언약" (13, 23, 31)의 하나님이십니다. 그러므로 "음성" (12, 22, 26) 곧 말씀이 주어졌을뿐 형상은 보지 못하였노라고 말씀합니다. 그런데 어찌 하여 우상숭배에 빠지게 되는가? 언약의 말씀만으로는 만족하지 못하고 "형상" (12, 15, 16, 23, 25)을 만들어 경배하려는 불신앙 때문인 것입니다.

"만일 스스로 부패하여 무슨 형상의 우상이든지 조각하여 네 하나님 여호와 앞에 악을 행함으로 그의 노를 일으키면 내가 오늘 천지를 불러 증거를 삼노니 너희가 요단을 건너가서 얻는 땅에서 속히 망할 것이라 너희가 거기서 너희의 날이 길지 못하고 전멸될 것이니라" (25-26) 하고 경고합니다.

슬프게도 이 예언적인 경고는 그대로 역사적인 사실이 되고 말았던 것입니다.

적용

하나님의 언약(성경)을 붙잡고 그 음성(선포되는 말씀) 준행하기를 사모합시다. "너희는 지켜 행하라", 그리하면 불신자들이 이를 보고, "이르기를 이 큰 나라 사람은 과연 지혜와 지식이 있는 백성이로다 하리라" (6) 한 말씀을 명심하십시다.

나누어봅시다

1, 하나님께서 이스라엘에 행해주신 일들에 대해서,

2, 우상을 숭배하게 되는 원인에 대해서,

3, "이 큰 나라 사람은 과연 지혜와 지식이 있는 백성이로다" 하리라에 대해서,

5장

너희 하나님 여호와로라

첫째 단원(1–5상) 열조와 세우신 것이 아닌 우리와 세우신 언약
둘째 단원(5하–21) 십계명에 대한 재해석
셋째 단원(22–33) 하나님과 인간 사이의 중보자의 필요성

내용 관찰

본문으로부터 시작하여 26장까지는 모세가 행한 두 번째 설교로 신명기의 본론에 해당이 됩니다. 신명기에 나타난 시제(時制)를 보면, 1장부터 3장까지는 "그 때에"(1:9, 16, 3:12, 18) 라는 과거시제로 되어 있고, 4장에 이르러서는 "이제 내가 너희에게 가르치는"(4:1) 하고, 현재시제로 바뀌고 있는 것을 대하게 됩니다. 그리하여 5장부터는 제2세대들이 약속의 땅에 들어가서 준행하면 복을 받고, 거역하면 화를 당하게 될 미래(未來)에 되어질 내용들로 되어 있습니다.

두 번째 설교는 새로운 것이 아니라 십계명에 대한 해설이라 할 수가 있

는데 왜냐하면 2세대들이 시내산 언약에 참여하지 못했기 때문입니다. "모세가 온 이스라엘을 불러 그들에게 이르되 이스라엘아 오늘 내가 너희의 귀에 말하는 규례와 법도를 듣고 그것을 배우며 지켜 행하라" (1) 하고 권면합니다. "듣고, 배우며, 지켜, 행하라"는 네 단어는 하나님의 말씀에 대한 인간의 반응이 어떠해야 하는가에 대한 원리로, 이 네 단어는 신명기의 요약이라고 말해도 과언이 아닙니다.

이는 신약교회에도 그대로 적용이 되는데 주님께서도, "내가 너희에게 분부한 모든 것을 가르쳐 지키게 하라" (마 28:20) 분부하시고, 계시록에서는 "이 예언의 말씀을 읽는 자와 듣는 자와 그 가운데에 기록한 것을 지키는 자는 복이 있나니 때가 가까움이라(계 1:3) 하십니다.

그런데 모세는, "이 언약은 여호와께서 우리 조상들과 세우신 것이 아니요 오늘 여기 살아 있는 우리 곧 우리와 세우신 것이라" (3), 즉 옛날이야기가 아니라 "지금, 여기, 우리"에게 하시는 말씀이라는 뜻입니다. 하나님께서는 성경을 통해서 오늘도 우리에게 말씀하십니다.

"나는 너를 애굽 땅, 종 되었던 집에서 인도하여 낸 네 하나님 여호와라" (6) 하신 말씀은 십계명의 서론(출 20:2)인데, 이는 하나님의 백성들이 어찌하여 율례와 법도를 지켜야만 하는가에 대한 명제입니다. 계명을 지킴으로 구원(백성)을 얻는 것이 아니라, 하나님의 백성이 되었기 때문에 하나님의 백성답게 살아가게 하기 위해서 준행해야 한다는 말씀입니다.

그러므로 십계명은 폭군이 노예에게 굴종을 강요하는 그런 조약이 아니라 노예되었던 자를 구속하여 자기 백성으로 삼으신 하나님의 사랑의 법인 것입니다.

십계명은 크게, 하나님 사랑(1-4)과 이웃 사랑(5-10), 두 부분으로 되어 있습니다. 형제는 10계명의 정신이 무엇인지 아십니까? "네 이웃의 아내를 탐내지 말지니라"(21) 한 "탐심", 즉 마음인 것입니다.

그러므로 신명기에는 "마음"이 강조되어 있는데 주님께서, "이 백성이 입술로는 나를 공경하되 마음은 내게서 멀도다"(마 15:8) 하신 말씀은 우리의 심장을 찌르는 말씀인 것입니다.

십계명의 해설 중 주목하게 되는 것은, "너는 기억하라 네가 애굽 땅에서 종이 되었더니 네 하나님 여호와가 강한 손과 편 팔로 거기서 너를 인도하여 내었나니 그러므로 네 하나님 여호와가 네게 명령하여 안식일을 지키라 하느니라"(15) 하고, "안식일 준수를, 바로의 종"되었던 것과 결부시키고 있다는 점입니다. 왜냐하면 세상에 죄가 들어오자 "안식"은 깨어지고 사탄의 노예가 되었기 때문입니다.

왜 안식일을 준수해야 하는가? 영적 출애굽, 즉 우리에게 안식(安息)을 주실 그리스도를 대망(待望)케 하기 위해서라는 것입니다. 그러니까 안식일을 범하는 자는 메시아언약을 믿지 않는 자라는 뜻이 되는 것입니다. 이는 놀라운 통찰력입니다.

적용

주님께서는, "내 멍에는 쉽고 내 짐은 가벼움이라"(마 11:30) 하십니다. 우리의 반응은 사랑의 순종이 있을 뿐입니다.

나누어봅시다

1, 모세가 십계명을 재강론하는 의도에 대해서,

2, 하나님의 계명에 대한 인간의 네 가지 응답에 대해서,

3, 안식일 준수와 출애굽을 결부시키고 있는데 대해서,

6장
쉐마

첫째 단원(1-9) 힘을 다하여 하나님을 사랑하라
둘째 단원(10-19) 애굽에서 인도하여 내신 여호와를 잊지 말라
셋째 단원(20-25) 후일에 이 규례와 법도가 무엇이뇨 하거든

내용 관찰

6장의 중심점은, "이스라엘아 들으라 우리 하나님 여호와는 오직 유일한 여호와이시니 너는 마음을 다하고 뜻을 다하고 힘을 다하여 네 하나님 여호와를 사랑하라" (4-5)는 말씀에 있습니다. 이는 2세대들이 약속의 땅에 들어가서 지켜야 할 율례와 법도를 한마디로 요약한 말씀이라 해도 과언이 아닙니다. 주님께서도 이것이 크고 첫째 되는 계명이라 말씀하셨습니다.

유대인들은 이를(4-5) 쉐마라 하여 "너는 또 그것을 네 손목에 매어 기호를 삼으며 네 미간에 붙여 표로 삼고 또 네 집 문설주와 바깥 문에 기록

할지니라" (8-9) 하신 대로, 철저하게 지키노라 했지만 정작 그 뜻을 받드는 데는 실패하고 형식적(形式的)이고 외식(外飾)적이 되고 말았던 것입니다.

본문에서 강조하고 있는 "사랑"이라는 주제를 구속사적으로 보게 되면, "사랑은 여기 있으니 우리가 하나님을 사랑한 것이 아니요 하나님이 우리를 사랑하사 우리 죄를 속하기 위하여 화목제물로 그 아들을 보내셨음이라" (요일 4:10) 하고, 하나님께서 먼저 우리를 사랑하셨다고 말씀하십니다. 배은망덕한 우리를 위해서 독생자까지 아끼시지 않고 십자가에 내어주셨다면 하나님께서는 남겨놓으신 사랑이란 없는 것입니다. 그렇다면 하나님께서 먼저 우리를, "마음을 다하고 뜻을 다하고 힘을 다하여" 사랑하셨다는 것이 되는 것입니다.

그러므로 하나님께 향한 우리의 사랑이 변질이 되면, "너희의 하나님 여호와는 질투하시는 하나님" (15)이라 하시는 것입니다. 사랑에 대한 보답은 오직 사랑뿐입니다. "사랑하는 자들아 하나님이 이같이 우리를 사랑하셨은즉 우리도 서로 사랑하는 것이 마땅하도다" (요일 4:11) 합니다.

형제는 출애굽한 사람의 총 수가 몇 명이나 된다고 생각하십니까? 어떤 분은 수억 명은 된다고 말합니다. 왜냐하면 "후일에 네 아들이 네게 묻기를 우리 하나님 여호와께서 명령하신 증거와 규례와 법도가 무슨 뜻이냐 하거든 너는 네 아들에게 이르기를 우리가 옛적에 애굽에서 바로의 종이 되었더니 여호와께서 권능의 손으로 우리를 애굽에서 인도하여 내셨나니" (20-21) 하고 대답하라고 말씀하기 때문입니다.

20-25절의 인칭 대명사는 모두가 "우리"로 되어있으며, 14번이나 강조되어 있다는 점을 유념하시기 바랍니다. "여호와께서 우리의 목전에서 크고 두려운 이적과 기사를 애굽과 바로와 그의 온 집에 베푸시고 우리 조상들에게 맹세하신 땅을 우리에게 주어 들어가게 하시려고 우리를 거기서 인도하여 내시고" (22-23) 합니다.

그러므로 "여호와께서 우리에게 이 모든 규례를 지키라 명령하셨으니 이는 우리가 우리 하나님 여호와를 경외하여 항상 복을 누리게 하기 위하심이며 또 여호와께서 우리를 오늘과 같이 살게 하려 하심이라 우리가 그 명령하신 대로 이 모든 명령을 우리 하나님 여호와 앞에서 삼가 지키면 그것이 곧 우리의 의로움이니라" (24-25) 하고, 자녀들에게 가르치라고 말씀합니다.

이처럼 하나님의 말씀에 자신을 일치시키고 나에게 적용하는 것이 중요합니다. 왜 규례와 법도를 지키라 명하십니까? 그러하면 네가 "복을 받고(3, 18), 복을 누리게 하기 위함" (24)이라 말씀합니다. 복을 받는 자는 많으나 누리는 자는 많지 못합니다. 선민 이스라엘도 그러했던 것입니다. 형제는 하나님께서 허락하신 복을 누리게 되기를 바랍니다.

적용

하나님께서 우리를 사랑하심과 같이 우리도 하나님을 사랑하십시다. 그 억만분의 일이라도 말입니다.

나누어봅시다

1, 마음에 새겨야 할 첫째 되는 계명에 대해서,

2, 하나님께서 남김이 없이 먼저 우리를 사랑하셨다는 점에 대해서,

3, 14번이나 등장하는 "우리"라는 공동체 의식에 대해서,

7장

하나님의 성민

첫째 단원(1–5) 가나안 족속에게 동화되지 말라
둘째 단원(6–16) 너는 여호와 네 하나님의 성민이라
셋째 단원(17–26) 너희 하나님 여호와가 너희 중에 계심이라

내용 관찰

제2세대들은 불원간 가나안 땅에 입성하게 됩니다. 그러나 그 땅은 비어있는 땅이 아니라 죄악이 가득 찬 일곱 족속들이 살고 있었습니다. 이스라엘은 그들의 음란과 우상숭배에 섞이고 물들 위험이 있었던 것입니다. 그래서 7장의 경계는 그들과 언약도 말고 통혼도 말고(2-3) 진멸하라고 명하십니다. 본문에는 "그들을 진멸하라" (2, 16, 23, 24)는 말씀이 강조되어 있습니다.

이를 잔인한 살상행위로 여겨서는 아니 됩니다. 혹자는 사랑의 하나님께서 어떻게 이렇게 하실 수가 있으실까 의아해하면서 구약의 하나님과

신약의 하나님이 다른 하나님이라고까지 말하기도 합니다. 아닙니다. 하나님은 일찍이 아브라함에게 가나안 땅을 4백년 후에야 주시겠다고 말씀하셨는데, 왜냐하면 “이는 (가나안의 대표적인) 아모리 족속의 죄악이 아직 가득 차지 아니했기” (창 15:16) 때문이라 하셨습니다. 그러므로 저들이 진멸을 당하게 된 것은 노아 홍수와, 소돔 고모라의 유황불과 같은 심판이었던 것입니다. 주님의 재림의 날에도 진멸 당하는 일이 일어날 것인데 이를 불의하다 하겠는가?

그러므로 명심할 점은 심판은 가나안 원주민들에게만 해당이 되는 것이 아니라, “너는 가증한 것을 네 집에 들이지 말라 너도 그것과 같이 진멸 당할까 하노라 너는 그것을 멀리하며 심히 미워하라 그것은 진멸 당할 것임이니라” (26) 하고 경고하신다는 점입니다.

그러므로 “너는 여호와 네 하나님의 성민이라 네 하나님 여호와께서 지상 만민 중에서 너를 자기 기업의 백성으로 택하셨나니” (6) 합니다. 그러면 이스라엘을 성민으로 택하신 목적이 무엇인가? 성민을 통해서 그리스도를 보내셔서 천하 만민을 구원하시기 위해서인 것입니다. 그러므로 본장 안에는 “네 조상에게 맹세하신 언약”이라는 말이 3번(8, 12, 13)이나 강조되어 있습니다.

성민이란 구별됨을 의미하는데, 만일 그들과 타협하기에 이르면 “올무” (16, 25)가 된다 경고하십니다. 그러나 구별됨을 망각하고 보전하지 못했다가 훗날 이스라엘도 바벨론에 의해서 심판을 당하고야 말았던 것입니다.

7장의 핵심은, "너는 그들을 두려워하지 말라 너희의 하나님 여호와 곧 크고 두려운 하나님이 너희 중에 계심이니라" (21)는 말씀입니다. 그러므로 대적이 나보다 많다(17)고, "두려워하지 말고", 정작 "두려운 하나님"을 경외함으로 섬겨야 하는 것입니다.

적용

지금 형제는 "택하신 족속이요 왕 같은 제사장이요 거룩한 나라요 소유된 백성"답게 구별된 삶을 살고 있습니까? 아니면 세속에 물들어 있지는 아니합니까?

나누어봅시다

1, 가나안 족속이 심판을 당한 이유가 무엇인가에 대해서,

2, 이스라엘을 성민으로 삼으신 의도에 대해서,

3, "크고 두려운 하나님이 너희 중에 계심이니라"에 대해서,

8장

하나님의 훈련 계획

첫째 단원(1–10) 광야 40년은 하나님의 훈련기간
둘째 단원(11–20) 잊어버리지 않도록 삼갈 지어다

내용 관찰

8장의 키워드는 "너를 나추시며" 입니다. "낮추시며" 라는 말이 3번(2, 3, 16)이나 강조되어 있습니다. 하나님의 백성들이 40년간이나 광야를 방황하게 된 것은 불순종의 대가(代價)이기도 했지만 하나님은 이를 선용하셔서, "네 하나님 여호와께서 이 40년 동안에 네게 광야 길을 걷게 하신 것을 기억하라 이는 너를 낮추시며 너를 시험하사 네 마음이 어떠한지 그 명령을 지키는지 지키지 않는지 알려 하심이라" (2) 하고, 백성을 훈련하시려는 기간이었다고 말씀합니다.

사탄의 미혹은 "너를 높이는데" 있습니다. "너희가 그것을 먹는 날에는 너희 눈이 밝아 하나님과 같이 되리라" (창 3:5), 이것이 마귀의 유혹이었습니다. 그 후로 인간은 자기중심적이 되었고 하나님 앞에서 자기를 높여 "자, 성과 대를 쌓아 대 꼭대기를 하늘에 닿게 하여 우리 이름을 내자" (창 11:4) 하고, 바벨탑을 쌓기 시작했던 것입니다. "네 마음이 교만하여 네 하나님 여호와를 잊어버릴까 염려하노라" (14) 하십니다.

우리에게 어떤 시련과 고난이 닥쳐오면 그것은 우리의 연약과 죄 값으로 당하는 것이지만, 하나님께서는 이를 하나님만을 의뢰하게 하는 훈련 기간으로 삼으신다는 것입니다. "너를 낮추시며 너를 주리게 하시며 또 너도 알지 못하며 네 조상들도 알지 못하던 만나를 네게 먹이신 것은 사람이 떡으로만 사는 것이 아니요 여호와의 입에서 나오는 모든 말씀으로 사는 줄을 네가 알게 하려 하심이니라" (3) 하십니다.

이 말씀은 주님께서, "돌들로 떡덩이가 되게 하라" (마 4:3)는 사탄의 유혹을 물리칠 때에 사용하신 말씀입니다. 본문을 유의해 보면 "네게 먹이신 것은" (3)한 먹는 문제와, "네 의복이 해어지지 아니하였고" (4)한 입는 문제와, 아름다운 집을 짓고 거하게 되며 (12)한 거주 문제, 즉 의식주(衣食住) 문제를 하나님께서 책임져 주심을 말씀해 주고 있습니다.

그러므로 의식주 문제를 하나님께 의탁하고, "여호와의 입에서 나오는 모든 말씀으로 사는" (3) 법을 배워야만 하는 것입니다. 이렇게 훈련하심은 "마침내 네게 복을 주려 하심이었느니라" (16) 하십니다.

이렇게 행해주시는 근거가 어디에 있는가? "네 조상들에게 맹세하신 언약을 오늘과 같이 이루려 하심이니라" (18) 합니다. "진멸" 받아 마땅한 죄인들을 위해서 아브라함에게 메시아언약을 세워주시고 이를 지켜

주시는 선하시고 신실하신 하나님을 찬양하십시다.

적용

형제는 지금 높여지고 있습니까? 낮추심을 당하고 있습니까?

나누어봅시다

1, 40년의 징벌이 낮추시기 위한 하나님의 훈련 기간이었다는 점에 대해서,

2, 망각하지 말아야 할 조상들에게 세워주신 언약에 대해서,

3, 8장에서 언급하고 있는 의식주 문제에 대해서,

9장

언약과 맹세를 이루려 하심이라

첫째 단원(1-6) 너의 의로움을 인함이라 여기지 말라
둘째 단원(7-29) 여호와를 격노케 하던 일을 기억하라

내용 관찰

9장에는 두 가지 경계가 나옵니다. 이 두 가지 경계는 그리스도의 재림의 날까지 모든 하나님의 백성들에게 동일하게 적용되는 경계임으로 명심해할 점입니다. 첫째는 "네가 오늘 요단을 건너 너보다 강대한 나라들로 들어가서 그것을 차지하리니 그 성읍들은 크고 성벽은 하늘에 닿았으며 크고 많은 백성은 네가 아는 아낙 자손이라 그에 대한 말을 네가 들었나니 이르기를 누가 아낙 자손을 능히 당하리요" (1-2) 하는, 두려움입니다.

"네 하나님 여호와께서 맹렬한 불과 같이 네 앞에 나아가신즉 여호와께서 그들을 멸하사 네 앞에 엎드러지게 하시리니" (3), 그래서 두려워하지 말라 하십니다.

둘째는, "네 하나님 여호와께서 그들을 네 앞에서 쫓아내신 후에 네가 심중에 이르기를 내 공의로움으로 말미암아 여호와께서 나를 이 땅으로 인도하여 들여서 그것을 차지하게 하셨다 하지 말라 이 민족들이 악함으로 말미암아 여호와께서 그들을 네 앞에서 쫓아내심이니라" (4) 한, 자신을 내세우는 자랑입니다.

"네 공의로움으로 말미암음"이 아니라는 점이 3번(4, 5, 6) 강조되고 있습니다. 오히려 "너는 목이 곧은 백성이니라" (6) 하십니다. 그 대표적인 예로 금송아지 우상을 만들어 섬기던 일(7-21)과, 가데스 바네아에서 10 족장의 악평으로 불순종했던 일(22-29)을 들고 있습니다. 그렇다면 하나님께서는 이처럼 목이 곧은 백성들을 어찌하여 가나안 땅에 들어가게 하시는가?

"네 조상 아브라함과 이삭과 야곱에게 하신 맹세를 이루려 하심이니라" (5) 하십니다. "맹세와 언약"이 동의어로 사용되고 있는데 신명기에만 28회나 나옵니다. 하나님은 언약하시고 맹세하신 바를 반드시 지켜주시는 신실하신 하나님이신데 인간은, "그의 언약에 성실치 아니하였음이로다" (시 78:37) 하고 말씀합니다.

이것이 하나님을 가장 슬프시게 해 드리는(시 78:40) 일입니다. 신실하신 하나님께 성실하게 보답하십시다. 그리고 두 가지 경계, 즉 제 힘으로 하는 양 두려워하지 말고, 내 능력으로 한 양 자랑하지도 맙시다. 영광을 받으시기에 합당하신 분은 오직 하나님이십니다.

적용

형제는 영적인 싸움에 있어서 두 가지 경계 중에 어느 편이 보다 취약하다고 여겨지십니까? 두려워함은 불신이요, 자랑함은 교만입니다.

나누어봅시다

1, 9장에 나타난 두 가지 경계에 대해서,

2, 이스라엘 백성이 목이 곧은 백성이라는 두 가지 증거에 대해서,

3, 그럼에도 불구하고 약속의 땅으로 인도하시는 이유에 대해서,

10장

하나님이 요구하시는 것

첫째 단원(1-11) 두 번째 돌판의 구속사적 의미
둘째 단원(12-22) 마음을 다하여 여호와를 경외하라

내용 관찰

10장은 크게 두 부분으로 나누어지는데 앞부분(1-11)은, 9장에서 언급한 금송아지 우상을 숭배한 패역으로 인하여 깨져버린 십계명의 돌판을 다시 받게 된 것을 회상하는 내용이고, 뒷부분(12-22)은, 그렇다면 "네 하나님 여호와께서 네게 요구(要求)하시는 것이 무엇인가" (12) 하는 점을 말씀합니다.

먼저 "그 때에 여호와께서 내게 이르시기를 너는 처음과 같은 두 돌판을 다듬어 가지고 산에 올라 내게로 나아오고 또 나무궤 하나를 만들라" (1) 하셨는데, "내게 명령하신 대로 그 판을 내가 만든 궤에 넣었더니 지금까지 있느니라" (5) 합니다.

첫째 돌판이 깨졌다는 것은 자력구원의 불가능성의 증거요, 둘째 돌판을 주신 것은 법 없는 자가 되지 말고 하나님의 백성답게 살아가게 하기 위해서인 것입니다.

둘째 단원은, "이스라엘아 네 하나님 여호와께서 네게 요구하시는 것이 무엇이냐" 하면서, "곧 네 하나님 여호와를 경외하여 그의 모든 도를 행하고 그를 사랑하며 마음을 다하고 뜻을 다하여 네 하나님 여호와를 섬기고 내가 오늘 네 행복을 위하여 네게 명하는 여호와의 명령과 규례를 지킬 것이 아니냐" (12-13) 하십니다.

이렇게 행해야 하는 바른 동기가 무엇인가? "그는 네 찬송이시요 네 하나님이시라 네 눈으로 본 이같이 크고 두려운 일을 너를 위하여 행하셨느니라 애굽에 내려간 네 조상들이 겨우 70인이었으나 이제는 네 하나님 여호와께서 너를 하늘의 별 같이 많게 하셨느니라" (21-22) 하고, 애굽 바로의 종되었던 자들을 구속하여 자기 백성을 삼아주신 점을 들고 있습니다.

그러므로 의문으로 섬기던 율법시대에도 의식(儀式)만 행하면 되는 것이 아니라 이점에서, "그러므로 너희는 마음에 할례를 행하라" (16) 하는 말씀을 듣게 된다는 것은 혁명적인 말씀인 것입니다. "할례는 마음에 할지니" (롬 2:29) 한 것은 의문이 아닌 영에 속한 말씀이요, 구약의 하나님과 신약의 하나님은 동일하게 마음을 요구하시는 하나님이시라는 점을 나타냅니다.

우리에게 요구하시는 것도 주님께서 요약하여 주신대로 두 가지인데 첫째는, "하나님 사랑" (12)이고, 둘째는 "고아와 과부를 위하여 정의를 행하시며 나그네를 사랑하여 그에게 떡과 옷을 주시나니 너희는 나그네를 사랑하라 전에 너희도 애굽 땅에서 나그네 되었음이니라" (18-19) 한, "이웃 사랑"입니다.

적용

하나님 사랑과 이웃 사랑 중 어느 것이 더 어렵습니까? 하나님 사랑은 입으로만 할 수도 있으나 이웃 사랑은 행함이 따라야 합니다. 하나님 사랑과 이웃 사랑은 둘이 아니라 하나입니다.

나누어봅시다

1, 하나님께서 요구하시는 첫째가 무엇입니까?

2, 하나님께서 요구하시는 둘째가 무엇입니까?

3, 이렇게 행해야 하는 근거와 바른 동기는 무엇입니까?

11장

여호와께서 권고하시는 땅

첫째 단원(1-7) 여호와의 행하신 큰일을 기억하라
둘째 단원(8-17) 여호와께서 권고하시는 땅
셋째 단원(18-25) 이 말을 마음에 두고 자녀에게 가르치라
넷째 단원(26-32) 그리심산의 축복과 에발산의 저주

내용 관찰

11장은 "그런즉 네 하나님 여호와를 사랑하여 그가 주신 책무와 법도와 규례와 명령을 항상 지키라"(1) 하고 시작이 됩니다. 이는 10장에서 "여호와께서 네게 요구(要求)하는 것이 무엇이냐, 그를 사랑하며"(10:12) 한 주제에 대한 계속임을 나타냅니다. 첫째 되는 계명은, "네 하나님 여호와를 사랑하라(1), 너희의 하나님 여호와를 사랑하여 마음을 다하고 뜻을 다하여 섬기면"(13) 한, 하나님 사랑입니다.

어찌하여 하나님을 사랑하고 명령을 청종해야만 하는가? "너희가 오

늘날 기억할 것은"(2) 하고 그 근거와 동기를, "애굽에서 그 왕 바로와 그 전국에 행하신 이적과 기사"(3), 즉 출애굽 사건에 두고 있다는 점을 유념해야만 합니다. 하나님께서 구약교회에 행해주신 최대의 사건은 유월절 어린양의 피로 구속하여 하나님의 백성으로 삼아주신 "출애굽" 사건인 것입니다.

이 동기가 신약의 성도들에게는, "하나님이 세상을 이처럼 사랑하사 독생자를주셨으니"(요 3:16) 한, 자기 아들을 화목제물로 삼으셔서 우리를 자녀 삼아주신 일입니다. 사랑에 대한 응답은 사랑입니다. 그래서 하나님을 사랑하고 명령을 청종해야만 하는 것입니다.

"네가 들어가 차지하려 하는 땅은 네가 나온 애굽 땅과 같지 아니하니, 거기에서는 너희가 파종한 후에 발로 물 대기를 채소밭에 댐과 같이 하였거니와"(10) 하는데, "발로 물을 댄다"는 것은 인간의 수단과 방법으로 살아가는 것을 나타냅니다. "너희가 건너가서 차지할 땅은 산과 골짜기가 있어서 하늘에서 내리는 비를 흡수하는 땅이요"(11) 하는데, 이는 하나님의 은혜로 살아간다는 점을 나타냅니다. 그래서 "네 하나님 여호와께서 돌보아 주시는 땅이라 연초부터 연말까지 네 하나님 여호와의 눈이 항상 그 위에 있느니라"(12) 하는 것입니다.

유념해야 할 점은, "내가 오늘 복과 저주를 너희 앞에 두나니"(26) 한 점입니다. 하나님의 말씀에는 "복과, 저주"로 가르는 기능이 있다는 점을 명심해야만 합니다. 즉 말씀이 선포되는 현장에서 "구원과 멸망"으로 갈라지는 역사(役事)가 일어난다는 말씀입니다.

그러므로 가나안 땅에 들어가서, "너는 그리심 산에서 축복을 선포하고 에발 산에서 저주를 선포하라" (29) 하십니다. 이점을 27:12-13절에서 거듭 말씀합니다. 그런데 여호수아서에 보면 가나안 땅에 들어가서 저주가 선포되는, "에발 산에 한 제단을 쌓았다" (수 8:30) 하고 말씀합니다.

어찌하여 저주가 선포되는 에발산에 번제단을 쌓았는가? 율법의 행위로 의롭다함을 얻을 자가 없다면 우리는 모두 다 저주 아래 있는 자들입니다. 그런데 신약성경은, "그리스도께서 우리를 위하여 저주를 받은바 되사 율법의 저주에서 우리를 속량하셨다" (갈 3:13) 하고 해설해줍니다. 이에 대한 우리의 보답은 오직 하나님을 사랑하는 일이라는 점을 명심하십시다.

적용

하나님이 해와 비를 악인과 선인에게 차별 없이 비취시고 내려주시나, 특별은총은 사랑하는 자녀들에게만 주십니다. 형제는 어느 편에 더 관심이 있습니까? 형제의 교회와 가정에도, "연초부터 연말까지 여호와의 눈이 항상 그 위에" 있게 되시기를 기원합니다.

나누어봅시다

1, 우리가 하나님을 사랑해야 할 근거와 동기가 어디에 있는가에 대해서,

2, 우리 앞에 제시 된 두 길은 무엇이며, 저주가 선포되는 에발산에 쌓

은 번제단에 대해서,

3, "연초부터 연말까지 여호와의 눈이 항상 그 위에 있느니라"

12장

하나님 앞에서 즐거워할 예배

첫째 단원(1-14) 택하신 곳에서 예배를 드린 후에 먹고 즐거워하라
둘째 단원(15-32) 피는 먹지 말고, 여호와의 단에 드릴 것이라

내용 관찰

12장은, "네 조상의 하나님 여호와께서 네게 주셔서 차지하게 하신 땅에서 너희가 평생에 지켜 행할 규례와 법도는 이러하니라" (1) 하고 시작이 되는데, 크게 3가지로 요약이 됩니다. 첫째는 저들이 섬기던, "그 제단을 헐며 주상을 깨뜨리며 아세라 상을 불사르고 또 그 조각한 신상들을 찍어 그 이름을 그 곳에서 멸하라" (3) 하십니다.

둘째로 "너는 삼가서 네게 보이는 아무 곳에서나 번제를 드리지 말고 오직 너희의 한 지파 중에 여호와께서 택하실 그 곳에서 번제를 드리라" (13-14) 하십니다.

셋째는 "원하는 대로 가축을 잡아 그 고기를 먹을 수 있나니 (15), 오직

그 피는 먹지 말고 물 같이 땅에 쏟을 것이며”(16) 하십니다.

왜냐하면 “네가 번제를 드릴 때에는 그 고기와 피를 네 하나님 여호와의 제단에 드릴 것이요 네 제물의 피는 네 하나님 여호와의 제단 위에 붓고 그 고기는 먹을지니라”(27), 즉 “피는 여호와의 제단에 부어 드릴” 것임으로 먹지 말라 하십니다.

이 세 가지 요점은 결국 하나의 진리를 나타내고 있는데, 본문에는 “택하실 곳”이라는 말이 6번(5, 11, 14, 18, 21, 26)이나 강조되어 있는데 자기 이름을 두시려고 택하신 곳(5)이 어디입니까? 성막, 성전이 있는 곳입니다. 성막은 예수 그리스도께서 임마누엘 하실 참 것의 그림자요, 번제를 “택하신 곳”에 가서 드리라 하심은 구원은 여기 저기에 있는 것이 아니라, 오직 우리의 대속제물이 되어 주실 그리스도의 십자가에 있다는 점을 예표적으로 증언하고 있는 것입니다.

이점이 “그 피는 먹지 말라” 하고 3번(16, 23, 25)이나 강조하면서 “네 제물의 피는 네 하나님 여호와의 제단 위에 붓고 그 고기는 먹을지니라”(27) 하는 말씀에 나타나는데, 주님의 대속의 피가 부어짐으로 우리가 구원을 얻게 된 것입니다.

그러므로 예배가 축제로 묘사되어 있는데, “여호와 앞에서 먹고, 너희의 가족이 즐거워할지니라, 너희 자녀와 노비와 함께 너희 하나님 여호와 앞에서 즐거워할 것이요”(7, 12, 18) 하십니다.

예수 그리스도는 우리의 화평이신지라 둘로 하나를 만드사 중간에 막힌 담을 자기 육체로 허셨습니다(엡2: 14). 사람과 하나님 사이의 담을 허셔서 화목하게 하셨으며, 유대인과 이방인, 남자와 여자, 상전과 종 사이의 담을 허셨습니다. 그러므로 하나님 앞에 함께 나아갈 수 있게 되었으며 함께 교제하며 함께 즐거워할 수 있게 된 것입니다.

이 말씀은 궁극적으로 "다른 이로써는 구원을 받을 수 없나니 천하 사람 중에 구원을 받을 만한 다른 이름을 우리에게 주신 일이 없음이니라" (행 4:12)하신 구원의 유일한 근거인 갈보리 십자가로 인도해 줍니다.

적용

우리는 예배 시에 ①"하나님 여호와 앞에서 ②먹고, ③가족과 자녀와 노비와 레위인과, ④함께 즐거워할 것이요"의 요소들을 누리고 있는지 점검해 보아야 하겠습니다.

나누어봅시다

1, 택하신 곳에서 번제를 드리라 하시는 구속사적 의미에 대해서,

2, "피"는 여호와의 제단에 부으라는 의미에 대해서,

3, 예배 시에 먹고 누려야 할 즐거움에 대해서,

13장

거짓 선지자와 이단에 대한 경계

첫째 단원(1–11) 이적과 기사가 이룰지라도 청종하지 말라

둘째 단원(12–18) 너희 중에서 미혹을 당한 성읍을 제거하라

내용 관찰

13장은 "선지자, 꿈꾸는 자(1), 타락한 성읍" (12)에 대한 경계입니다. "선지자, 꿈꾸는 자"란 거짓선지자 개인을 가리키나, "한 성읍이 미혹이 되었다" 한 것은, 이단에 속한 집단(集團)을 가리킨다 하겠습니다. 이제까지는 주로 가나안 원주민을 통한 외부(外部)로부터 침입하는 누룩으로 인한 타락과 부패를 경계하는 교훈이었습니다.

그런데 13장은 "너희 중에 선지자나 꿈 꾸는 자가 일어나서 이적과 기사를 네게 보이고" (1) 하고, 내부(內部)에서 일어나게 될 이단사상에 대한 경계입니다. 첫째로 1-5절까지는 거짓선지자의 유혹에 관한 경계인

데, "그가 네게 말한 그 이적과 기사가 이루어지고", 그리하여 "너희가 알지 못하던 다른 신들을 우리가 따라 섬기자고 말할지라도 너는 그 선지자나 꿈 꾸는 자의 말을 청종하지 말라" (2-3) 하십니다.

둘째로 6-11절은 "네 어머니의 아들 곧 네 형제나 네 자녀나 네 품의 아내나 너와 생명을 함께 하는 친구가 가만히 너를 꾀어 이르기를" (6) 한, 가까운 가족을 통한 유혹인데, "너는 그를 따르지 말며 듣지 말며 긍휼히 여기지 말며 애석히 여기지 말며 덮어 숨기지 말고 너는 용서 없이 그를 죽이라" (8-9) 하십니다. 왜냐하면 "그는 애굽 땅 종 되었던 집에서 너를 인도하여 내신 네 하나님 여호와에게서 너를 꾀어 떠나게 하려 한 자" (10), 즉 복음을 배반케 하려는 자이기 때문이라는 것입니다.

셋째로 12-18절에서는 이단의 집단(集團)에 대한 경계인데, "너는 마땅히 그 성읍 주민을 칼날로 죽이고 그 성읍과 그 가운데에 거주하는 모든 것과 그 가축을 칼날로 진멸하라" (15) 하십니다. 왜냐하면 적은 누룩이 온 덩이에 퍼지지 못하도록 하기 위해서인 것입니다.

비진리를 말하는 거짓선지자, 일가친척, 이단의 집단에 대한 경계가 얼마나 단호하고 엄한가를 보십시오. 구약시대에는 그 방지책이 육적으로 시행되었으나 신약시대에는 영적으로 시행된다는 점이 다를 뿐입니다.

어찌하여 이단을 허용하시는가? "이는 너희의 하나님 여호와께서 너희가 마음을 다하고 뜻을 다하여 너희의 하나님 여호와를 사랑하는 여부를 알려 하사 너희를 시험하심이니라" (3하) 하십니다.

사람은 예나 지금이나 이적과 기사와 신비주의적인 경향에 약합니다.

그것은 단적으로 하나님의 언약에 대한 불성실을 의미합니다. 믿음의 근거를 기사와 이적 같은 체험적인 것에 둔다는 것은 위험천만한 일입니다. 어디에 두어야 하는가? 조상들에게 언약하시고 약속하신 대로, "애굽 땅 종 되었던 집에서 속량하여" (5) 내신 "언약"을 믿는데 두어야 하는 것입니다.

그래서 12장에서는 "너는 삼가서 네게 보이는 아무 곳에서나 번제를 드리지 말고 오직 여호와께서 택하실 그 곳에서 번제를 드리라" (12:13-14) 명하셨던 것입니다.

사랑의 사도라는 요한까지도, "누구든지 이 교훈을 가지지 않고 너희에게 나아가거든 그를 집에 들이지도 말고 인사도 하지 말라 그에게 인사하는 자는 그 악한 일에 참여하는 자임이라" (요이 1:10-11) 합니다. 우리는 이 세 방면의 가능성을 그 어느 때보다도 더 경계하여야 할 시대에 살고 있습니다.

적용

본문은 이 시대에 더욱 절실합니다. "그가 네게 말한 그 이적과 기사가 이루어진다" 해도 미혹되지 말라 하시는데, 얼마나 많은 사람들이 미혹되고 있습니까? 그 책임이 "언약"에 굳게 세워주지 못한 지도자에게도 있다는 점을 각성하십니다.

나누어봅시다

1, 내부적으로 일어나게 될 세 방면의 미혹이 무엇인지에 대해서,

2, 그들을 죽이라(출교) 하시는 이유가 무엇인지에 대해서,

3, 이단을 허용하시는 하나님의 의도에 대해서,

14장
하나님의 자녀들이 누릴 축복

첫째 단원(1-21) 성민이 먹을 것과 먹지 말아야 할 것
둘째 단원(22-26) 복을 누리며 하나님 경외를 배우는 축제
셋째 단원(27-29) 주신 복을 나누라

내용 관찰

14장의 중심점은, "너희는 너희 하나님 여호와의 자녀라(1), 너는 너의 하나님 여호와의 성민(聖民)이라"(2, 21)는 말씀에 있습니다. 1-2절은 명제와 같은 말씀으로 권면하기에 앞서서 먼저 저들의 변화된 신분과 지위가 무엇인가 하는 정체성(正體性)을 일깨워주고 있습니다. 여기에는 특권만이 있는 것이 아니라 책임이 따르게 된다는 점을 명심해야만 합니다.

14장은 크게 세 부분으로 나누어지는데 첫 부분(3-21)에서, "너는 가증한 것은 무엇이든지 먹지 말라"(3) 하고, 성민으로써의 성별 된 삶을 살아가기 위해서, "먹을 것과 먹지 말아야 할 것"을 말씀하고, 둘째 부분(22-

26)에서는 "너는 마땅히 매 년 토지 소산의 십일조를 드릴 것이며" (22) 하고, 성민으로써 감당해야 할 의무를 말씀하고, 셋째 부분에서는 "그리하면 네 하나님 여호와께서 네 손으로 하는 범사에 복을 주시리라" (29) 한 축복으로 되어 있습니다.

"먹을 만한 것과 먹지 못할 것들의 규례"는 당시의 문화적인 관습에서 하신 말씀인데, 이방인들과의 구별된 성민의 삶을 살아가는데 도움이 되겠기에 금하신 것으로 여겨집니다. 이점이 "너희는 너희의 하나님 여호와의 성민이라 스스로 죽은 모든 것은 먹지 말 것이나" (21) 한 말씀에 나타납니다.

둘째 부분에서는, "너는 마땅히 매 년 토지 소산의 십일조를 드릴 것이며" (22) 하시는데, "드리라" 하시는 것만이 아니라, "네 하나님 여호와 앞 곧 여호와께서 그의 이름을 두시려고 택하신 곳에서 네 곡식과 포도주와 기름의 십일조를 먹으며 또 네 소와 양의 처음 난 것을 먹고 네 하나님 여호와 경외하기를 항상 배울 것이니라" (3) 하고, "십일조를 먹으라" 하신다는 점입니다. 참으로 좋으신 하나님이십니다.

"네 마음에 원하는 모든 것을 그 돈으로 사되 소나 양이나 포도주나 독주 등 네 마음에 원하는 모든 것을 구하고 거기 네 하나님 여호와 앞에서 너와 네 권속이 함께 먹고 즐거워할 것이며" (26) 하고, "먹고 즐거워하라" 하십니다. 본문에도 "택하신 곳"이라는 말이 23절, 24절에 등장하면서, "먹으라"는 말씀이 강조되어 있는데, 예배란 여호와 앞에 나아가서 하나님을 경외하며 온 성도가 함께 나누면서 즐거워하는 것입니다. "포도주와 독주"라는 말씀이 나오는데 이사야 선지자도 "포도주와 젖"(사 55:1)을 먹으라 말씀합니다. 예배 시간에 촐촐한 사람을 보면 안타깝습니다. 은혜가 충만해서 마치 새 술에 취한 사람같이 여호와를 경외하며 즐거워합시다. 이는 하나님의 자녀, 하나님의 성민만이 누리는 축복인 것입니다.

적용

여호와 경외함이 없는 즐거움과, 즐거움이 없는 예배가 있을 수 있습니다. 형제의 예배는 어떠합니까?

나누어봅시다

1, 하나님의 자녀, 성민의 특권과 책임에 대해서,

2, 예배의 두 가지 중요한 요소가 무엇인지에 대해서,

3, "먹고 즐거워하라"(26)는 말씀에 대해나누어봅시다

15장

여호와께서 너를 속하셨음을 기억하라

첫째 단원(1–11) 이 해는 여호와의 면제년이라
둘째 단원(12–18) 종을 놓아 자유케 할 것이요
셋째 단원(19–23) 초태생을 구별하여 드리라

내용 관찰

15장의 중심점은, "매 칠 년 끝에는 면제하라"(1) 하신, "면제년의 규례"입니다. "면제"라는 말이 5번(1, 2, 2, 3, 9) 등장하는데 면제(免除)에는 크게 두 가지가 있습니다. 첫째는, "그의 이웃에게 꾸어준 모든 채주는 그것을 면제하고"(2) 한, 채무를 면제해주는 일이고, 둘째는 "네 동족 히브리 남자나 히브리 여자가 네게 팔렸다 하자 만일 여섯 해 동안 너를 섬겼거든 일곱째 해에 너는 그를 놓아 자유롭게 할 것이요"(12) 한, 종을 자유하게 하는 일입니다.

왜 이렇게 해야만 하는가? "너는 애굽 땅에서 종 되었던 것과 네 하나님 여호와께서 너를 속량하셨음을 기억하라 그것으로 말미암아 내가 오늘 이같이 네게 명령하노라" (15) 하고, 그 근거를 유월절 어린양의 피로 "너를 속량하여 주셨기" 때문이라는 것입니다.

그러므로 "7년 끝에는 면제하라" 하신, "안식년"의 주제를 구속사라는 넓은 지평으로 보면, "인자는 안식일에도 주인이니라" (막 2:28) 하신, 그리스도께서 이루어주실 "속량, 안식, 자유", 즉 복음을 예표하는 것입니다. 주님께서는 우리의 빚을 대신 담당하시고 우리를 죄의 포로에서 자유하게 해주셨던 것입니다. 그러므로 채무로 팔린 자와 관련된 핵심 단어는 "너는 그를 놓아 자유케 할 것이요" (12, 13, 18) 한 "자유"입니다.

이런 구속의 은총이 이어지는 말씀에도 나타나는데, "종이 만일 너와 네 집을 사랑하므로 너와 동거하기를 좋게 여겨 네게 향하여 내가 주인을 떠나지 아니하겠노라 하거든 송곳을 가져다가 그의 귀를 문에 대고 뚫으라 그리하면 그가 영구히 네 종이 되리라" (16-17) 하신 특이한 규례를 통해서도 암시적으로 나타나고 있습니다.

우리 주님은 "내가 상전(아버지 하나님)과 내 처자를 사랑하니 나가서 자유인이 되지 않겠노라" (출 21:5) 하시고, 자원하여 십자가에 못을 박히셨던 것입니다. "면제하라"는 주제를 주님의 비유를 들어서 설명을 한다면 네가 일만 달란트 빚을 면제 받았으니 백 데나리온 진 형제의 빚도 면제해주라는 말씀이 됩니다.

가난한 자와 관련해서는, "땅에는 언제든지 가난한 자가 그치지 아니하겠으므로 내가 네게 명령하여 이르노니 너는 반드시 네 땅 안에 네 형제 중 곤란한 자와 궁핍한 자에게 네 손을 펼지니라” (11) 하시는데, “넉넉히(8), 아끼는 마음 없이” (10) 주라고 말씀합니다.

그리하면 “네가 반드시 복을 받으리니(5), 네게 복을 주시리니(6), 모든 일에 네게 복을 주시리라(10), 그리하면 네 하나님 여호와께서 네 범사에 네게 복을 주시리라” (18) 하십니다.

적용

15장의 내용은 1차적으로는 이웃에게 행하라 하신 규례입니다. 그런데 이 규례는 우리의 죄 값을 자기 아들의 대속을 통해서 면제해주실 복음으로 인도해주고 있습니다. 이 은혜를 입었기에 사도 바울은, “내가 모든 사람에게서 자유로우나 스스로 모든 사람에게 종이 된 것은 더 많은 사람을 얻고자 함이라” (고전 9:19) 하고, 자원하여 “뚫린 귀”가 되었던 것입니다. 형제의 느낌과 결단은 무엇입니까?

나누어봅시다

1, 면제해 주어야 할 두 가지가 무엇인가에 대해서,

2, 면제해 주어야 할 근거가 어디에 있는가에 대해서,

3, 자원하여 자신의 귀가 뚫린 종에 대해서,

16장

3대 절기의 구속사적인 의미

첫째 단원(1–8) 여호와의 유월절 예식을 행하라
둘째 단원(9–12) 여호와 앞에 칠칠절을 지키라
셋째 단원(13–22) 추수를 마친 후에 초막절을 지키라

내용 관찰

16장의 중심점은 유월절(1-8), 칠칠절(9-12), 초막절(13-17절) 등 3대 절기를 지키라는 말씀에 있습니다. 모세는 신명기에서 새로운 말씀을 하고 있는 것이 아닙니다. 1세대들에게 전했던 말씀을 듣지 못한 2세대들에게 계승시켜주고 있는 것입니다. 3대 절기를 통해서 말씀하시려는 바는 하나님의 구원계획의 3단계를 계시하시려는 것인데,

첫째로, 유월절 어린양은, 세상 죄를 지고 가는 하나님의 어린양으로써 그리스도께서 죽임을 당하실(고전 5:7) 것에 대한 예표입니다. 그러므로

"유월절 제사를 네 하나님 여호와께서 네게 주신 각 성에서 드리지 말고 오직 네 하나님 여호와께서 자기의 이름을 두시려고 택하신 곳에서 드리라" 하고 5번(2, 6, 7, 11, 15, 16)이나 강조되어 있습니다. 택하신 곳이 어디고, 그곳에 가면 누구를 만날 수 있는가? 이는 구원의 근거가 오직 갈보리 십자가에만 있음을 나타냅니다.

둘째로 "칠칠절" 곧 오순절은 첫 열매를 요제로 드린(레 23:10-11) 후 50일째 되는 날에 지키는 절기인데, 첫 열매는 예수 그리스도께서 유월절 어린양으로 죽임을 당하셨다가 "죽은 자 가운데서 다시 살아 잠자는 자들의 첫 열매"(고전 15:20)가 되실 것을 예표하고, 주님의 부활하심으로부터 50일째 되는 날 성령께서 강림하심으로 오순절은 성취가 된 것입니다.

셋째로 "초막절"은 항상 맨 나중에 언급하고 있는데 초막절 끝 날을 "곧 큰 날"(요 7:37)이라고 하는 것은 그 날에 광야 생활을 청산하고 그리던 약속의 땅에 입성하게 되기 때문입니다. 이 예표는 예수 그리스도의 재림으로 성취가 될 것으로 지금 우리들은 광야와 같은 세상을 지나며 초막에 거하는 나그네 정신으로 살아가야 하는 것으로 적용이 됩니다.

3대 절기를 통한 구원계시는 하나님께서 자기 아들을 통해서 이루어주실 하나님의 행사요, 그렇다면 우리가 행해야 할 일은 무엇인가? 유월절과 관련해서는 "고난의 떡을 먹으라"(3) 하십니다. 이는 우선적으로, "내 살을 먹고 내 피를 마시라" 하신 복음을 받아먹어야 할 것을 의미한다 하겠습니다.

오순절과 관련해서는, "자원하는 예물을 드리라"(10), 즉 즐거이 헌신(獻身)하라 하시는데 이는 오순절 성령강림 후에 행하라는 말씀입니다. 그러므로 유월절과 관련해서는 "드리라, 즐거워하라"는 언급이 전연 없고 오직 고난의 떡을 받아먹으라 하실 뿐입니다. 그렇습니다. "드리는, 일은 성령이 강림하신 이후에 되어질 일이요, 먼저 은혜를 받아 먹어야 하는 것입니다.

그런데 초막절과 관련해서는, "절기를 지킬 때에는 너와 네 자녀와 노비와 네 성중에 거주하는 레위인과 객과 고아와 과부가 함께 즐거워하되(14), 너는 온전히 즐거워할지니라"(15) 하십니다. 기뻐 뛰며 주를 보게 될 것이기 때문입니다.

이처럼 3대 절기는 예수 그리스도께서 이루어 놓으신 구속사역을, 성령강림으로 전파하고, 주님의 재림으로 완성되는 구원의 3대 단계를 계시해주는 절묘한 예표인 것입니다. 이를 망각하지 않게 하시려고 1년 3차 택하신 곳에 가서 지키라 하신 것입니다.

적용

우리는 유월절을 잊지 않도록 "기억"(3, 12)하면서, 오순절의 성령강림으로 헌신의 삶을 살면서, 주님 재림하실 때까지 초막절의 정신으로 살아야 하겠습니다.

나누어봅시다

1, 3대 절기의 구속사적 의미에 대해서,

2, 유월절, 오순절, 초막절에 우리가 해야 할 일이 어떻게 다른가에 대해서,

3, 창세기 22:2절과 신명기 16:6절의 상통하는 의미에 대해서,

17장

너희는 하나님의 언약백성이다

첫째 단원(1-7) 언약을 어긴 우상숭배 자를 제거하라
둘째 단원(8-13) 제사장의 판결에 불복하는 자는 제거하라
셋째 단원(14-20) 왕의 제도에 대한 규례

내용 관찰

17장도 2세대들이 약속의 땅에 들어가서 준행해야 할 규례들인데 세 가지 주제에 대해 말씀합니다. 첫째는 "하나님 여호와의 목전에 악을 행하여 그 언약을 어기고 가서 다른 신들을 섬겨 그것에게 절하며 내가 명령하지 아니한 일월성신에게 절한다 하자"(2-3) 한, 우상숭배(2-7)에 대한 경계입니다. "두 사람이나 세 사람의 증언으로 죽일 것이요"(6) 하는데, 이렇게 하는 이유는 "이와 같이 하여 너희 중에서 악을 제할지니라"(7) 합니다.

둘째는, "네 성중에서 서로 피를 흘렸거나 다투었거나 구타하였거나

서로 간에 고소하여 네가 판결하기 어려운 일이 생기거든(8), 레위 사람 제사장과 당시 재판장에게 나아가서 물으라" (9) 하는, 송사에 대한 규례입니다. "사람이 만일 무법하게 행하고 네 하나님 여호와 앞에 서서 섬기는 제사장이나 재판장에게 듣지 아니하거든 그 사람을 죽이라" (12) 합니다. 이렇게 하여, "이스라엘 중에서 악을 제하여 버리라 그리하면 온 백성이 듣고 두려워하여 다시는 무법하게 행하지 아니하리라" (13) 합니다.

셋째로, "만일 우리도 우리 주위의 모든 민족들 같이 우리 위에 왕을 세워야겠다는 생각이 나거든" (14) 하는 "왕의 제도" (14-20)인데, 피해야 할 일들과(15-17), 행해야 할 일들을(18-20) 말씀합니다. 피하여야 할 일들로는, "그에게 아내를 많이 두어 그의 마음이 미혹되게 하지 말 것이며 자기를 위하여 은금을 많이 쌓지 말 것이니라" (17) 합니다.

평생토록 명심해야 할 일은, "그가 왕위에 오르거든 이 율법서의 등사본을 레위 사람 제사장 앞에서 책에 기록하여 평생에 자기 옆에 두고 읽어 그의 하나님 여호와 경외하기를 배우며 이 율법의 모든 말과 이 규례를 지켜 행할 것이라" (18-19) 합니다.

그러나 훗날 솔로몬 왕은 이 경계를 무시하였다가 그 지혜는 어두워졌고 하나님을 떠나는 타락의 결과를 가져왔습니다.

적용

"우상"에 대한 경계는 복음 보수로, 송사는 권징으로, 왕에 대한 경계는 "왕 같은 제사장들"인 우리에게도 적실성이 있는 것입니다.

나누어봅시다

1, "죽이라"는 엄한 경계에 대해서

2, "너는 이와 같이 하여 너희 중에서 악을 제할지니라"는 점에 대해서,

3, 왕 된 자의 평생에 행할 일에 대해서,

18장

나 같은 선지자를 세우시리라

첫째 단원(1–8) 제사장과 레위 지파에 대한 규례

둘째 단원(9–22) 네 형제 중에서 한 선지자를 일으키리라

내용 관찰

18장은 제사장과 레위지파에 관한 말씀인데, "여호와께서 그들의 기업이 되신다"(2) 하시면서, "제사장이 백성에게서 받을 몫은 이러하니(3), 네가 처음 거둔 곡식과 포도주와 기름과 네가 처음 깎은 양털을 네가 그에게 줄 것이니"(4) 하고, 헌신자의 생활을 책임져주실 것을 말씀하십니다.

18장의 핵심은, "네 형제 중에서 너를 위하여 나와 같은 선지자 하나를 일으키시리니"(15) 한, "한 선지자"에 있습니다. 오순절 성령 강림 후에 베드로 사도는 이 예언이 그리스도로 성취가 되었음(행 3:22-23)을 증언합니다.

이 말씀을 문맥적(文脈的)으로 볼 때에 의미가 더욱 분명해지는데, 17:14-20절에서는 "왕"(王)에 대해 말씀하고, 18:1-8절에서는 "제사장"(祭司長)에 대해 말씀하고, 15-22절에서는 "선지자"(先知者)에 대해서 말씀하는 문맥인데, "왕, 제사장, 선지자"를 가리켜서 메시아적 사명이라고 말합니다.

18장의 구조를 보면 "한 선지자"를 중심으로 앞에서는, "네 하나님 여호와께서 네게 주시는 땅에 들어가거든 너는 그 민족들의 가증한 행위를 본받지 말라"(9) 하시는데 이는, "한 선지자"이신 그리스도만 청종하라는 것이 되고,

뒤에서는, "만일 어떤 선지자가 내가 전하라고 명령하지 아니한 말을 제 마음대로 내 이름으로 전하든지 다른 신들의 이름으로 말하면 그 선지자는 죽임을 당하리라"(20) 하고 거짓 선지자에 대해 경고 하시는데 오직, "그리스도"가 전하신 복음만 들으라는 구조입니다.

그런데 어찌하여 "나 같은 선지자", 즉 모세와 같은 선지자라 하는가? 첫째는 하나님과 백성 사이의 중보자라는 뜻에서요, 둘째는 출애굽이 영접 출애굽의 예표이기 때문입니다. 이점이, "또한 모세는 장래에 말할 것을 증언하기 위하여 하나님의 온 집에서 종으로서 신실하였고"(히 3:5) 한 말씀에서도 나타납니다. 이는 놀라운 말씀인데, "장래에 말할 것"이 무엇인가? 그리스도를 통한 영적 출애굽입니다. 모세는 이를 예표적으로 보여주기 위해서 세움을 받은 자라는 뜻입니다.

그러면 중보자가 구약교회와, 신약교회의 중보자 둘이란 말인가? 성경

은, "하나님은 한 분이시요 또 하나님과 사람 사이에 중보자도 한 분이시니 곧 사람이신 그리스도 예수라" 합니다. 진정한 중보자란, "그가 모든 사람을 위하여 자기를 대속물로 주셨으니"(딤전 2:5-6) 한, 백성의 죄를 대신 책임을 지는 자입니다. 그러나 "율법은 모세로 말미암아 주신 것이요 은혜와 진리는 예수 그리스도로 말미암아 온 것이라"(요 1:17), 즉 모세는 정죄하는 율법을 주었을 뿐이요, 그리스도는 백성의 죄를 대속하심으로 유일한 중보자가 되셨던 것입니다.

그런데 어찌하여 "네 형제 중에서"라 말씀하는가? 이는 중보자가 되시기 위해서 우리와 같은 인간의 몸을 입고 우리 중에 오셔서 우리를 "형제라 부르시기를 부끄러워 아니하시고"(히 2:11), "하나님의 일에 자비하고 신실한 대제사장이 되어 백성의 죄를 속량하여"(히 2:17) 주셨기 때문입니다.

"너희는 그의 말을 들을지니라" 하십니다. 하나님께서는 "이는 내 사랑하는 아들이요 내 기뻐하는 자니 너희는 저의 말을 들으라"(마 17:5) 하십니다. 그래도 "듣지 아니하는 자는 내게 벌을 받을 것이요"(19), 즉 멸망이라 하십니다.

적용

이제는 형제가 왕이요 제사장이요 선지자입니다. 주님께서 이루어 놓으신 복음 진리를 가감이 없이 전해서 듣게 해야 할 사명이 있습니다.

나누어봅시다

1, 모세가 "나 같은 선지자"라 한 두 가지 의미에 대해서,

2, "네 형제 중에서" 한 의미에 대해서,

3, 구약시대의 "왕, 제사장, 선지자"가 메시아적 사명이라는 점에 대해서,

19장

도피하여 생명을 보존하라

첫째 단원(1-14) 성읍을 구분하고 도로를 닦으라

둘째 단원(15-21) 참 증인과 거짓 증인의 규례

내용 관찰

19장의 중심점은 도피성입니다. 도피성에 대한 규례는 하나님께서 민수기 35장에서 친히 말씀하신 바요, 모세가 죽기 전에 본문을 통해서 전해주는 바요, 약속의 땅에 입성하여 여호수아가 명하신 대로 준행(수 20장)한 중요한 진리입니다.

약속의 땅에 들어가서 거할 때에 그 땅에서 악은 제해야(13, 19) 마땅하나, "본래 원한이 없이 부지중에 그의 이웃을 죽였을 경우(4), 이런 사람은 그 (도피)성읍 중 하나로 도피하여 생명을 보존할 것이니라"(5) 하십니다. 여기서 불쌍한 한 생명을 돌아보시는, "하나님의 인자와 엄위"(롬 11:22)를 대하게 됩니다.

이런 맥락에서 도피성 제도의 핵심은 안전이 보장되어 있다는 점입니다. 도피성에 들어온 자는 결코 해할 수가 없는 것입니다. 형제가 도피성을 향해 달려가고 있는 자라고 생각해 보십시오. 우선 거리가 너무 멀면 낙담하고 포기하게 될 것이요, 도피성에 이르는 길이 너무 험하고 찾기가 어려워도 그러할 것입니다.

그래서 하나님께서는, "그 가는 길이 멀면 그를 따라 잡아 죽일까 하노라 그러므로 내가 네게 명령하기를 세 성읍을 너를 위하여 구별하라 하노라" (6-7) 하고, 요단 이편에 셋, 저편에 셋 도합 6개(수 20:7-8)를 주셨던 것입니다.

또한 도피하기 용이하게, "길을 닦고 모든 살인자를 그 성읍으로 도피하게 하라" (3) 하십니다. 그리고 여호수아서에 보면 도피성은 멀리서도 바라볼 수 있는 "산지" (山地), 즉 고원지대였습니다.

도피성의 구속사적 의미가 무엇인가? 신약성경은 해설해주기를, "앞에 있는 소망을 얻으려고 피난처(도피성)를 찾은 우리에게 큰 안위를 받게 하려 하심이라" (히 6:18) 하고, 예수 그리스도를 믿는 자는 도피성 안에 있음과 같아서 "큰 안위", 즉 안전함과 위안을 얻게 된다고 말씀합니다.

그러므로 "도피성"은 문자적으로 성벽이 있어서 도피자가 들어오면 문이 굳게 닫히는 그런 곳이 아닙니다. 다만 경계표로 구별(2, 7)되어 있었을 뿐입니다. 신약교회에 주어진 "언약"도 그러합니다. 언약 안에만 안전합니다. "도피성 지경 밖에 나가면, 죽일지라도 피 흘린 죄가 없나니" (민 35:26-27) 하십니다.

도피성으로 피신한 자는, "그 당시 대제사장이 죽기까지 그 성읍에 거주하다가, 자기 집으로 돌아갈지니라" (수 20:6) 하심을 주목하게 되는데, 도피자에게는 대제사장의 죽음이 기쁜 소식이 되는 것입니다. 우리의 대제사장 되시는 예수 그리스도의 죽으심으로 구약의 도피성 제도에 함축된 예표는 성취가 된 것입니다.

14절은 불쑥, "조상이 정한 네 이웃의 경계표를 옮기지 말지니라" 하시는데, 도피성의 "경계표"를 옮기게 되면 어떻게 되겠습니까? 복음을 보수하지 않는 것은 마치 경계표를 옮기는 것과 같다는 점을 명심해야만 하겠습니다.

적용

구원을 얻지 못함은 도피성이 멀어서도 아니요, 찾을 수 없어서도 아닙니다. 다만 생명을 얻기 위해서 달려가지 않기 때문입니다. 형제에게는 도피성 안에 있다는 안위와 확신이 있습니까?

나누어봅시다

1, 도피성 제도를 주신 구속사적 의미에 대해서,

2, 도피성으로 피하기 좋게 도로를 닦으라 하시고, 누구나 볼 수 있도록 산지에 주신 점에 대해서,

3, "경계표를 옮기지 말지니라" 하신 신학적인 의미에 대해서,

20장
여호와의 군대의 정신무장

첫째 단원(1-9) 여호와의 군대의 정신무장
둘째 단원(10-20) 여호와의 군대의 작전지침

내용 관찰

20장은, "네가 나가서 적군과 싸우려 할 때에"(1상) 하고 시작이 되는데, 본문은 "여호와의 군대의 정신무장"이 어떠해야 할 것을 말씀합니다. 출애굽기에서는, "430년이 마치는 그 날에 여호와의 군대(軍隊)가 다 애굽 땅에서 나왔다"(출 12:41) 말씀하고, 민수기에서는 "이스라엘 중 20세 이상으로 싸움에 나갈 만한 모든 자를 계수하라" 명(1:3, 26:2)하시고, 본문에서는 "네가 나가서 적군과 싸우려 할 때에" 하십니다.

"말과 병거와 백성이 너보다 많음을 볼지라도 그들을 두려워하지 말라" 합니다. 왜냐하면 "애굽 땅에서 너를 인도하여 내신 네 하나님 여호와께서 너와 함께 하시느니라"(1하) 하고, 역시 근거를 바로의 권세에서 구원하여주신 "출애굽"에 두고 있습니다. 큰 것을 이루어주셨다면 보다 작은 것은 더욱 확신할 수가 있다는 논리입니다.

"네가 어떤 성읍으로 나아가서 치려 할 때에는 그 성읍에 먼저 화평을 선언하라" (10) 하고, 근본적인 정신이 "화평"임을 말씀합니다. "만일 너와 화평하기를 거부하고 너를 대적하여 싸우려 하거든" (12), 불가피하게 진멸하라 하시는데 왜냐하면, "이는 그들이 그 신들에게 행하는 모든 가증한 일을 너희에게 가르쳐 본받게 하여 너희가 너희의 하나님 여호와께 범죄하게 할까 함이니라" (18), 즉 메시아언약을 버리게 하고 우상을 숭배하게 할 것이기 때문이라는 것입니다.

싸울 곳에 가까이 가면 제사장은 백성들에게, "이스라엘아 들으라 너희가 오늘 너희의 대적과 싸우려고 나아왔으니 마음에 겁내지 말며 두려워하지 말며 떨지 말며 그들로 말미암아 놀라지 말라 너희 하나님 여호와는 너희와 함께 행하시며 너희를 위하여 너희 적군과 싸우시고 구원하실 것이라 할 것이며" (3-4), 즉 하나님이 너희와 함께 싸워주신다 하고 말하라 하십니다.

모세가 이스라엘 백성을 애굽에서 인도해 낼 수 있었던 것도 하나님께서 "내가 반드시 너와 함께 있으리라" (출 3:12) 하신, 하나님이 함께 하셨기 때문이요, 훗날 여호수아가 가나안을 정복할 수 있었던 것도, "내가 모세와 함께 있던 것같이 너와 함께 있을 것 임이라" (수 1:5) 하신, 하나님께서 함께 하셨기 때문입니다. 이에 대한 우리의 응답은 담대한 믿음뿐입니다.

5-8절에는 "집으로 돌아가라"는 말이 4번이나 나오는데, "새 집을 건축하고 낙성식을 행하지 못한 자가 있느냐 그는 집으로 돌아가라"(5), "포도원을 만들고 그 과실을 먹지 못한 자가 있느냐 그는 집으로 돌아가라"(6), "약혼하고 그와 결혼하지 못한 자가 있느냐 그는 집으로 돌아가라"(7), "두려워서 마음이 허약한 자가 있느냐 그는 집으로 돌아갈지니"(8) 말씀합니다. 왜냐하면 이런 자들은 마음이 둘로 갈라져 있기 때문에, "그의 형제들의 마음도 그의 마음과 같이 낙심"(8하)시킬 우려가 있기 때문이라는 것입니다

지상(地上)의 교회는 전투하는 교회요, 그리스도인들은 영적 군사들인 것입니다. 주님은 말씀하십니다. "손에 쟁기를 잡고 뒤를 돌아보는 자는 하나님의 나라에 합당하지 아니하니라"(눅 9:62).

적용

솔직히 말해봅시다. 전쟁 터에서 "돌아가게 된 것"이 복된 일로 생각하는가? 아니면 불행한 일로 생각이 되십니까?

나누어봅시다

1, 대적과 싸울 때의 원동력이 어디서 나오는가에 대해서,

2, 겁내지 말며 두려워 말라는 제사장의 독려에 대해서,

3, 어떤 처지에 있는 자들을 왜 돌아가라 하는가에 대해서,

21장

나무에 달린 자는 저주를 받은 것이라

첫째 단원(1–9) 영구 미제 살인사건의 처리
둘째 단원(10–14) 포로 된 여자를 아내로 삼고자 할 경우
셋째 단원(15–17) 누구에게 장자권을 줄 것인가
넷째 단원(18–21) 완악하고 패역한 아들의 경우
다섯째 단원(22–23) 나무에 달린 자는 저주 받은 자

내용 관찰

21장은, "나무에 달린 자는 하나님께 저주를 받았음이니라" (23)한 말씀에 의하여 해석이 되어야 마땅합니다. 왜냐하면 이 말씀이 신약성경에 의해서, "그리스도께서 우리를 위하여 저주를 받은 바 되사 율법의 저주에서 우리를 속량하셨으니 기록된 바 나무에 달린 자마다 저주 아래 있는 자라 하였음이라" (갈 3:13) 하고, 본문을 인용하여 해설해주고 있기 때문입니다.

"사람이 만일 죽을 죄를 범하므로 네가 그를 죽여 나무 위에 달거든"

(22), 어떻게 처리해야 하는가? "그 시체를 나무 위에 밤새도록 두지 말고 그 날에 장사하여 네 하나님 여호와께서 네게 기업으로 주시는 땅을 더럽히지 말라 나무에 달린 자는 하나님께 저주를 받았음이니라" (22-23) 하십니다. 우리 주님은 "반드시 죽으리라" (창 2:17) 하신, 죽을 죄를 범한 우리의 죽을 죄를 대신하여 나무에 달리셨던 것입니다.

"피살된 시체가 들에 엎드러진 것을 발견하고 그 쳐죽인 자가 누구인지 알지 못하거든" (1하) 어떻게 처리할 것인가? "멍에를 메지 아니한 암송아지를 취하여(3), 그 송아지의 목을 꺾을 것이요(4), 피 흘린 죄를 너희 중에서 제할지니라" (9) 하십니다. 즉 살인자를 대신하여 송아지가 죽음으로 피 흘린 죄를 제거하게 된다는 말씀입니다.

"사람이 만일 죽을 죄를 범하거든" (22) 하시는데, 그러면 "죽을 죄"에는 어떤 것이 있는가? "사람에게 완악하고 패역한 아들이 있어 그의 아버지의 말이나 그 어머니의 말을 순종하지 아니하고 부모가 징계하여도 순종하지 아니하거든" (18), 이런 불효 막심한 자식도 "그 성읍의 모든 사람들이 그를 돌로 쳐죽일지니" (21) 한, 죽을 죄입니다. 오늘날 이대로 시행한다면 살아남을 자식이 많지 아니할 것입니다.

그런데 성경은, "내가 자식을 양육하였거늘 그들이 나를 거역하였도다 소는 그 임자를 알고 나귀는 그 주인의 구유를 알건마는 이스라엘은 알지 못하고 나의 백성은 깨닫지 못하는도다" (사 1:2-3) 하고, 하나님 앞에 우리가 그러한 자라고 말씀합니다.

신명기 27장-28장은, "이 율법의 말씀을 실행하지 아니하는 자는 저주를 받을 것이라 할 것이요 모든 백성은 아멘 할지니라" (27:26) 하고, 저주 받아 마땅한 것으로 가득합니다. 그런데 하나님의 아들 그리스도께서 우리 대신 저주를 받으사 대신 나무에 달리심으로 우리들은 저주 대신 복을 받게 하셨다는, 이것이 하나님의 사랑이요, 은혜요, 복음인 것입니다.

적용

주님께서 율법의 저주에서 우리를 속량하여 주셨다면 우리는 어떻게 살아야만 마땅합니까?(롬 12:1, 고전 6:20).

나누어봅시다

1, 가해자를 알 수 없는 살인사건의 처리에 대해서,

2, 나무에 달린 자는 저주를 받은 것이라는 구속사적 의미에 대해서,

3, 죽어 마땅한 패역한 자식에 대한 해답이 어떻게 주어졌는가에 대해서,

22장

의문을 통한 신령한 의미들

첫째 단원(1–8) 못 본체 하지 말라

둘째 단원(9–12) 혼합하지 말고 순수성을 지키라

셋째 단원(13–30) 성적 순결과 정절을 지키라

내용 관찰

신명기는 1차적으로는, "네가 네 하나님 여호와께서 네게 주시는 땅에 이르러 그 땅을 차지하고 거주할 때에" (17:14), 문자적으로 준행해야 할 율례들임에는 틀림이 없습니다. 그렇다 해도 신명기에는 신약교회에도 적실성이 있는 신령한 의미도 있다는 점을 간과해서는 아니 됩니다.

예를 들면, "곡식 떠는 소에게 망을 씌우지 말지니라" (25:4)는 말씀을 사도 바울은 해석하기를, "하나님께서 어찌 소들을 위하여 염려하심이냐 오로지 우리를 위하여 말씀하심이 아니냐 과연 우리를 위하여 기록된 것이니" (고전 9:9-10) 하고, 주의 종들에게 적용을 시키고 있습니다.

같은 맥락에서 "네 형제의 소나 양이 길 잃은 것을 보거든 못 본 체하지 말고 너는 반드시 그것들을 끌어다가 네 형제에게 돌릴 것이요" (1) 한 말씀은, "너희 중에 어떤 사람이 양 백 마리가 있는데 그 중의 하나를 잃으면 아흔아홉 마리를 들에 두고 그 잃은 것을 찾아내기까지 찾아다니지 아니하겠느냐" (눅 15:4) 한, 잃은 양의 비유로 인도해줍니다. "못 본 체하지 말라"는 말씀이 3번(1, 3, 4)이나 강조되어 있는데 이것이 본문을 통해서 말씀하시고자 하는 하나님의 마음입니다.

"네 포도원에 두 종자를 섞어 뿌리지 말라" (9) 하심도, 하나님의 교회인 포도원이 혼잡되고 세속화되어서는 아니 된다는 점으로 적용이 됩니다. 극상품 포도나무를 심어놓고, "좋은 포도 맺기를 기다렸거늘 들 포도를 맺힘은 어찜인고" (사 5:4) 하고 탄식하시는 하나님이십니다.

"너는 소와 나귀를 겨리하여 갈지 말라" (10) 하시는데, 소는 제물로 드리는 정결한 짐승이요, 나귀는 부정한 짐승(출 13:13)의 대명사와도 같습니다. 이를 한 멍에를 메고 밭을 갈게 함은 불가한 것입니다. "너희는 믿지 않는 자와 멍에를 같이 하지 말라" (고후 6:14) 하십니다.

"양털과 베 실로 섞어 짠 것을 입지 말지니라" (11)는 말씀도, 의복의 성경적 의미는 행위(엡 4:22, 창 35:2)를 상징합니다. 사람 앞에서와 은밀한 데서 행하는 행위가 이중적이어서는 아니 된다(예: 엡 5:12)는 점을 나타낸다 하겠습니다.

어찌하여 "너희는 너희가 입는 겉옷의 네 귀에 술을 만들지니라" (12) 하시는가? "이 술은 너희가 보고 여호와의 모든 계명을 기억하여 준행하고 너희를 방종하게 하는 자신의 마음과 눈의 욕심을 따라 음행하지 않게 하기 위함이라" (민 15:39) 하십니다.

22장에 등장하는 모든 규례들의 바탕에 깔려있는 의미는 세밀한 것까지 권념 하시는 하나님의 배려와, "너희 중에서 악을 제할지니라" (21, 22, 24) 하신 악에 대한 미움입니다. 궁극적으로는 하나님의 백성들로 "그리하면 네가 복을 누리고 장수하리라" (7) 하신, 복을 받게 하시려는 것입니다.

적용

우리가 믿는 하나님은 길 잃은 소와 양(1), 소나 나귀가 길에 넘어진 것(4), 심지어 새 새끼 하나까지 돌아보시는 하나님이십니다. 하물며 "너희일까 보냐 믿음이 적은 자들아" 하십니다. 이 사랑을 입은 형제의 옷 귀에 방울이 달려 있습니까?

나누어봅시다

1, 길 잃은 소와 양에 대한 영적 의미에 대해서,

2, 9-11절의 의미에 대해서,

3, 입는 겉옷의 네 귀에 술을 만들라 하신 의도에 대해서,

23장
성결해야 할 여호와의 총회

첫째 단원(1–8) 여호와의 총회
둘째 단원(9–20) 여호와의 진중
셋째 단원(21–25) 사랑의 공동체

내용 관찰

23장의 중심점은 "여호와의 총회"입니다. 1-8절에 6번이나 등장합니다. 여호와의 총회란 구약교회를 가리키는 말인데, "여호와께서 두 돌판을 내게 주셨나니, 너희의 〈총회 날〉에 여호와께서 산상 불 가운데서 너희에게 이르신 모든 말씀이니라" (9:10) 하고, 총회가 시내산에서 세워졌다고 말씀합니다.

그러므로 23장의 중심점은, "이는 네 하나님 여호와께서 너를 구원하시고 적군을 네게 넘기시려고 네 진영 중에 행하심이라 그러므로 네 진영을 거룩히 하라 그리하면 네게서 불결한 것을 보시지 않으므로 너를 떠나지 아니하시리라" (14) 한 말씀입니다.

이런 맥락에서 하나님이 함께 하시는 "여호와의 총회"에, "들어오지 못할 자와(1, 2, 3), 들어 올자" (8)를 말씀하고 있다는 것은 중요한 의미가 있는 것입니다. 그런데 의외로, "고환이 상한 자나 음경이 잘린 자(1), 사생자(2), 암몬과 모압 사람" (3)은 총회에 들어오지 못하리라 합니다.

이점에서 "고환이나, 음경"이 생식기능이라는 점을 고려할 때, "생육하고 번성" (창 1:28)하지 못하는 자, 즉 "사람이 거듭나지 아니하면 하나님 나라를 볼 수 없느니라" (요 3:3)가 될 것입니다. 2절에서 언급하는 사생자도 아비가 확실치 아니한, 즉 음란의 자식을 뜻하는데, 그런 자도 총회에 들어오지 못하리라 합니다.

암몬과 모압 사람이 총회에 들어오지 못하리라 하심은, "너희가 애굽에서 나올 때에 떡과 물로" (4) 영접하지 아니하고 도리어 저주하게 하려 했기 때문인데, 이는 하나님을 대적하는 자는 여호와의 총회에 들어오지 못하리라는 것이 됩니다. 만일 그들이 떡이나 물 한 그릇이라도 대접했더라면 여호와의 총회에 들어올 가능성이 있었을 것입니다.

결론적으로 중요한 요점은 진영(陣營), 즉 여호와의 총회를 부정케 해서는 아니 된다는 점입니다. 심지어 "네 진영 밖에 변소를 마련하고 그리로 나가되 네 기구에 작은 삽을 더하여 밖에 나가서 대변을 볼 때에 그것으로 땅을 팔 것이요 몸을 돌려 그 배설물을 덮을지니" (12-13) 하십니다. 왜냐하면, "이는 네 하나님 여호와께서, 네 진영 중에 행하시기" (14) 때문이라는 것입니다. 얼마나 자상합니까?

이점을 신약성경에서는, "너희는 너희가 하나님의 성전인 것과 하나님의 성령이 너희 안에 계시는 것을 알지 못하느냐 누구든지 하나님의 성전을 더럽히면 하나님이 그 사람을 멸하시리라 하나님의 성전은 거룩하니 너희도 그러하니라" (고전 3:16-17) 하십니다.

그러므로 하나님의 총회에는, "창기가 있지 못할 것이요 이스라엘 남자 중에 남창이 있지 못할지니 창기가 번 돈과 개 같은 자의 소득은 어떤 서원하는 일로든지 네 하나님 여호와의 전에 가져오지 말라 이 둘은 다 네 하나님 여호와께 가증한 것임이니라" (17-18) 하십니다.

형제여, 여호와의 총회에 들어와 일원이 되었다는 것은 영광스러운 특권이면서도 책임이 뒤따른다는 점을 명심하십시다.

적용

여호와의 총회에 들어오게 된 형제의 기쁨과 감격은 어떠하며, 책임 있는 일원으로 살아가고 있는지요.

나누어봅시다

1, 여호와의 총회에 들어오지 못할 자는 어떠한 자인가에 대해서,

2, 9-14절에서 성결을 어느 정도로 유지하라 하시는 가에 대해서,

3, 여호와의 전에 들이지 못할 소득에 대해서,

24장

사랑의 공동체의 규범들

첫째 단원(1-9) 공동체의 성별을 위한 규범
둘째 단원(10-22) 공동체의 사랑의 실천

내용 관찰

24장에는 하나님의 백성들이 지켜야 할 10가지 규범들이 있는데 이는 "여호와의 총회", 즉 사랑의 공동체"의 규범이라 할 수가 있습니다. 본문에는, "너는 애굽에서 종이 되었던 일과 네 하나님 여호와께서 너를 거기서 속량하신 것을 기억하라"는 말씀이, 18절과 22절에 거듭 강조되어 있는데, 이 말씀이 24장뿐만이 아니라 신명기 전체를 해석하는 근거가 됩니다.

왜냐하면 "이러므로(출애굽) 내가 네게 이 일을 행하라 명령하노라" (18, 22) 하고 말씀하시기 때문입니다. 신명기는 불신자에게가 아니라 유월절 어린양의 피로 구속함을 받은 하나님의 백성들, 즉 하나님의 교회에 주신 말씀인 것입니다.

10가지 규범은 크게 두가지 주제인데 첫째는, "너는 네 하나님 여호와께서 네게 기업으로 주시는 땅을 범죄하게 하지 말지니라" (4) 하신 경건이요, 둘째는 "사람이 맷돌이나 그 위짝을 전당 잡지 말지니 이는 그 생명을 전당 잡음이니라(6), 네가 밭에서 곡식을 벨 때에 그 한 뭇을 밭에 잊어버렸거든 다시 가서 가져오지 말고 나그네와 고아와 과부를 위하여 남겨두라" (19) 한, 이웃에 대한 배려입니다.

애굽에서 430년 동안이나 종살이 할 때, 얼마나 힘들고 굶주리고 헐벗었던가? 그러했던 자신들을 값없이 속량하여 자기 백성으로 삼아주시고, 젖과 꿀이 흐르는 가나안 복지를 기업으로 받았다면, 하나님을 경외하며 어려운 처지에 있는 이웃을 돌아보라 하시는 하나님의 분부를 어찌 준행하지 않을 수가 있단 말입니까?

이럴 경우 여호와의 명령만을 생각한다면 무거운 짐이 될 수도 있습니다만, 하나님께서 행해주신 은혜를 생각한다면 사랑의 순종이 따르게 되는 것입니다.

"객과 고아와 과부"를 돌아보심이 17, 19, 20, 21에 반복해서 강조되어 있습니다. 그들을 "위하여", 곡식과 감람 열매와 포도송이를 남겨두라고 말씀합니다. 생활수단인 맷돌(6)은 전당 잡지 말라 하시고, 가난한 자의 이불 역할을 한 옷 등은 해지기 전에 돌려주라고 명하십니다.

여자에게 이혼증서를 써주라는 말씀도 이혼을 인정하는 뜻이라기 보다는 연약한 여자를 보호하고 함부로 이혼하는 것을 규제하는(마 19:8) 장치였던 것입니다. 이렇게 한다면 그들이 "너를 위하여 축복하리니 (13),

여호와께서 네 손으로 하는 범사에 복을 내리시리라" (19) 하십니다.

반면 그들을 학대하며 품삯을 제 때에 주지 아니하면, 그가 너를 여호와께 호소하지 않겠느냐? 그것이 네게 죄가 될 것임이라(15하) 하고 경계하십니다.

24장을 통해 계시된 하나님은 "객과 고아와 과부"를 돌아보시는 하나님, "곤궁하고 빈한한" (14) 자를 돌아보시는 하나님이십니다.

적용

종 되었던 자는 타인에게 두 가지 반응을 나타낼 수가 있는데, 자신의 옛날을 생각하고 관대하거나, 반대로 더욱 인색할 수가 있습니다.

나누어봅시다

1, 24장을 해석하는 원리와도 같은 말씀이 무엇인지에 대해서,

2, 24장에서 말씀하는 두 큰 주제가 무엇인가에 대해서,

3, 24장에서 하나님은 어떤 하나님으로 계시되어 있는지에 대해서,

25장
후사를 잇게 하라

첫째 단원(1–10) 이름이 끊어지지 않게 하라
둘째 단원(11–19) 의롭고 정당하게 행하라

내용 관찰

25장에서도 여섯 가지 사례(事例)를 들어 마치 어린아이들에게 하듯 훈계를 하시는데 중심적인 말씀은, "형제들이 함께 사는데 그 중 하나가 죽고 아들이 없거든 그 죽은 자의 아내는 나가서 타인에게 시집 가지 말 것이요 그의 남편의 형제가 그에게로 들어가서 그를 맞이하여 아내로 삼아 그의 남편의 형제 된 의무를 그에게 다 행할 것이요" (5) 한 말씀입니다.

이를 계대결혼이라 하는데 주님 당시 사두개인들이 이 말씀을 들어 주님을 시험하기까지 한 문제입니다. 그런데 왜 이렇게 하라 명하시는가?

"그 여인이 낳은 첫 아들이 그 죽은 형제의 이름을 잇게 하여 그 이름이 이스라엘 중에서 끊어지지 않게 할 것이니라"(6), 즉 "후사"(後嗣)가 끊어지지 않게 하기 위해서라는 것입니다.

이 제도가 윤리적인 면으로 보면 맞지 아니합니다. 그러나 이 주제를 구속사라는 맥락으로 보면 중요한 의미가 있는 것입니다. 죄가 들어오자 하나님께서는, "여자의 후손은 네 머리를 상하게 할 것이요"(창 3:15) 하고 원복음을 주셨습니다. 이 말씀은 사탄에게 하신 선고인데 구속사(救贖史)가 무엇인가? "여자의 후손"이 태어날 후사를 잇게 하시려는 하나님의 계획을 대항하여 후사를 끊으려 한 것이 사탄의 대적이었던 것입니다.

가인이 죽인 아벨 대신에 "다른 씨인 셋"을 주시고(창 4:25), 아브라함에게 "네 몸에서 날 자가 네 상속자(후사)가 되리라"(창 15:4) 하고, 후사를 이어 나오셨습니다. 이처럼 구속사에서 후사를 잇게 한다는 것은 우리의 사활이 걸려 있는 중요한 문제인 것입니다.

이 규례가 룻기서에서 보아스가 룻을 맞이하여, "보아스는 오벳을 낳았고 오벳은 이새를 낳고 이새는 다윗을 낳았더라"(룻 4:20-21) 하고, 메시아의 계보를 이어주는데 적용되고 있는 것만 보아도 분명합니다.

이렇게 후사가 이어져서 예수 그리스도께서 우리의 기업 무를 자가 되어주심으로 우리가, "자녀이면 또한 상속자 곧 하나님의 상속자요 그리스도와 함께 한 상속자니"(롬 8:17) 하고, 자녀가 되고 상속자가 되고 유업을 이을 자가 된 것입니다.

후사를 잇게 하는 것을 9절에서는, "그의 형제의 집을 세우는 것"이라 말씀하는데, 이것이 바로 하나님의 나라를 세우는 일이었던 것입니다. 그러므로 만일 이를 거부하는 자는, "그의 얼굴에 침을 뱉으며 이르기를 그의 형제의 집을 세우기를 즐겨 아니하는 자에게는 이같이 할 것이라" (9) 하고, 그의 이름을 "신 벗김 받은 자의 집이라" (10) 칭하여 그 권리와 축복이 박탈당하였던 것입니다.

그러므로 "너희는 애굽에서 나오는 길에 아말렉이 네게 행한 일을 기억하라" (17) 하십니다. 왜냐하면 선민 이스라엘을 대적한 것이 곧 하나님을 대적한 것이요, 하나님의 구원 계획을 파괴하려는 행위였기 때문입니다.

반면 하나님의 나라 건설을 위하여 수고하는 주의 종들을 생각하시어, "곡식 떠는 소의 입에 망을 씌우지 말지니라" (4) 하십니다. "기업 무를 자가 없게 아니하신" (룻 4:14) 하나님을 찬양하십시다.

적용

계대 결혼 제도를 주심이 없었다면 다윗도 태어나지 못하였을 것이요, 다윗의 자손 예수 그리스도의 대가 끊어질 뻔했습니다. 그렇다면 우리의 구원도 불가능하였을지도 모릅니다. 그렇다면 자신의 영적 후사가 주님 오시는 그 날까지 이어지도록 명심해야 하겠습니다.

나누어봅시다

1, 계대 결혼의 구속사적 의미에 대해서,

2, 형제의 "집을 세우기를 즐겨 아니하는 자"에 대해서,

3, 대적한 아말렉의 이름을 천하에서 도말하라" 하심에 대해서,

26장

보배로운 백성의 영광과 책임

첫째 단원(1–11) 약속의 땅에 이르러 맏물을 드리라
둘째 단원(12–15) 고아와 과부를 돌아보시는 하나님
셋째 단원(16–19) 보배로운 백성의 고백과 결단

내용 관찰

26장은 두 번째 설교(4:44-26장)의 총결론 부분입니다. 두번째 설교는 제2세대들에게 그들이 약속의 땅에 들어가서 지켜야 할 율례와 법도를 일러주는 내용인데, 26장은 먼저 하나님을 사랑하고(1-10), 다음으로 이웃을 사랑하라(11-15)는 구조로 되어 있습니다.

"네 하나님 여호와께서 네게 기업으로 주어 차지하게 하실 땅에 네가 들어가서 거기에 거주할 때에"(1),

"그 토지의 모든 소산의 맏물을 거둔 후에 그것을 가져다가 광주리에 담고 네 하나님 여호와께서 그의 이름을 두시려고 택하신 곳으로 그것을

가지고 가서(2), 제사장에게 나아가 이르기를, "내가 오늘 당신의 하나님 여호와께 아뢰나이다 내가 여호와께서 우리에게 주시겠다고 우리 조상들에게 맹세하신 땅에 이르렀나이다" 할 것이요(3).

또 아뢰기를, "내 조상은 방랑하는 아람 사람으로서 애굽에 내려가 거기에서 소수로 거류하였더니 거기에서 크고 강하고 번성한 민족이 되었는데 애굽 사람이 우리를 학대하며 우리를 괴롭히며 우리에게 중노동을 시키므로 우리가 우리 조상의 하나님 여호와께 부르짖었더니",

"여호와께서 우리 음성을 들으시고 우리의 고통과 신고와 압제를 보시고 여호와께서 강한 손과 편 팔과 큰 위엄과 이적과 기사로 우리를 애굽에서 인도하여 내시고 이곳으로 인도하사 이 땅 곧 젖과 꿀이 흐르는 땅을 주셨나이다"(5-9),

"여호와여 이제 내가 주께서 내게 주신 토지 소산의 맏물을 가져왔나이다"(10) 하고, "여호와 앞에 경배할 것이며 네 하나님 여호와께서 너와 네 집에 주신 모든 복으로 말미암아 너는 레위인과 너희 가운데에 거류하는 객과 함께 즐거워할지니라"(11) 하십니다.

참으로 감격적인 장면입니다. 이는 한마디로, "내가 나 된 것은 하나님의 은혜로 된 것이라"(고전 15:10)는 신앙고백인 것입니다. 이점에서 놓치지를 말아야 할 점은 이렇게 행해주신 것이 저들에게 자격이 있어서가 아니라, "여호와께서 우리에게 주시겠다고 우리 조상들에게 맹세하신"(3, 15), 하나님의 주권적인 언약에 근거한 것이라는 점입니다.

고백하는 인칭 대명사를 보면 모두가 "우리"로 되어 있습니다. 애굽 사람들이 우리를 학대하며(6), 그래서 우리가 부르짖었더니(7), 우리를 애굽에서 인도하여 내셨다(8) 하고 고백합니다. 자자손손이 이렇게 기도하므로 하나님께서 이스라엘을 애굽에서 인도하여 내실 때에 내가 조상 안에서 그 때 거기 있었다는 산 고백이 되었던 것입니다.

두 번째 설교는, "네가 오늘 여호와를 네 하나님으로 인정하고 또 그 도를 행하고 그의 규례와 명령과 법도를 지키며 그의 소리를 들으리라 확언하였고(17), 여호와께서도 네게 말씀하신 대로 오늘 너를 그의 보배로운 백성이 되게 하시고 그의 모든 명령을 지키라 확언하셨느니라"(18), 즉 너도 확언(確言)하고 하나님께서도 확언하셨다는 것입니다. 그리하여 26장은, "그런즉 여호와께서 너를 그 지으신 모든 민족 위에 뛰어나게 하사 찬송과 명예와 영광을 삼으시고 그가 말씀하신 대로 너를 네 하나님 여호와의 성민이 되게 하시리라"(19) 하고 마치고 있습니다.

이점을 신약성경에서는, "그가 우리를 대신하여 자신을 주심은 모든 불법에서 우리를 속량하시고 우리를 깨끗하게 하사 선한 일을 열심히 하는 자기 백성이 되게 하려 하심이라"(딛 2:14) 하고 말씀합니다.

적용

형제가 구원 얻게 됨도 전적인 하나님의 은혜임을 "확언"합니까? 그렇다면 형제에게도 광주리에 담아 봉헌할 열매가 있어야 하지 않겠습니까?

나누어봅시다

1, 하나님 앞에 우선적으로 보고해야 할 고백(3)이 무엇인가에 대해서,

2, 다음으로 드려야 할 예물(10)이 무엇인가에 대해서,

3, "우리"라는 인칭 대명사 속에 형제도 포함되어 있는가에 대해서,

27장
에발산에 세운 돌비와 번제단

첫째 단원(1-8) 율법을 기록한 돌과 다듬지 않은 돌단
둘째 단원(9-26) 제사장이 선포한 저주받을 12가지 항목

내용 관찰

27장 이하는 모세의 3차 설교(27장-34장)인데, 신명기의 결론부분입니다. 27장에서는 요단을 건너 약속의 땅에 들어가서 우선적으로 행해야 할 일이, 축복과 저주를 하기 위하여 그리심산과 에발산에 각각 여섯 지파씩 서라(12-13) 하십니다.

본문은 에발산에서 선포되고 있는 저주받을 종목들인데, "장색의 손으로 조각하였거나 부어 만든 우상은 여호와께 가증하니 그것을 만들어 은밀히 세우는 자는 저주를 받을 것이라 할 것이요 모든 백성은 응답하여 말하되 아멘 할지니라"(15) 하고, "저주"가 12번이나 발해집니다. 그리고 27장은, "이 율법의 말씀을 실행하지 아니하는 자는 저주를 받을 것이

라 할 것이요 모든 백성은 아멘 할지니라" (26) 하고 마치고 있습니다. 그렇다면 우리 중에 "저주"에서 면제 될 자가 있단 말인가?

성경은 문제에 대한 해답입니다. 그러면 해답이 무엇인가? "또 거기서 네 하나님 여호와를 위하여 제단 곧 돌단을 쌓되 그것에 쇠 연장을 대지 말지니라 너는 다듬지 않은 돌로 네 하나님 여호와의 제단을 쌓고 그 위에 네 하나님 여호와께 번제를 드릴 것이며" (5-6) 한, "번제"가 저주에 대한 해답인 것입니다.

번제단을 어디에 쌓으라 하시는지 아십니까? "저주"가 발해지는 "에발산" (4, 수8:30)입니다. 그리고 "율법의 모든 말씀을 그 위에 기록하라" (3) 한, 돌비도 그곳에 세우라 하십니다. "율법, 저주, 번제단"이 한 곳에 있는데 이를 통해서 우리에게 계시하시려는 바가 무엇인가?

두 가지 중요한 요점을 붙잡게 되는데 첫째는, "무릇 율법 행위에 속한 자들은 저주 아래에 있나니 기록된 바 누구든지 율법 책에 기록된 대로 모든 일을 항상 행하지 아니하는 자는 저주 아래에 있는 자라 하였음이라" (갈 3:10) 한, 율법의 행위로는 저주 밖에는 다른 소망이 없다는 점이고,

둘째는, "그리스도께서 우리를 위하여 저주를 받은 바 되사 율법의 저주에서 우리를 속량하셨다" (갈 3:13) 한, 대속제물이 되어주신 그리스도입니다. 얼마나 분명한 계시인가?

이점이 "또 화목제를 드리고 거기에서 먹으며 네 하나님 여호와 앞에서 즐거워하라" (7) 하심에 나타나는데, 저주를 맏아 마땅한 자들이 "하나님 여호와 앞에서" 먹으며 즐거워하는 것이 어떻게 가능하여진단 말입니까?

이점에서 번제단을 쌓을 때에, "쇠 연장을 대지 말지니라, 다듬지 않은 돌로"(5-6)로 쌓으라 하심을 유념해야만 합니다. 이는 우리의 구원이 우리 대신 저주를 받으신 그리스도의 단독적인 구속으로 말미암아 가능하여지는 것이지 우리가 무엇인가 첨부하야 하는 것이 아니라는 점을 나타냅니다.

그렇습니다. "번제(6)와, 화목제물"(7)은 세상 죄를 지고 가는 하나님의 어린양이신 예수 그리스도를 예표해 주고 있습니다. 그 은혜를 힘입어 이제도 하나님 앞에 나아가 먹고 즐거워 할 수 있게 된 것입니다.

적용

형제여, 예수 그리스도의 구속의 은총으로 말미암아 우리도 헌신을 뜻하는 번제와, 교제를 의미하는 화목제를 드리며 여호와 앞에서 먹고 즐거워하는 삶을 살아가십시다.

나누어봅시다

1, 번제단을 에발산에 쌓으라 한 점에 대해서,

2, "다듬지 않은 돌"로 쌓으라는 구속사적인 의미에 대해서.

3, "하나님 앞에서 먹고 즐거워하라" 하신 하나님과의 교제에 대해서,

28장

복과 저주

첫째 단원(1–14) 순종하면 받게 될 축복

둘째 단원(15–36) 불순종하면 당하게 될 저주

셋째 단원(47–68) 예언적으로 경고하는 저주

내용 관찰

28장은 크게 두 부분으로 나누어지는데 순종하면 복을 받게 되고(1-14), 불순종하면 저주를 받게 된다(15-68)는 내용입니다. 이점에서 분별해야 할 점은 27장은 "번제, 화목제"로 예표된 "구원"이 중심주제이고, 28장은, "네가 네 하나님 여호와의 말씀을 청종하면 이 모든 복이 네게 임하며 네게 이르리니"(2) 한, "순종"이 중심주제라는 점입니다.

그러므로 구원은 27장에서 언급한 "번제와, 화목제"(7), 즉 예수 그리스도께서 이루어주실 대속을 "믿음"으로 받게 되나, 구원을 얻은 자에게는 28장의 행함이 따른다는 점입니다. 성경은 "하나님이 짝지어주신 것을 사람이 나누지 못할지니라", 즉 27장과 28장의 "믿음과, 순종"은 동전의 앞뒤와 같아서 둘이 아니라 하나라는 점입니다.

그런데 본문을 살펴보면 축복(2-14)에 비해, 저주와 경고하는 내용(15-68)이 4배나 되는데, 이는 순종보다는 불순종할 가능성이 그 만큼 많기 때문일 것입니다. 이점에서 조심해야 할 점은 〈순종=구원〉이라는 등식으로 말해서는 아니 된다는 점입니다. 왜냐하면 그렇게 되면 순종이 율법이 되어 행위구원론이 되고 맙니다. 우리 중에 온전히 순종하여 구원에 이를 자가 있단 말인가?

그렇다면 멸망에 이르는 "불순종"이 무엇인가? 이점을 27장에서는, "장색의 손으로 조각하였거나 부어 만든 우상은 여호와께 가증하니 그것을 만들어 은밀히 세우는 자는 저주를 받을 것이라" (27:15) 말씀하고, 28장에서는 "내가 오늘 너희에게 명령하는 그 말씀을 떠나 좌로나 우로나 치우치지 아니하고 다른 신을 따라 섬기지 아니하면 이와 같으리라" (28:14) 한, 우상숭배입니다. 우상을 숭배한다는 것은 단순한 죄가 아니라 메시아언약을 우상과 바꿔치기하는, 불신앙이라는 점을 명심해야만 합니다.

훗날 예루살렘이 멸망을 당하고 백성들이 포로로 끌려가게 된 치명적인 죄가 메시아언약을 버리고 우상을 숭배했기 때문이라는 점에 확고해야만 합니다. 모세는 이렇게 될 것을 내다보면서 경고하고 있는데, 15-46절은 불순종하면 받게 될 현재적인 재앙이요, 47-68절은 불순종하면 당하게 될 예언적인 재앙으로 되어 있습니다.

그런데 슬프게도 이 예언이 그대로 응하여 여러 민족 위에 뛰어나게 되기 보다는, "여호와께서 너와 네가 세울 네 임금을 너와 네 조상들이 알지 못하던 나라로 끌어 가시리니"(36) 하고, 경고한 대로 바벨론에게 패망하여(49), 포로로 끌려가게 됨으로 모든 민족 중에서 놀램과 속담과 비방거리(37)가 되었던 것입니다.

"네가 만일 이 책에 기록한 이 율법의 모든 말씀을 지켜 행하지 아니하고 네 하나님 여호와라 하는 영화롭고 두려운 이름을 경외하지 아니하면 여호와께서 네 재앙과 네 자손의 재앙을 극렬하게 하시리니 그 재앙이 크고 오래고 그 질병이 중하고 오랠 것이라"(58-59) 하십니다.

적용

로마서는 서두에서, "그의 이름을 위하여 모든 이방인 중에서 믿어 순종하게 하나니"(롬 1:5) 하고 시작하여, "모든 민족이 믿어 순종하게 하시려고"(롬 16:26) 하고, "믿음과 순종"으로 마치고 있습니다. 그리스도께서 죽기까지 복종하셔서 이루어 놓으신 복음을 믿는 자에게는, 자발적인 순종이 따르게 된다는 점을 명심해야만 하겠습니다.

나누어봅시다

1, 27장과, 28장의 중심주제가 어떻게 다른가에 대해서,

2, 불순종 중에 멸망에 이르는 불순종이 무엇인가에에 대해서,

3, 28장의 경고가 이스라엘 백성들에게 어떻게 응하였는가에 대해서,

29장

너희는 내 백성, 나는 너희 하나님

첫째 단원(1–9) 여기까지 인도하신 에벤에셀의 하나님
둘째 단원(10–17) 여호와의 언약과 여호와의 맹세에 참여시킴
셋째 단원(18–29) 여호와의 언약을 버리고 다른 신을 섬기면

내용 관찰

29장은 모세가 온 이스라엘을 소집하고, "여호와의 언약과 맹세에 참여"(12)시키는 언약 갱신입니다. 29장은, "호렙에서 이스라엘 자손과 세우신 언약 외에 여호와께서 모세에게 명령하여 모압 땅에서 그들과 세우신 언약의 말씀은 이러하니라"(1) 하고 시작이 되는데, 그렇다면 "모압 언약"이 어떤 언약인가 하는 점입니다. 여기에는 교훈적인 면과 신학적인 면이 있다는 점을 분별해야만 합니다.

먼저 교훈적인 면인데, 이를 문맥적으로 보면, 모세가 이제까지 말씀한 것은 "언약서"를 낭독한 것과 같고, 29장은 이를 준행하기로 서약하는 것

과 같습니다. "다 너희의 하나님 여호와 앞에 서 있는 것은" (11) 하고 말씀하는데, 지금 여호와 앞에 서 있는 자들은 시내산 언약(출 24:7-8)에 참여하지 못한 2세대들입니다. 모세는 그들을 "여호와의 언약에 참여시키고, 맹세에 참여" 시키고 있는 것입니다.

다음은 신학적인 면인데 모세는 2세대들을, "네 하나님 여호와의 언약과 맹세" (12)에 참여시키노라 말씀한다는 점입니다. 명심하십시다. 시내산 언약은 맹세로 세워진 것이 아니고 "맹세"는, "여호와께서 네게 말씀하신 대로 또 네 조상 아브라함과 이삭과 야곱에게 맹세하신 대로" (13), 아브라함, 이삭, 야곱에게 세워주신 메시아언약인 것입니다.

생각해 보십시오. 시내산 언약을 준행함으로, "오늘 너를 세워 자기 백성을 삼으시고 그는 친히 네 하나님이 되시려 함이니라" (13하), 즉 하나님의 백성이 되었단 말입니까? 신명기는 첫 장에서, "아브라함과 이삭과 야곱에게 맹세" (1:8)한 것으로 시작하여, 중간에서 "여호와께서 이같이 하심은 네 조상 아브라함과 이삭과 야곱에게 하신 맹세를 이루려 하심이니라" (9:5) 하시고, 마지막 장에서 "아브라함과 이삭과 야곱에게 맹세" (34:4)한 것으로 마치고 있습니다. 이는 모세가 신명기를 말씀하는 동안 메시아언약을 붙잡고 놓치지 않고 있었다는 증거가 되는 것입니다.

그러므로 29장은 신명기의 핵심 장이요, 모세의 마지막 사명이기도 합니다. 언약에 참여시키기에 앞서서 먼저 여호와께서 지금까지 인도하여 주신 역사를 상기(2-9)시키면서, "그런즉 너희는 이 언약의 말씀을 지켜 행하라 그리하면 너희가 하는 모든 일이 형통하리라" (9) 합니다.

그런 후에 "언약과 맹세에 참여"(10-13)시키고 있는데, "내가 이 언약과 맹세를 너희에게만 세우는 것이 아니라 오늘 우리 하나님 여호와 앞에서 우리와 함께 여기 서 있는 자와 오늘 우리와 함께 여기 있지 아니한 자에게까지이니"(14-15), 즉 자손 대대로 세우는 것이라 합니다. 언약의 사자 그리스도께서 오실 때까지 메시아언약을 잊지 않게 하기 위해서 말입니다.

신약성경에서는, "언약과 맹세"를 "하나님이 거짓말 하실 수 없는 이 두 가지 변치 못할 사실"(히 6:18)이라고 말씀하는데, 복음전도가 무엇인가? 언약 밖에 있는 자들을, "언약과 맹새에 참여"시키는 운동입니다.

"그러므로 생각하라 너희는 그 때에 육체로는 이방인이요 손으로 육체에 행한 할례를 받은 무리라 칭하는 자들로부터 할례를 받지 않은 무리라 칭함을 받는 자들이라"(엡 2:12), 이제는 그리스도 예수 안에서 그리스도의 피로 가까워져서 언약에 참여한 바 되고 맹세에 참여한 바가 된 것입니다. 우리를 "언약과 맹세에 참여시켜주심"을 감사하십시다. 가족 중에 언약에 참여시키지 못한 자가 있다면 이를 위해 간구하십시다.

적용

형제도 그 언약에 참여하고 맹세에 참여한 바 된 언약 백성임을 확신하게 되었습니까? 이보다 더 중요한 축복이 무엇입니까? 그렇다면 이웃과 벗들을 "언약과 맹세"에 참여시켜야 하는 것은 우리의 사명입니다.

나누어봅시다

1, "너희의 하나님 여호와 앞에 서 있는 것은" 한 신전신앙에 대해서,

2, "언약과 맹세에 참여"한다는 점에 대해서,

3, 참여하는 자의 받을 복(13)에 대해서,

30장
생명과 사망을 두노니

첫째 단원(1–10) 돌아와서 생명을 얻게 하리라
둘째 단원(11–20) 표면적인 의문과 이면적인 복음

내용 관찰

30장의 중심점은, "보라 내가 오늘 생명과 복과 사망과 화를 네 앞에 두었나니" (15)에 있습니다. 이 말씀은 이제까지의 모든 말씀을 한마디로 요약해주고 있는 것과 같은 표현입니다. 모세는 29장에서 2세대들을 여호와 하나님의 "언약과 맹세"에 참여시켰는데, 언약에 참여하면 "생명과 복"입니다. 반면 "언약과 맹세"에서 떨어지면, "이 책에 기록된 모든 저주를 그에게 더하실 것이라" (29:20) 한, "사망과 화"입니다.

성경 전체의 요절이라 하는, "하나님이 세상을 이처럼 사랑하사 독생자를 주셨으니 이는 그를 믿는 자마다 멸망하지 않고 영생을 얻게 하려 하심이라" (요 3:16) 한 말씀도, 믿으면 생명이요, 믿지 아니하면 멸망이라는 것입니다.

30장은, "내가 네게 진술한 모든 복과 저주가 네게 임하므로 네가 네 하나님 여호와로부터 쫓겨간 모든 나라 가운데서 이 일이 마음에서 기억이 나거든" (1) 하고, 추방을 당하게 될 것을 예견(豫見)하고 있습니다. 이럴 경우 "기억"을 한다는 것이 중요합니다. 그리하여 "너와 네 자손이 네 하나님 여호와께로 돌아와" (2), 즉 회개하면, "네 하나님 여호와께서 마음을 돌이키시고 너를 긍휼히 여기사 포로에서 돌아오게 하시되" (3) 하고, 돌아오게 하실 것도 말씀합니다. "네 쫓겨간 자들이 하늘 가에 있을지라도 네 하나님 여호와께서 거기서 너를 모으실 것이며 거기서부터 너를 이끄실 것이라" (4) 합니다. 참으로 이는 하나님의 긍휼입니다. 모세는 "내가 오늘 네게 명령한 이 명령은 네게 어려운 것도 아니요 먼 것도 아니라" (11) 하면서, "하늘에 있는 것이 아니니 (12), 이것이 바다 밖에 있는 것이 아니니 (13), 오직 그 말씀이 네게 매우 가까워서 네 입에 있으며 네 마음에 있은즉 네가 이를 행할 수 있느니라" (14) 합니다.

"네 마음에 있다" 하는데 신명기는 놀라우리만치 "마음"이 강조되고 있음을 발견하게 될 것입니다. 30장에서만도, "마음을 다하고 뜻을 다하여 여호와의 말씀을 청종하면 (2), 네 마음을 다하며 뜻을 다하여 여호와 네 하나님께 돌아오면 (10), 네 마음과 네 자손의 마음에 할례를 베푸사" (6) 합니다.

사도 바울은 11-14절을 인용하여 "말씀"이 육신을 입고 강림하셨기 때문에 그리스도를 만나기 위해서 하늘에 올라갈 필요도 없고, 그리스도께서 죽은 자 가운데서 부활하셨기 때문에 모셔오기 위해서 음부에 내려갈 필요도 없다고 말씀하면서, "말씀(복음)이 네게 가까워 네 입에 있으며 네 마음에 있다"고 선언합니다.

생명과 사망의 문제가 어려운 것도 아니요, 먼 것도 아니라 "입과 마음"에 달려 있다고 말씀합니다. 입으로는 예수를 주로 시인하고 마음으로는 죽은 자 가운데서 살아나신 것을 믿으면 구원을 얻으리라고 증언(롬 10:6-10) 하고 있습니다. 결국 하나님과의 관계는 행위 이전에 마음의 문제요, 사랑의 문제인 것입니다.

적용

어느 시대, 그 누구를 막론하고 그의 앞에는 "생명과, 사망"이 놓여 있는 것입니다. 그리고 하나님께서 요구하시는 것은 "마음"이라는 점입니다. 예물을 드리고 기도와 찬송을 드릴 때 입술로만이 아니라 사랑하는 마음으로 드리십시다.

나누어봅시다

1, "생명과 사망이 우리 앞에 놓여 있다"는 점에 대해서,

2, 추방과, 돌아오게 하실 것을 예언하고 있는 점에 대해서,

3, 말씀이 네게 매우 가까워서 네 입에 있다는 점에 대해서,

31장
앞서 행하시는 너희 하나님 여호와

첫째 단원(1–8) 전투하는 교회에 하시는 하나님의 격려
둘째 단원(9–13, 24–29) 율법을 써서 전수한 모세의 마지막 사역
셋째 단원(14–23, 30) 모세와 여호수아의 이 취임식

내용 관찰

31장은 하나님의 백성들을 인도할 영도자(領導者)가 모세로부터 여호수아로 교체가 되는 장면입니다. "여호와께서 모세에게 이르시되 네가 죽을 기한이 가까웠으니 여호수아를 불러서 함께 회막으로 나아오라 내가 그에게 명령을 내리리라"(14) 하십니다. 율법의 대명사인 모세의 사명은 요단 동편 모압 땅까지이고, 백성들을 약속의 땅에 들어가게 하는 것은 예수 그리스도를 예표하는 "여호수아"의 사명이었던 것입니다.

이런 맥락에서 본문에는 중요한 변화가 있는데 그것은, "네 하나님 여호와"(3, 6)라는 호칭(呼稱)입니다. 출애굽을 하여 모압 평지에 이르기까

지는, "내가 반드시 너와 함께 있으리라" (출 3:12) 하신, "모세의 하나님" 이셨습니다.

그런데 모세는 이제 구속사의 무대를 떠나려 하고 있습니다. 그러나 하나님은 떠나시지 아니하시고 "너의 하나님 여호와", 즉 여호수아의 하나님이 되셔서, "네 하나님 여호와께서 너보다 먼저 건너가사 이 민족들을 네 앞에서 멸하시고 네가 그 땅을 차지하게 할 것이라" (3), 즉 구원계획을 계속 이루어나가시리라고 말씀하는 것입니다.

그러므로 모세는, "너희는 강하고 담대하라 두려워하지 말라 그들 앞에서 떨지 말라 이는 네 하나님 여호와 그가 너와 함께 가시며 결코 너를 떠나지 아니하시며 버리지 아니하실 것임이라" (6) 하고 격려합니다. 하나님께서도 여호수아에게 친히, "너는 이스라엘 자손들을 인도하여 내가 그들에게 맹세한 땅으로 들어가게 하리니 강하고 담대하라 내가 너와 함께 하리라" (23) 하십니다. 모든 주의 종들의 원동력은 "하나님이 나와 함께 하신다"는데 있는 것입니다.

"또 모세가 이 율법을 써서 여호와의 언약궤를 메는 레위 자손 제사장들과 이스라엘 모든 장로에게 주고(9), 곧 백성의 남녀와 어린이와 네 성읍 안에 거류하는 타국인을 모으고 그들에게 듣고 배우고 네 하나님 여호와를 경외하며 이 율법의 모든 말씀을 지켜 행하게 하라" (12) 하고 당부합니다.

그러면서 모세는, "내가 너희의 반역함과 목이 곧은 것을 아나니 오늘 내가 살아서 너희와 함께 있어도 너희가 여호와를 거역하였거든 하물며 내가 죽은 후의 일이라(27), 내가 알거니와 내가 죽은 후에 너희가 스스로 부패하여 내가 너희에게 명령한 길을 떠나 여호와의 목전에 악을 행하여 너희의 손으로 하는 일로 그를 격노하게 하므로 너희가 후일에 재앙을 당하리라" (29) 하고 비관적인 예언을 하는데, 그대로 되고야 말았던 것입니다.

그러면 멸망에 이르는 치명적인 죄가 무엇인가? 하나님께서 모세에게, "너는 네 조상과 함께 누우려니와 이 백성은 그 땅으로 들어가 음란히 그 땅의 이방 신들을 따르며 일어날 것이요 나를 버리고 내가 그들과 맺은 언약을 어길 것이라(16), 또 그들이 돌이켜 다른 신들을 따르는 모든 악행으로 말미암아 내가 그 때에 반드시 내 얼굴을 숨기리라(18), 내가 그들의 조상들에게 맹세한 바 젖과 꿀이 흐르는 땅으로 그들을 인도하여 들인 후에 그들이 먹어 배부르고 살찌면 돌이켜 다른 신들을 섬기며 나를 멸시하여 내 언약을 어기리니" (20) 하고, 3번이나 강조하신, 우상숭배 곧 메시아언약의 배신이라는 점을 명심하십시다.

적용

우리 중에 눈에 보이는 우상을 섬기는 사람은 없습니다. 그런데 성경은, "탐심은 우상숭배니라" 하고 말씀합니다. "메시아언약" 곧 복음에서 이탈하여 기복신앙으로 빠지는 것이 우상숭배라는 것입니다. 왜냐하면 하나님중심이 아니라 "자기를 사랑" 하는 자기중심이기 때문입니다.

나누어봅시다

1, 모세와 여호수아의 사명에 대해서,

2, 모든 주의 종들의 원동력은 어디에 있는가에 대해서,

3, 모세의 비관적인 예언에 대해서,

32장

우매무지한 백성아 여호와께 이같이 보답하느냐

첫째 단원(1–14) 택하시고 구속하시고 인도하신 하나님
둘째 단원(15–30) 구원하신 반석을 배척한 배은망덕
셋째 단원(31–52) 백성의 죄를 속하시는 하나님

내용 관찰

신명기 32장은 하나님께서, "너희는 이 노래를 써서 이스라엘 자손들에게 가르쳐 그들의 입으로 부르게 하라"(31:19) 하신, "모세의 노래"입니다. 이제 모세는 본장에서 "노래를 써서" 가르치고, 다음 장에서 "축복"을 하고, 34장에서 "느보산에 올라" 약속의 땅을 바라보고 구속사의 무대에서 퇴장을 하게 됩니다.

모세의 노래의 주제는, "인간의 배은망덕과 하나님의 무궁한 사랑"입니다. 이는 구약교회만이 아니라, 신약교회에도 해당이 되는 노래라는

점에서 우리의 경계가 됩니다. 어찌하여 "노래"로 부르게 하라 하시는가? 경계가 되게 하기 위해서입니다.

먼저 하나님이 어떠한 분이신가를 노래합니다. "그는 반석이시니 그가 하신 일이 완전하고 그의 모든 길이 정의롭고 진실하고 거짓이 없으신 하나님이시니 공의로우시고 바르시도다" (4) 합니다. 그러한 하나님께서 많은 민족 중에서 야곱(이스라엘)을 자기 기업으로 택하셨도다(9) 하고 "택하심"을 증언합니다.

택하신 자기 백성을, "황무지에서, 짐승이 부르짖는 광야에서 만나시고 호위하시며 보호하시며 자기의 눈동자 같이 지키셨도다 마치 독수리가 자기의 보금자리를 어지럽게 하며 자기의 새끼 위에 너풀거리며 그의 날개를 펴서 새끼를 받으며 그의 날개 위에 그것을 업는 것 같이" (10-11), 그들을 인도하셨도다고 노래합니다.

"그런데 여수룬이 기름지매 발로 찼도다 네가 살찌고 비대하고 윤택하매 자기를 지으신 하나님을 버리고 자기를 구원하신 반석을 업신여겼도다(15), 어리석고 지혜 없는 백성아 여호와께 이같이 보답하느냐 그는 네 아버지시요 너를 지으신 이가 아니시냐 그가 너를 만드시고 너를 세우셨도다" (6) 하고 책망합니다.

이점에서 모세의 노래 중에서 반복적으로 증거되고 있는 한 단어를 주목하게되는데 그것은 "반석"이라는 단어입니다. 9번이나 등장하고 있는데, "그는 반석이시니 (4), 자기를 구원하신 반석, (15), 너를 낳은 반석" (18)이라고 말씀합니다. "반석에서 꿀을, 굳은 반석에서 기름을 빨게 하시며”(13) 하고 “반석”이 마치 어머니가 자식에게 젖을 먹이듯 그들을 양육하셨음을 말씀합니다. 이 반석은 누구에 대한 상징인가? 물론 여호와 하나님이십니다. 그런데 구속사의 맥락에서 보면, “다 같은 신령한 음료를 마셨으니 이는 그들을 따르는 신령한 반석으로부터 마셨으매 그 반석은 곧 그리스도시라”(고전 10:4) 한, 임마누엘 하나님이십니다.

그러면 반석을 버리고 누구를 섬겼는가? “그들은 하나님께 제사하지 아니하고 귀신들에게 하였으니 곧 그들이 알지 못하던 신들, 근래에 들어온 새로운 신들 너희의 조상들이 두려워하지 아니하던 것들이로다”(17) 합니다.

더욱 놀라운 것은 “대적의 반석과 우리의 반석”(31)을 대조적으로 말씀한다는 점입니다. 이스라엘의 반역은 자기를 구원하신 반석은 발로 차고, 마귀라는 반석을 섬겼다(17)는 것이 되는 것입니다. 얼마나 가공스러운 일인가?

그럼에도 불구하고, “너희 민족들아 주의 백성과 즐거워하라 주께서 그 종들의 피를 갚으사 그 대적들에게 복수하시고 자기 땅과 자기 백성을 위하여 속죄하시리로다”(43) 하고, 원수는 보복하시고 자기 백성의 죄는 “속죄”하시리라는 말씀을 듣는 형제의 마음은 어떠합니까?

현대교회를 향해서도, “어리석고 지혜 없는 백성아 여호와께 이같이 보답하느냐 그는 네 아버지시요 너를 지으신 이가 아니시냐”(6) 하고, 노래를 불러야 하지 않겠습니까?

적용

형제여, 신 구약을 막론하고 우리를 낳으시고(18), 구원하시고(15) 먹이시고(13), 보호하시고 인도하신(10-11) 분은 반석되시는 주 하나님이십니다.

망각하지 않도록 노래까지 지어 부르게 하신 하나님의 마음과, 그럼에도 불구하고 배신한 인간의 배은망덕을 생각해 보시기 바랍니다.

나누어봅시다

1, 하나님께서 이 노래를 써서 부르게 하신 의도에 대해서,

2, 반석되시는 그리스도께서 행해주신 일에 대해서,

3, 그런데 인간은 어떻게 보답했는가에 대해서.

33장

너는 행복자로다

첫째 단원(1-5) 제사장 나라 거룩한 백성
둘째 단원(6-25) 각 지파에 대한 모세의 예언적인 축복
셋째 단원(26-29) 이스라엘이여 너는 행복자로다

내용 관찰

33장은 "하나님의 사람 모세가 죽기 전에 이스라엘 자손을 위하여 축복함이 이러하니라"(1) 하고 시작이 되는데, 모세가 임종머리에서 각 지파에게 행한 축복(祝福)입니다. 이는 단순한 축복이 아니라 하나님께서 선지자의 영을 주셔서 행하게 하신 예언적(豫言的)인 축복이었던 것입니다.

축복하기 전에 먼저 하나님의 행사를 진술하는데, "여호와께서 시내 산에서 오시고 세일 산에서 일어나시고 바란 산에서 비추시고 일만 성도 가운데에 강림하셨고 그의 오른손에는 그들을 위해 번쩍이는 불이 있도

다”(2) 합니다. 이는 하나님께서 출애굽 이후 시내 산에 강림하시고 세일 산과 바란 산을 거치면서 언제나 앞에서 인도하여주셨음을 가리킵니다.

“여호와께서 백성을 사랑하시나니 모든 성도가 그의 수중에 있으며 주의 발 아래에 앉아서 주의 말씀을 받는도다”(3) 하고 진술합니다. “여수룬”이란 옳은 자란 뜻인데 이스라엘을 사랑스레 부르시는 애칭입니다. “여수룬에 왕이 있었으니(5) 하는 것은, 우리의 왕이신 그리스도를 전망하는 언급입니다. 그런데 사사기에서, “그 때에 이스라엘에 왕이 없으므로 사람이 각기 자기의 소견에 옳은 대로 행하였더라”(삿 21:25) 하는 것은 왕되시는 하나님 곧 메시아언약을 망각했다는 증거입니다.

각 지파에 대한 축복은, “르우벤은 죽지 아니하고 살기를 원하며 그 사람 수가 적지 아니하기를 원하나이다”(6) 하고 “르우벤”으로 시작하여, “아셀에 대하여는 일렀으되”(24) 하고 아셀로 마치고 있습니다. 모세의 축복은, 야곱이 임종 머리에서 행한 축복과 상통하는데 특히 유다지파에 대한 축복 중, “그가 그 대적을 치게 하시기를 원하나이다”(7) 하고, “대적의 머리를 상하게 할” 그리스도가 유다 지파에서 나실 것을 예언합니다.

각 지판에게 축복을 한 후에, “여수룬이여 하나님 같은 이가 없도다”(26) 하고 송영을 하는데, “영원하신 하나님이 네 처소가 되시니 그의 영원하신 팔이 네 아래에 있도다”(27) 합니다. 32장은, “이스라엘이여 너는 행복자로다 여호와의 구원을 너같이 얻은 백성이 누구뇨 그는 너를 돕는 방패시요 네 영광의 칼이시로다 네 대적이 네게 복종하리니 네가 그들의 높은 곳을 밟으리로다" (29) 하고 마치고 있는데 이는 최후승리를 의미합니다.

적용

여호와께서 백성을 사랑하시나니, 우리가 그의 수중에 있으며(3), 영원하신 하나님이 우리의 처소가 되시어(27), 우리가 주의 발 아래에 앉아서 주의 말씀을 받는도다(3) 합니다. 이렇게 하고 있는 형제의 모습을 묵상하게 될 때, "나는 행복자로다" 하고 감사하지 않을 수 없습니다.

나누어봅시다

1, "사랑 받는 성도, 수중에 있는 성도, 발 아래 앉아 말씀을 받는 성도" 에 대해서,

2, 유다지파가 "대적을 치게 하시기를 원한다"는 뜻에 대해서,

3, "너는 행복자로다 여호와의 구원을 너같이 얻은 백성이 누구뇨"에 대해서,

34장
멀리서 바라보는 모세

첫째 단원(1-8) 사명을 마치고 구속사의 무대에서 떠나는 모세
둘째 단원(9-12) 모세 같은 선지자 일어나기를 대망하면서

내용 관찰

신명기 마지막 장에 이르렀습니다. 34장은 모세가 느보산에 올라 멀리 가나안 땅을 바라본 후에, "그리스도를 위하여 받는 능욕을 애굽의 모든 보화보다 더 큰 재물로 여겼던"(히 11:26) 생애를 마감하는 장입니다. 34장은 모세 시대는 막을 내리고 여호수아의 시대가 전개되는 모세 5경과 여호수아서에 다리를 놓아주는 장입니다.

모세는 하나님께 율법을 받아 전해준 수여자입니다. 율법은 우리를 예수(여호수아)께 인도하는 몽학 선생이 될지언정 가나안 땅으로 인도해 주지는 못합니다.

"모세가 모압 평지에서 느보 산에 올라가 여리고 맞은편 비스가 산꼭

대기에 이르매 여호와께서 길르앗 온 땅을 단까지 보이시고 또 온 납달리와 에브라임과 므낫세의 땅과 서해까지의 유다 온 땅과 네겝과 종려나무의 성읍 여리고 골짜기 평지를 소알까지 보이시고"(1-3) 한 말씀은 육신의 눈으로는 불가능해 보입니다.

이처럼 "보이시고(1), 보이시고(3), 여호와께서 그에게 이르시되 이는 내가 아브라함과 이삭과 야곱에게 맹세하여 그의 후손에게 주리라 한 땅이라 내가 네 눈으로 보게 하였거니와 너는 그리로 건너가지 못하리라"(4) 하심은, "이 사람들은 다 믿음을 따라 죽었으며 약속을 받지 못하였으되 그것들을 멀리서 보고 환영"(히 11:13)하였다는 점을 드러내고 있다 하겠습니다.

"이는 내가 아브라함과 이삭과 야곱에게 맹세하여 그의 후손에게 주리라 한 땅이라"(4) 말씀하시는데 1:8절을 보십시오. "너희의 조상 아브라함과 이삭과 야곱에게 맹세하여 그들과 그들의 후손에게 주리라 한 땅이 너희 앞에 있으니" 합니다.

이처럼 신명기는, 아브라함, 이삭, 야곱에게 세워주신 메시아언약으로 시작하여 언약으로 마치고 있습니다. 하나님께서 아브라함에게 언약하신 핵심이 무엇인가? "자손" 곧 그리스도입니다. 가나안은 그리스도가 탄생하실 땅을 준비하심이었던 것입니다.

신명기는 "그 후에는 이스라엘에 모세와 같은 선지자가 일어나지 못하였나니 모세는 여호와께서 대면하여 아시던 자요"(10) 하고 마치고 있는데 이는 모세의 사명이 특별하였다는 의미이기도 하지만 이 말씀을, "내가 그들의 형제 중에서 너와 같은 선지자 하나를 그들을 위하여 일으키리라"(18:18) 하신 말씀과 결부시키면 어떤 뜻이 되는가? 구약시대란, "모세와 같은 선지자" 곧 그리스도가 나타나기를 기다린 시대라는 뜻이 되는 것입니다.

신명기를 마치기 전에, "또한 모세는 장래에 말할 것을 증언하기 위하여 하나님의 온 집에서 종으로서 신실하였다"(히 3:5)는 말씀을 상기할 필요가 있습니다. 모세의 사명이 무엇인가? 1차적으로는 이스라엘 백성들을 출애굽시키는 사명이었으나 이는 예표요, "장래에 말할 것", 즉 영적 출애굽의 영도자이신 그리스도를 증언하는 것이 모세의 주 사명이라는 말씀입니다.

그런데 오늘의 우리들은 모세만 바라볼 뿐 그리스도를 증언하지 못하고 있는것은 아닌지 심각하게 반성해야 할 것입니다. 모세는 자기 시대 자기 사명을 완수하고 구속사의 무대를 떠나지만 하나님께서는 "여호수아의 하나님"이 되시어서 구원계획을 중단하심이 없이 묵묵히 이루어나오셨던 것입니다.

적용

우리도 약속하신 "의의 거하는바 새 하늘과 새 땅"(벧후 3:13)을 멀리서 바라보면서 우리를, "영접하러 오리라" 약속하신 주님을 기다려야 할 것입니다.

나누어봅시다

1, 모세가 죽기 전에 약속의 땅을 바라보았다는 의미에 대해서,

2, 모세와 같은 선지자가 일어남이 없었다는 의미에 대해서,

3, 신명기의 시작과 끝이 아브라함, 이삭, 야곱으로 되어 있다는 점에 대해서,

4, 신명기를 마치면서 깨달은 점을나누어봅시다